Beck'sche Reihe

BsR 1155

BsR

Über Sinti und Roma sind zahlreiche Vorurteile in Umlauf, aber im Grunde wissen wir nur wenig über sie. Dieses Buch stellt sachkundig Geschichte, Kultur und Gegenwart der „Zigeuner" dar. Es ist zugleich ein engagiertes Plädoyer für eine Minderheit, die bis heute Verfolgungen und Diskriminierungen ausgesetzt ist.

Katrin Reemtsma war von 1981 bis 1987 Referentin für Sinti und Roma bei der Gesellschaft für bedrohte Völker und ist seither als freiberufliche Ethnologin tätig.

KATRIN REEMTSMA

Sinti und Roma

Geschichte, Kultur, Gegenwart

VERLAG C. H. BECK

Die Deutsche Bibliothek – CIP-Einheitsaufnahme

Katrin Reemtsma:
Sinti und Roma: Kultur, Geschichte, Gegenwart / Katrin Reemtsma. – Orig.-Ausg. – München : Beck, 1996
(Beck'sche Reihe ; 1155)
ISBN 3 406 39255 5
NE: GT

Originalausgabe
ISBN 3 406 39255 5

Umschlagentwurf: Uwe Göbel, München
Umschlagabbildung: Foto Hans Gustav Edöcs

Gesamtherstellung: C. H. Beck'sche Buchdruckerei, Nördlingen
Gedruckt auf säurefreiem, alterungsbeständigem Papier
(hergestellt aus chlorfrei gebleichtem Zellstoff)
Printed in Germany

Inhalt

IV. Die Lage der Sinti und Roma nach den politischen Wenden von 1989/90

Anhang

Vorwort

Ende der siebziger Jahre meldeten sich in der Bundesrepublik Sinti und Roma zu Wort, um ihre Erfahrungen und Lebensrealität zu vermitteln, Anerkennung und Mitspracherechte einzufordern. Dadurch kam ein von zahlreichen Auseinandersetzungen geprägter Prozeß in Bewegung, der in weiten Kreisen nicht nur zu einer Veränderung des Bildes von den „Zigeunern", sondern auch zu einer teilweisen Neubestimmung der Politik geführt hat.

Mit dem Wunsch der Sinti und Roma, nach ihrer Selbstbezeichnung benannt zu werden, versuchten sie nicht nur den Ausbruch aus dem herkömmlichen „Zigeuner"bild und den damit verbundenen Diskriminierungen und Verfolgungen, sondern sie teilten der Mehrheit auch ein wenig von ihren eigenständigen kulturellen und historischen Traditionen mit. Hinweise auf die alte Selbstbezeichnung Roma (Rom: Mann, Mensch), die sie hinter den übernommenen Fremdbezeichnungen wie „Zigeuner" oder aus den Landessprachen entlehnten Berufsbezeichnungen (Kalderash von rumänisch: căldare/Kessel; Lovara von ungarisch: lo/Pferd; u.v.a.m.) versteckten, gab es immer wieder. Nicolo de Frescobaldi berichtete von *Romiti*, die er 1384 während seiner Reise ins Heilige Land in Modon, einem bedeutenden venezianischen Handelsstützpunkt an der Westküste der Peloponnes, traf. Heinrich von Wlislocki, der sich in den achtziger Jahren des 19. Jahrhunderts mit den „Zeltzigeunern" Siebenbürgens befaßte, berichtete – so man ihm denn an dieser Stelle glauben kann – ebenfalls, daß sich die ihm bekannten Menschen als *Roma* bezeichneten und diesen Begriff auch auf die Gesamtheit der von ihm besuchten Gruppen bezogen. Auch Johann Biester erwähnte 1793 in einem Aufsatz für die „Berlinische Monatsschrift" die Selbstbezeichnung Roma. Darüber hinaus gaben die damals Befragten an, von sich unter anderem auch als *Sinte* zu sprechen.

Heute leben etwa acht Millionen Roma in Europa; die meisten in Südost-, Osteuropa und in Spanien. Roma leben aber auch in allen amerikanischen und weiteren außereuropäischen Ländern. Die Sinti sind eine der zahlreichen Gruppen dieses indischstämmigen Volkes; nämlich diejenige, die seit Jahrhunderten im deutschen Sprachgebiet lebt und mit deutscher Kultur, Sprache und Geschichte eng verbunden ist.

Die Selbstbezeichnung Roma bzw. Sinti hat mittlerweile Eingang auch in die (zwischen-)staatlichen Politiken gefunden, ohne daß sich die Beteiligten einschließlich der Roma, Sinti oder anderer Gruppen bisher auf einen Oberbegriff hätten einigen können. Roma sind bis heute genötigt zu erklären, wer sie sind und warum sie unter diesem, ihrem Namen um ihre Anerkennung kämpfen. Allein diese Tatsache macht deutlich, daß es – trotz sechshundertjähriger Anwesenheit in Europa – bis heute weder einen institutionalisierten Dialog zwischen Minderheit und Mehrheit, noch zwischen den Romagruppen gibt.

In der Bundesrepublik entwickelte sich die Diskussion über und mit Sinti und Roma während der achtziger Jahre in zwei Richtungen. Den alteingesessenen deutschen Sinti und Roma ging es primär um die Anerkennung der NS-Verfolgung, Entschädigung für im Dritten Reich erlittenes Leid und um die Anerkennung als Minderheit; die Roma verwiesen auf die besondere Lage der Migranten und Flüchtlinge aus dem ehemaligen Jugoslawien, später auch aus Rumänien und Bulgarien und kämpften mit teilweise heftigen Aktionen um ein Aufenthaltsrecht.

Diese Ansätze eines öffentlichen Dialogs erfuhren durch das Zusammentreffen von Vereinigungskrise, Migrations- und Fluchtbewegung von Ost nach West einen Rückschlag. In den Jahren der Asyldiskussion zwischen 1990-1993 wurden die gängigen Bilder von den „Zigeunern“ angereichert um aktuelle Komponenten, wieder politisch instrumentalisiert und dauerhaft verfestigt.

Das vorliegende Buch will diesen Zerrbildern entgegenwirken und eine Lücke in der ohnehin dünngesäten Literatur schließen. Der Buchmarkt hält kein fundiertes Werk bereit, das wesentliche Aspekte der Geschichte, Kultur und aktuellen Situation der Sinti und Roma für den interessierten Leser zusammenfaßt.

Im Vordergrund der Darstellung steht die Untersuchung des Zusammenhangs zwischen dem stereotypen Bild von den „Zigeunern" und der staatliche Politik in Deutschland. Der historische Blick verdeutlicht zum einen die erstaunliche Konstanz des negativen Diskurses, dessen Funktion und dessen (Un-)Wirksamkeit vom ausgehenden Mittelalter bis zum deutschen Einigungsprozeß; zum anderen macht er sichtbar, warum die herrschende, auf ein Verschwinden der Sinti und Roma gerichtete Politik nicht auf allen Ebenen umgesetzt wurde. Dies hat (bis heute) teils zur Verschärfung der Lage, teils zur Verschonung vor äußersten Maßnahmen oder manchmal auch zur gesellschaftlichen Einbindung von Sinti und Roma geführt. Die nationalsozialistische Verfolgung vernichtete eben nicht nur vermeintlich randständige, sondern auch in jeder Hinsicht integrierte Sinti und Roma.

Die Roma weisen erhebliche kulturelle, soziale, sprachliche, historische und regionale Binnendifferenzierungen auf; die zahlreichen Gruppen grenzen sich mit unterschiedlicher Intensität gegeneinander ab. Gleichwohl können auch Gemeinsamkeiten benannt werden: eine dieser Gemeinsamkeiten ist die Existenz indischer – und anderer – Elemente in Kultur und Sprache, die seit nunmehr 600 Jahren in Auseinandersetzung mit den regionalen oder nationalen Kulturen Europas immer wieder neu verarbeitet und zu Eigenständigem umgeformt werden. Die Roma sind deshalb nicht bloß soziale Randgruppe, sondern zugleich integraler Bestandteil der europäischen Kulturen.

An manchen Stellen der ethnographischen Betrachtung ist eine Gratwanderung unvermeidlich zwischen Aufklärung/ethnographischem Interesse und der Tradition mancher Romagruppen – insbesondere bei den deutschen Sinti –, bestimmte

Aspekte ihrer Kultur sowohl untereinander zu tabuisieren, als auch vor den Blicken Außenstehender weitgehend verschlossen zu halten. Diese Form des traditionellen Selbstschutzes hat mit dazu beigetragen, daß das Verständnis für die Kultur der Sinti, für die Auswirkungen der nationalsozialistischen Verfolgung auf die Überlebenden und deren Kinder und für manche Problemkonstellationen bis heute unzulänglich geblieben ist. Es bleibt zu hoffen, daß die Sinti mit der Bevölkerungsmehrheit, aber auch mit anderen Romagruppen einen Weg zum weiterführenden kulturellen und politischen Diskurs finden und diese die Öffnung der kleinen Minderheit, die immer noch unter den Nachwirkungen der NS-Verfolgung leidet, zu schätzen wissen.

Die heute von den Roma-Eliten gestalteten Entwicklungen sind von der Suche nach gruppen- und grenzübergreifenden Gemeinsamkeiten und nach gesellschaftlichen und politischen Perspektiven gekennzeichnet. Dies ist angesichts der internen Heterogenität ein schwieriger Prozeß, dessen weiterer Verlauf abzuwarten bleibt; doch Kultur und Politik sind prinzipiell, vor allem in Zeiten des Wandels, Diskurs- oder auch Streitfelder.

Unabhängig davon gilt es jedoch, den Schutz der Roma in allen Ländern Europas weiter zu sichern. Denn die politischen Wenden haben den Roma zwar einerseits bürgerliche Freiheiten, andererseits aber auch eine Häufung von Menschenrechtsverletzungen – etwa 30 Pogrome gegen Roma in Rumänien, weitere in Bulgarien, zahlreiche Tote bei Überfällen von Skinheads auf Roma in Tschechien und der Slowakei – und eine weitere Verschlechterung ihrer wirtschaftlichen Lage gebracht.

Die Migrations- und Fluchtbewegung von Roma aus südosteuropäischen Ländern, die Mitte der achtziger Jahre in Gang gekommen ist und sich nach den Wenden verstärkt hat, hat mehrere zehntausend Roma nach Deutschland gebracht, die zum Teil seit Jahren mit ungeklärtem oder unsicherem Aufenthaltsstatus hier leben – und nach wie vor weder hier noch in ihren Herkunftsländern Zukunftsperspektiven entwickeln können.

Hier ist die Politik auch weiterhin gefragt. Neben der Sicherung der Bürger- und Minderheitenrechte und der Entwicklung wirtschaftlicher Perspektiven geht es in allen Ländern auch um eine Änderung des öffentlichen Diskurses. In Österreich beispielsweise wurden im Februar 1995 fünf Roma hinterhältig ermordet, obwohl die Roma seit 1993 als Minderheit in der Verfassung anerkannt sind. Gleichgültigkeit oder vorurteilsbeladene öffentliche Äußerungen zahlreicher staatlicher Funktionsträger über Roma müssen durch einen kritischen und an der Sache orientierten Diskurs abgelöst werden.

Mein Dank für Rat und Unterstützung bei der Arbeit an diesem Buch gilt allen engagierten Gesprächspartnern der vergangenen Jahre sowie besonders Herbert Heuß, Inse Geismar und Dr. Jan Berend Reemtsma, die Teile des Manuskriptes gelesen und konstruktive Kritik geübt haben.

I. Von den ersten Wanderungen der Roma bis zur Gründung des Deutschen Reiches 1870/71

1. „... welche von etlichen für Egypter/ von anderen für Arabier gehalten werden" – Von Indien nach Europa

Erst in der zweiten Hälfte des 18. Jahrhunderts konnte anhand sprachwissenschaftlicher Untersuchungen die Herkunft der Roma aus dem Nordwesten Indiens nachgewiesen werden. Diese Erkenntnis führte zu einer Fülle von Hypothesen über die ethnische Zugehörigkeit, Ursachen und Zeitpunkt der Abwanderung und über die Wanderrouten der Roma.

Die Forscher versuchen bis heute über Sprache, Kulturvergleich und die Auswertung indischer und arabischer Quellen die nächsten Verwandten der Roma in der durch ein Ineinandergreifen von ethnischer und sozialer (Kasten-)Zugehörigkeit strukturierten indischen Gesellschaft zu bestimmen.

Zu den Hypothesen, die eine vermeintliche kulturelle Verwandtschaft herausstellen, gehört die bis heute aktuelle Annahme von der Zugehörigkeit der Vorfahren der Roma zu den im Nordwesten Indiens lebenden Jat (arab. Zott).[1] Diese haben die Region nachweislich in mehreren Etappen und aus unterschiedlichen Gründen verlassen. Die erste Phase der Westwärtsbewegung setzte nach der Eroberung durch die Sassaniden, die Herrscher Persiens, um 224 n. Chr. ein. Damals dehnten die Jat, die von Büffelzucht lebten, ihr Wandergebiet auf die indisch-persische Grenzregion aus. Die zweite Etappe erfolgte nach der Eroberung Persiens und des indischen Nordwestens durch die Araber unter dem Kalifen al-Walid I. (661– 715) und seinem Feldherren Muhammad ibn al-Quasim 711. Mehrere tausend besiegte Jat sollen sich 713 mit ihren Büffelherden den Arabern angeschlossen haben oder zwangsweise mitgenommen und am Tigris zur Grenzsicherung angesiedelt worden sein.[2] Dort wurden sie so zahl- und einflußreich, daß sie Zölle von reisenden Kaufleuten erhoben. Dies wiederum erregte den Zorn der Kalifen in Bagdad. 820 schickte der Kalif Motasem Truppen, doch erst 834 konnten die Zott niedergeschlagen werden. 27 000 Zott wurden nördlich von Bagdad in Ainzarba an der Grenze zum Byzantinischen Reich angesiedelt. 855 griffen die Byzantiner das arabische Reich an; die in der Grenzregion lebenden Zott wurden in die Gefangenschaft ins Byzantinische Reich verschleppt.[3] Dort verliert sich ihre Spur; die Anhänger dieser Hypothese nehmen jedoch an, daß die Jat/Roma in Zusammenhang mit der Ausbreitung der Seldschuken/Osmanen im 12. Jahrhundert verdrängt worden und nach Südosteuropa gelangt seien.

So verlockend diese Theorie auf Grund des Nachweises einer kontinuierlichen Westwärtsbewegung ist, so dünn ist die Beweislage. Diese konnte bisher nur anhand arabischer Quellen geführt werden. Die Araber aber nannten alle indischstämmigen Menschen und Völker, die im Laufe der Jahrhunderte ins persische und arabische Reich gelangten und unterschiedliche Berufe ausübten, „Zott". Wären die Jat, die entweder in persischen oder arabischen Diensten tätig waren, die lange im arabisch besetzten Persien gelebt haben und zudem noch direkten Kontakt mit arabischen Herrschern pflegten, die Vorfahren der europäischen Roma, so müßten sich Arabismen im Romanes, der Sprache der Roma, nachweisen lassen. Dies ist aber nicht der Fall. Das Romanes enthält zwar persische, armenische und (mittel-)griechische, aber keine klassischen arabischen Wörter.

Als weitere mögliche Vorfahren der Roma wurden ferner wiederholt die Luri vorgestellt. Diese wurden um 500 n. Chr. von einem persischen Herrscher aus Indien geholt. Sowohl der arabische Geschichtsschreiber Hamzah al-Isfahani als auch der persische Dichter Ferdousi berichteten um das Jahr 1000, also etwa 500 Jahre später, mit Variationen über dieses Ereignis. Demnach schrieb der König der Sassaniden Bahram V Gur

(420–438) einem indischen König und bat, ihm 10 000 Luri-Musiker zu schicken, mit denen er den Armen seines Landes eine Freude bereiten wollte. Nachdem die Musiker eingetroffen waren, erhielten sie jeder einen Ochsen, einen Esel und Getreide und sollten zu Bauern werden. Die Luri verspeisten Getreide und Tiere und kehrten nach einem Jahr zum König zurück. Dieser zürnte ihnen und schickte sie mit ihren Eseln und Musikinstrumenten in die Verbannung. Und so, berichtet Ferdousi weiter, schlagen sie sich nun durchs Leben, indem sie mit dem Wolf und dem Hund als Gefährten rastlos auf den Straßen dahinziehen.[4]

Auch eine Verwandtschaft der Roma mit den Luri ist nicht gesichert. Die Verknüpfung der Luri mit den „Zigeunern" wird durch die Übertragungen ins Englische entstanden sein, denn dabei wurden die Luri mit den (europäischen) „Gypsies" gleichgesetzt.[5] Zudem sprechen die heute im Iran als Luri bekannten Menschen Beluchi.[6]

Zu den Hypothesen, die neben kulturellen Ähnlichkeiten auch die Kastenzugehörigkeit[7] herausstellten, gehört die Annahme, daß die Roma mit den Dom verwandt seien. Die Dom sind ein nomadisch lebendes Volk niederer Kastenzugehörigkeit, das im Nordwesten Indiens beheimatet ist. Früher lebten sie vorwiegend von der Musik, heute üben sie eine Fülle anderer Berufe aus. Schriftliche Hinweise auf die Dom lassen sich bis ins 6. Jahrhundert nachweisen. Die Selbstbezeichnung Dom (Mann, Mensch; pl.: Domba) fände ihre Entsprechung in Lom des armenischen Romanes und in Rom (Mann, Mensch; pl.: Roma) des europäischen Romanes. Die Dom aber, die im arabischen Nawar heißen und von den ebenfalls dort lebenden Zott unterschieden werden, sind heute noch in Syrien, Jordanien, Israel und Ägypten anzutreffen.[8] Ein weiterer Bezug zu den Roma konnte bisher aber nicht hergestellt werden.

Das Gegenstück zur Abstammung von einer niederen Kaste ist die Theorie von der Abstammung der Roma von den „kshatriyas" oder Rajputs, den Kriegern und Angehörigen der zweithöchsten Kaste. Sie besagt, daß die Rajputs nicht ursprünglich aus einem Volk hervorgingen, sondern sich aus zahlreichen Stämmen und Angehörigen unterschiedlicher Kasten zusammensetzten. Auch Angehörige drawidischer und möglicherweise ostafrikanischer Volksgruppen wurden, sofern sie zum Kriegsdienst fähig waren, aufgenommen. Die Ausgewählten formten eine Kriegergesellschaft aus verwandten Familien und wurden für ihre Leistungen mit dem „kshatriya"-Status belohnt. Die Abwanderung dieser Menschen wäre dann in den Jahren 1000-1200 anzusiedeln. Damals fielen wiederholt türkische/afghanische Stämme muslimischen Glaubens in den Nordwesten Indiens ein. 1192 wurden die Rajputs von Mohammed Ghur vernichtend geschlagen. Linguistisch könnte die Existenz drawidischer Wörter im Romanes (kalo: schwarz; cumid: Kuß) für diese Theorie sprechen; anthropologisch die rassische Vielfalt, insbesondere die Existenz von Roma mit heller und dunkler Hautfarbe, und die Blutgruppenzugehörigkeit zu anderen Völkern im Punjab; kulturell schließlich die Verwendung ähnlicher Symbole bei den Rajputs und einzelnen Romagruppen.[9]

Auch gegen diese Hypothese sprechen mehrere Argumente. Aus sprachwissenschaftlicher Sicht erscheint es unwahrscheinlich, daß die europäischen Roma in weniger als 200 Jahren vom Nordwesten Indiens bis nach Südosteuropa wanderten und einen kollektiven Stammwortschatz entwickelten, der zu einem Drittel persische, armenische und griechische Wörter enthält. Selbst wenn es so gewesen sein sollte, so kann es sich doch nur um die spät gekommenen Vorfahren der Roma handeln; denn die früh gekommenen Vorfahren waren um 1300 schon in Konstantinopel anzutreffen. Die anthropologischen Erkenntnisse lassen – wenn überhaupt – eine Zuordnung zum Nordwesten Indiens zu, nicht aber zu einem spezifischen Volk oder einer Kaste. Darüber hinaus ist angesichts der genetischen Erkenntnis, wonach zwei Menschen derselben „Rasse" größere genetische Unterschiede als Menschen unterschiedlicher „Rassen"zugehörigkeit aufweisen können, eine „rassische" Beweisführung als überholt anzusehen. Kulturell schließlich deutet außer der behaupteten Ähnlichkeit einzelner Symbole nichts auf eine frühere Zugehörigkeit der Roma zu einer Kriegergesellschaft hin. Selbst wenn sich die Rajput-Theorie weiter erhärten ließe, so stammte doch bestenfalls ein Teil der Roma von den Rajputs ab.

Die Auswertung indischer Quellen hat erst in den vergangenen Jahrzehnten begonnen und wurde von Indern und Roma vorangetrieben. Auch hier gibt es verschiedene Hypothesen; eine verweist darauf, daß im Mahabharata, das zwischen 400 v.Chr. und 700 n.Chr. entstanden ist, in Zusammenhang mit der Ehrung eines Königs neben einer Reihe anderer Völker auch die „Romakah" erwähnt werden, die sich durch lange Bärte auszeichneten.[10]

Die Roma selbst haben ihre Geschichte nicht niedergeschrieben. Zwar wurden bisher einige wenige Erzählungen von angeblich weit zurückliegenden historischen Begebenheiten (in Indien oder Ägypten) aufgezeichnet. So lange wie diese Berichte nicht ausgewertet sind, können sie jedoch nicht als Ursprungsmythen angeführt werden. Von der Existenz eines oder mehrerer kollektiver Ursprungsmythen hat bisher kein Forscher berichtet. Vielmehr setzt sich das Wissen um ihre Herkunft bei den Roma – viele wissen es bis heute nicht – in erster Linie durch die Verbreitung wissenschaftlicher Erkenntnisse durch. An der Forschung nach den Ursprüngen beteiligen sich mittlerweile auch einige Roma.

Aus den oben vorgestellten Erklärungsansätzen, die nur eine Auswahl darstellen, geht hervor, wie hypothetisch und lükkenhaft die Rekonstruktion der Geschichte der Roma in der Frühzeit noch heute ist. Herkunft, Zeitpunkt und Ursachen der Abwanderung der Vorfahren der Roma sind nach wie vor strittig. Über die damalige Kultur können ebenfalls nur Vermutungen geäußert oder indirekte Schlüsse gezogen werden. Gleichwohl wird in vielen (populär-)wissenschaftlichen Arbeiten die eine oder auch andere Theorie als gesichert dargestellt.

Konsens herrscht bestenfalls darüber, daß die Vorfahren der Roma und kulturell verwandter Gruppen den Nordwesten Indiens in den Jahrhunderten vor 1300 in kleinen, voneinander unabhängigen Gruppen aus unterschiedlichen Gründen verlassen haben und sich auf ihrer Wanderung längere Zeit in Persien, Armenien und im Byzantinischen Reich aufgehalten haben müssen.

In byzantinischen und europäischen Quellen aus der Zeit der Kreuzzüge sind zunehmend Hinweise auf Menschen zu finden, die den Roma zugeordnet werden könnten, deren Zugehörigkeit aber letztendlich ungeklärt ist. Sie tauchen unter den Bezeichnungen athinganoi, Ägypter, Heiden, Tataren, Sarazenen, Donauleute, Mandopolos[11] auf. Einige Berichte seien kurz vorgestellt.

In der Geschichte vom „Leben des heiligen Georgios von Athos", der 1056 gestorben ist, findet sich eine Legende, derzufolge 1054 die vermeintlichen oder tatsächlichen Nachfahren des Gnostikers Simon Magus, die wegen ihrer Reinheitsgebote auch „adsingani" oder „athinganoi" (lat. und griech.: Unberührbare) genannt wurden, das Gehege des Kaisers Konstantin IX. Monomachos (1042–55) mit verzaubertem Fleisch von wilden Tieren befreit haben.[12] Es ist ungeklärt, ob die Sekte der Simonianer/athinganoi damals noch existierte, ob es eine tatsächliche Verbindung zwischen dieser und den Roma gegeben hat oder ob die Verbindung nur in der Wahrnehmung der Mehrheitsbevölkerung hergestellt wurde. Allerdings sind sich die Forscher heute darin einig, daß der Sammelbegriff „Zigeuner" zum einen von „athinganoi" (bulgarisch: Acigan; Rumänisch: tigan; Polnisch: Cigan; Russisch: Cygan; Türkisch: Tschingiane), zum anderen von „Ägypter" (engl.: Gypsies, Gitans) herzuleiten ist.

Auch ein Rundschreiben des Patriarchen von Konstantinopel Athanasios X. (1289–1293 und 1303–1309) könnte sich auf Roma beziehen. Darin wurden die Geistlichen angewiesen, dafür zu sorgen, daß die Gemeindemitglieder sich nicht mit Wahrsagern, Bärenführern und Schlangenbeschwörern einlassen oder den „Athinganern" erlauben, die Häuser zu betreten.[13]

321 besuchten „ägyptische" Akrobaten die Stadt. Nikephoras Gregoras (1290–1360) schreibt, daß sie ursprünglich aus Ägypten kämen, aber auch Chaldäa, Arabien, Assyrien, Persi-

en, Armenien und den Kaukasus durchreist hätten. Von Konstantinopel aus seien sie über Thrakien und Makedonien nach Spanien weitergereist.[14]

In Griechenland hingegen lassen sich die meisten frühen und eindeutigen Hinweise auf Roma ermitteln. Von zahlreichen Autoren wird ein Bericht des Symon Simeonis, eines Minoriten aus Irland, der als Pilger von Dublin ins Heilige Land reiste und sich 1322 auf Kreta aufhielt, den Roma zugeordnet. Darin hieß es:

„Sie bleiben selten oder nie länger als dreißig Tage an einem Platz, sondern ziehen dahin, ständig umherirrend und flüchtig, als seien sie von Gott verflucht. Nach dreißig Tagen wandern sie mit ihren kleinen rechteckigen Zelten, schwarz und ärmlich wie die Araber, von Feld zu Feld und von Höhle zu Höhle."[15]

Diese Menschen lebten außerhalb der Stadt und behaupteten, Nachfahren von Kain, einem der Söhne Noahs zu sein. Ähnliches berichteten später einzelne Roma, die nach Deutschland gelangten.

1346 dehnte Katharina von Valois das Privileg der französischen Barone auf Korfu, fremde Vasallen aufzunehmen, auf die „homines Vageniti" aus. Als Vagenetien wurde im Mittelalter der Korfu gegenüberliegende Teil des griechischen Festlandes bezeichnet. Die Menschen aus Vagenetien, darunter wohl zahlreiche oder sogar ausschließlich Roma, erhielten von dem Lehnherren Land zugeteilt und traten in seinen Dienst. 1371 überschrieb Philipp III. von Tarent (1364–1373) die Insel Korfu an seine Gattin Elisabeth. Diese wollte die Vageneten zu Kronbauern machen, scheiterte aber am Widerstand der Barone. 1375 wurde der Baron Aloysius de Citro zum alleinigen Lehnherren aller Roma auf Korfu ernannt. Nachdem Korfu 1386 in den Besitz der Republik Venedig übergegangen war, vereinigte Gianello di Abitabulo sein eigenes Lehen mit dem „Zigeunerlehn". Die Veneter bezeichneten es nun als „Feudo di Gianello Habitabuli e Acingani". Etwa 100 Roma-Familien verdienten sich ihren Lebensunterhalt mit Handwerk und Landwirtschaft. Sie leisteten dem Baron nicht aber dem Staat Abgaben. Dem

Lehnherr stand die Gerichtsbarkeit mit Ausnahme der Todesstrafe über alle Roma zu. Das „Zigeunerlehn" blieb bis zur Aufhebung der Lehnverfassung Korfus in der ersten Hälfte des 19. Jahrhunderts bestehen.[16]

1384 machte Leonardo de Nicolo Frescobaldi in der Hafenstadt Modon (Methone) an der Ostküste der Peloponnes auf seiner Pilgerreise Station. Modon war seit 1206 venezianischer Handelsstützpunkt auf der Seeroute nach Jaffa und eine von Kreuzfahrern, Pilgern und Kaufleuten frequentierte Stadt. Außerhalb der Stadt sah Frescobaldi viel „Romiti".[17]

Viele weitere Pilger unterbrachen in den folgenden Jahrzehnten in dieser Stadt ihre Reise, und viele schrieben über die außerhalb Modons lebenden Roma. So auch Bernhard von Breidenbach, der sich 1483 in Modon aufhielt:

„Vor dieser Stadt liegen viele kleine Häuslein, über dreihundert. Darin wohnen etliche arme Leute, schwarz und ungestalt wie die Mohren, gleichen sie den ‚Zigeunern', die zu Zeiten in unser Land kommen."[18]

Über ihren Aufenthalt in Modon 1495 berichteten Alexander Pfalzgraf von Rhein und Graf Johann Ludwig von Nassau folgendes:

„Modon ist eine fast starcke Stadt/ nicht sehr hübsch/ ist ein Bistumb/ und sind zu Modon viele Juden und Griechen/ und wenig Christen leut/ und neben Modon liegt ein Berg genannt *Gype*/ und seind wol bey 200 Heußlin/ oder Hütten/ da ligen die *Egyptianer genant Heyden* und etlich leut heissen dieselben berg mit jhrer zugehörde/ *Klein Egypten*."[19]

Zwei Jahre später beschrieb 1497 der Kaufmann Arnold von Harff aus Köln Stadt und Vorstadt:

„Da wohnen viele arme, nackte Leute in kleinen mit Riet gedeckten Häusern, wohl an die 300 Familien, Suyginer genannt, dieselben, die wir bei uns *Heiden* aus Ägypten nennen, und die in unserem Land herumziehen."[20]

Die „Suyginer" arbeiteten als Handwerker, Schuhmacher, Schuhflicker und Schmiede und unterschieden sich nach von Harffs Meinung deutlich von „Zigeunern" in deutschen Landen:

„Diese Vagabunden sind böse Buben und spionieren die Lande – (natürlich für die Türken) – aus.“[21]

1519 unterbrach der Schweizer Ludwig Tschudi von Glarus eine Pilgerreise in Modon, das jetzt unter türkischer Verwaltung stand. Tschudi zählt nur noch

„30 böse Häuslein, darin lauter Zigeuner wohnen, die sich aus Ägypten fälschlich nennen“.

Er nahm an, daß sie vertriebene ‚Albaneser‘ seien.[22]

Aus den Berichten über Roma in Griechenland geht hervor, daß es schon damals unterschiedliche Gruppen von Roma gab: reisende und seßhafte Roma, wobei letztere in Siedlungen und von Handwerk und Landwirtschaft lebten.

Auch in anderen Ländern können frühe Eintragungen über Roma nachgewiesen werden. Am 3. November 1362 wird der Goldschmied Radenus Bratoslavic in Dubrovnik, damals Republik von Ragusa und von 1205 bis 1358 unter venetischer Oberhoheit, dazu verpflichtet, acht Silbermünzen an die Ägypter Vlachus und Vitanus (ad petitionem Vlachi et Vitani Egyptorum) zurückzugeben.[23]

In den Dokumenten der altrumänischen Fürstentümer Moldau und Walachei finden sich ebenfalls frühe Erwähnungen, die sich auf die Verschenkung ganzer Romagemeinschaften beziehen. Während seiner Regierungszeit (etwa 1360–1373) schenkte der Woivode der Walachei Vladislav dem Kloster des Heiligen Antonius bei Vodita 40 Salaşe (Zeltgemeinschaften) der „Acingani“. Diese Schenkung wurde 1385 von Dan I. (1384–1386) und ein zweites Mal 1387 von Mircea I. (1387–1419) dem Marien-Kloster Tismana, zu dem das Antonius-Kloster gehörte, bestätigt.[24] Am 20. Mai 1388 schenkte Mircea I. dem Kloster Cozia 300 Salaşe Roma. Der Woivode der Moldau Alexander der Gute (1400–1432) schenkte am 8. Juli 1426 dem Kloster Bistritza 21 Roma-Familien, und Stefan der Gute vermachte am 16. März 1490 dem Kloster Putna 12 Roma-Familien, „die aus der Walachei stammten“.[25]

Die Roma galten seit ihrer Zuwanderung nach Altrumänien als unverzichtbarer wirtschaftlicher Faktor. In den knapp 400 Jahren zwischen dem ersten Durchmarsch der Kreuzzügler und Kaufleute auf dem (Land-)Weg nach Konstantinopel um 1000 und der Eroberung durch die Türken 1396 war das Fürstentum Walachei eine prosperierende agrarische Region. Die freien Bauern ergänzten ihr Einkommen, indem sie Waren an die Häfen der Donau oder des Schwarzen Meeres bzw. zurück nach Sibiu/Hermannstadt oder Brasov/Kronstadt transportierten. Während dieser Zeit trafen spätestens um die Mitte des 14. Jahrhunderts die ersten Roma ein. Sie brachten handwerkliche Fähigkeiten mit, die in der Region nur unzulänglich beherrscht wurden, und verkauften ihre Produkte an Interessenten entlang der Handelsroute. Um sich diesen Wirtschaftszweig zu erhalten, führten Staat und Kirche Rechts- und Reisebeschränkungen für die Roma ein.

Nachdem die Walachei 1396 und die Moldau um 1500 dem Osmanischen Reich tributpflichtig geworden waren, kam der Handel fast vollständig zum Erliegen; die Erträge aus der altrumänischen Landwirtschaft wurden nun von Osmanen und zu niedrigen Preisen nach Konstantinopel gebracht. Die Lage der Boyaren (Großgrundbesitzer), Bauern und anderen Berufsstände verschlechterte sich drastisch, da sie zusätzlich zum gesunkenen Einkommen noch höhere Steuern zahlen mußten. Besonders betroffen waren zum einen die Bauern, die von den Erträgen der Landwirtschaft allein nicht mehr leben konnten, ihr Land an die Boyaren verkauften und zu Leibeigenen wurden; zum anderen die Roma, die in den Besitz des Staates, der Kirche und nun auch der Boyaren übergingen, zu Sklaven gemacht wurden und nicht mehr abwandern konnten. Den Boyaren gelang es im wesentlichen, ihren Wohlstand auf dem Rücken der leibeigenen Bauern und versklavten Roma zu erhalten.

Die Kirche (Tigani monastiresti) und die Boyaren (Tigani boieresti) waren die größten Sklavenhalter; jeder noch nicht versklavte Roma wurde Eigentum des Staates (Tigani domnesti). Sie konnten einzeln oder familienweise verkauft, verpachtet oder verschenkt werden. Die Roma der Krone lebten überwiegend vom Reisegewerbe als Schmiede/Ungurarai, Holzarbeiter/Fierarai, Goldwäscher/Aurari, Bärenführer/Ursari, mußten einen Jahreszins zahlen und durften das Fürstentum nicht verlassen. Die Roma der Klöster waren fast ausschließlich als Feldarbeiter auf den kirchlichen Gütern tätig. Die Roma der Boyaren waren ebenfalls Feld-, aber auch Haussklaven. Unter den letzteren waren die Frauen als Kinderfrauen, Putzfrauen, die Männer als Kutscher, Handwerker tätig. Die Roma der Klöster und Boyaren waren seßhaft und lebten in gesonderten Wohnvierteln. Roma wurden in die Sklaverei hineingeboren, sie galten nicht als Rechtsperson, sondern als Eigentum.[26] In den altrumänischen Fürstentümern wurde die Sklaverei erst Mitte des vergangenen Jahrhunderts, als sich der ökonomische Wandel auch dort beschleunigte und Sklaven keinen Profit mehr brachten, abgeschafft.

Dem Stadtrechnungsbuch von Znojmo in Mähren ist zu entnehmen, daß 1417 „Den ‚Czigeinern' trinkgelt 1 Schock 3 Groschen" gegeben wurde. In der Chronik von Eger wurde über das Jahr 1418 notiert:

„Die Zigeuner kommen das erste Mal nach Deutschland und nach Eger."[27]

1538 schrieb Johannes Stumpf (1500–1566) unter bezug auf unbekannte Quellen und auf Ausführungen der Chronisten Heinrich Brennwald (1478–1551) und Aegidius Tschudi (1505–1572) über die Ankunft der Roma in der Schweiz im Jahr 1418:

„. . .: deren waren mann/ weyb und kinder auf 14 000 Personen geschätzt/ doch nit an einem hauffen/ sondern hin und wider zerstroewet. Sie gaben für/ wie sie auss Egypten verstossen weren und müssten also im ellend 7. jar buß würcken. Sie hielten Christliche ordnung/ trugen vil gold und silber/ doch darneben arme kleider. Sie wurden von den ihren aus ihrem vatterland herüber mit Gelt verlegt und besoldet/ hatten keinen mangel an zeerung/ bezahlten ihr essen un trincken/ und nach siben jaren furen sie widerumb heim."[28]

Stumpf unterschied zwischen den ersten Ankömmlingen und den Roma seiner Zeit, die er als „unnütze Bubenvolck" beschrieb. Mit einer solchen Zweigruppentheorie ging es ihm wohl weniger um eine differenzierte Beschreibung, sondern darum, das positive Bild der ersten „Zigeuner“ mit seinem aktuellen negativen in Einklang zu bringen.

In der Chronik von Bologna wird die Ankunft einer großen Gruppe Roma 1422 beschrieben:

„Am 18. Juli kam Herzog Andreas von Klein-Ägypten mit ungefähr 100 Personen aus seinem eigenen Land nach Bologna ... In Bologna angekommen, lagerten sie sich innerhalb und außerhalb des Tores von Galiera und ließen sich unter dem säulengetragenen Vorbau nieder, den Herzog ausgenommen, der im Gasthof ‚Zum König‘ logierte. Sie blieben vierzehn Tage in Bologna. Während dieser Zeit gingen viele Leute, um sie und mit allem Respekt die Herzogin zu sehen.“[29]

Die „Herzogin“ arbeitete als Wahrsagerin, und zahlreiche Klienten, so die Chronik, wurden ihrer Geldbörse beraubt.

Da die Kirchenfürsten die Wahrsagerei nicht tolerierten, veranlaßten sie die städtischen Behörden bekanntzugeben, daß derjenige, der sich weiterhin wahrsagen ließe, 50 Lire zu zahlen habe und exkommuniziert werde. Wer bestohlen worden sei, dürfe nun den Roma den entsprechenden Wert stehlen. So wurden eines Nachts den Roma auch mehrere Pferde entwendet. Daraufhin verpflichteten sich die Roma, das Gestohlene wiederherzugeben, wenn sie dafür ihre Pferde zurückerhielten.

Am 7. August 1422 trafen etwa 200 Roma in Forli, 65 km südöstlich von Bologna, ein. Ob darunter auch die Roma von Bologna waren, ist ungeklärt. Der zeitgenössische Chronist Bruder Hieronymus berichtete:

„Einige sagten, sie seien aus Indien.“[30]

Zwar muß ungeklärt bleiben, ob diese Aussage von Roma oder von Stadtbewohnern gemacht wurde, doch ist dies die älteste bekannte Angabe der Herkunftsregion der Roma, zu einer Zeit allerdings, als Indien geographisch noch irgendwo jenseits der arabischen Länder lokalisiert wurde. Zwei Tage seien die Roma in der Stadt geblieben, dann zogen sie weiter nach Rom zum Papst.

Am 8. Mai 1425 stellte Alfonso V. von Aragon in Zaragossa einen Geleitbrief für eine Romagruppe aus:

„Unter Androhung meines hohen Mißfallens und einer Strafe von 10 000 Gulden ist Thomas, der Herzog von Klein-Ägypten, mit seiner Familie und seinem Gefolge samt allem Gold, Silber, allen Juwelen, dem Gepäck, den geweihten Vasen und all seinem Hab und Gut ungehindert passieren zu lassen, ohne daß er irgendeine Steuer oder Zoll zu bezahlen hat. Überdies legen wir unserem Volk ans Herz, diese Leute nach Kräften und Möglichkeiten durch Almosen zu unterstützen und ihnen auf ihrer frommen Pilgerfahrt jedweden Beistand zu leisten, da genannter Graf und seine Familie aus ihrem eigenen Gebiet von den Ungläubigen vertrieben worden sind."[31]

Bis zur zweiten Hälfte des 15. Jahrhunderts waren Roma bereits in fast allen europäischen Ländern urkundlich erwähnt worden, wobei dies nicht mit ihrem erstmaligen Auftreten im jeweiligen Land gleichgesetzt werden darf.

Die Zuwanderung der Roma in Westeuropa fällt zeitlich zusammen mit der zunehmenden Ausbreitung des Osmanischen Reiches in Kleinasien und Südosteuropa. Hieraus ist wiederholt der Schluß gezogen worden, die Roma seien vor den Osmanen geflohen. Auch wenn es zweifelsohne Flüchtlinge vor den Osmanen und den (Bürger-)Kriegen gegeben haben wird, so ist andererseits offenkundig, daß der größte Teil der Roma in den osmanisch besetzten Balkanländern blieb.[32]

Ausschlaggebend hierfür mag – abgesehen von der Versklavung der Roma in Altrumänien – der Faktor gewesen sein, daß die osmanischen Herrscher nach der Eroberung der Balkanländer eine indirekte Herrschaft praktizierten. Sie sahen die besiegten nichtmuslimischen Völker als Menschen zweiter Klasse an; die einheimische Verwaltungsstruktur wurde bis auf Kontrollpositionen beibehalten, die Religionsfreiheit ebenfalls in kontrollierter und zum Teil etwas eingeschränkter Form erhalten und ein oftmals lastendes Abgabensystem eingeführt. Eine nicht unerhebliche Zahl von Roma konvertierte zum Islam. Befördert wurde dieser Prozeß möglicherweise dadurch, daß Roma bereits in das nach Europa vordringende Heer und in die osmanische Gesellschaft zumindest zum Teil eingegliedert waren.

Aus einer Beschreibung Hans Lewenklaws von Amelbeurn über einen Festzug anläßlich einer Friedensdelegation unter Führung des Fürsten Heinrich zu Liechtenstein und des Erzherzogs Matthias von Österreich 1584 nach Budapest, das damals unter türkischer Verwaltung stand, geht folgendes über Roma in der osmanischen Gesellschaft hervor:

„Erstlich giengen vorher/durch ein grosse mennig dess Volks/so von allen Orten zusammen geleufen drey Zingani oder Zigeuner/welche von etlichen für Egypter/von andern für Arabier gehalten werden/auff Türckisch bekleidet. Der Mitler unter diesen dreyen schlug auff einer Lauten/so etwas grösser dann gewöhnliche Lauten. Die beyde andern spieleten ein jeder auff seiner kleinen Geigen/ so ein scharpffen unlieblichen Thon gaben/unnd mit einer Barbarischen Stimm sangen sie darein/ was von Osmanischen Sultanen verricht. Unnd theten in diesem Gesang sie alle gar ordentlich nacheinander erzehlen unnd rühmen/sampt ihren ritterlichen Thaten/biss auf den gegenwärtigen Sultan Murat den dritten. „Auff diese drey Zigeuner folgte drey unsinnige/tolle/starcke Kerles/so nur Ungrisch oder Türckisch Hosen/oder Gattie trugen/sonst nackend am ganzen Leib: aussgenommen/dass jnen die Spitz des Kopffs mit einem runden/kleinen/rohten Häublein bedeckt: un gleichssfalls die blosse Schultern mit einer ummgehenckten/unn vom Halss herab langenden Tigerhaut/ummgeben unn geziert. Gedachte 3 Kerles tantzten nach de Seitenspiel der Zigeuner/unnd hatte derselben ein jeglicher ein rohten Türckischen Fahnen/ dessen Spiess oder Stang ihnen in der haut/so mit einem Messer eröffnet/und im Bauche steckte: unnd sahe man viel Bluts herauss rinnen.“[33]

In einer späteren Passage berichtete von Amelbeurn, der selbst durch das Osmanische Reich reiste, erneut über Roma; sie arbeiteten als Schmiede, Bärenführer, Musiker und Tänzer in Istanbul.

2. „... verkundschafter der christen lande sin" – Von der Zuwanderung bis zu den Anfängen einer „Zigeunerpolitik" in Deutschland

Als die ersten Roma in Deutschland eintrafen, ging die mittelalterliche Ordnung langsam zu Ende: Die Einheit der christlichen Welt, die universitas christiana, war in Auflösung begriffen; das Kaisertum verlor an Einfluß; die Souveränitätsansprüche der Einzelstaaten gegenüber dem Kaiser nahmen ebenso zu wie die Ansprüche des aus den Zünften entstehenden Bürgertums gegenüber den Potentaten der Einzelstaaten; gleichzeitig wurden die zahlreichen durch das Land vagierenden Menschengruppen (Kaufleute, Handwerker, Gaukler, Büßer, Flüchtlinge vor den Osmanen) zunehmend als bedrohlich empfunden; die Pest, die ihren Höhepunkt um 1350 erreicht hatte, flackerte immer wieder auf; und schließlich rückten die Türken immer weiter Richtung Westen vor. Auf den Zusammenhang zwischen politischen, religiösen und gesellschaftlichen Umbrüchen und der Wahrnehmung der Roma ausweislich der schriftlichen Quellen wird im folgenden näher eingegegangen.

Gemeinhin wird die 1407 in den „Hildesheimer Stadtrechnungen" befindliche Angabe als erste Erwähnung von Roma in Deutschland angesehen. Dort wurde folgendes verzeichnet:

„In vigilia Mathei den lateren up de scriverie, dome ore breve horen wolde, 1/2st." (Am 20. Sept. den Tataren auf der Stadtschreiberei, wo man ihre Briefe prüfen wollte, einen halben Stüber Wein gegeben.)[34]

Zweifelsfrei handelte es sich bei den Eintragungen des Dominikanermönches Hermann Cornerus aus Lübeck um eine Beschreibung von Roma. Er beschrieb in seinem bis zum Jahr 1435 fortgeführten „Chronicon" eine Roma-Gruppe, die 1417 durch Lüneburg, Hamburg, Lübeck, Wismar, Rostock, Stralsund und Greifswald zog.[35] Während jedoch Cornerus die Roma nicht mit eigenen Augen gesehen hatte, berichtet Andreas Presbyter von Regensburg, der seit 1405 die Ereignisse in einem Tagebuch notierte, über die Ankunft der ersten Roma in

Regensburg aus eigener – wenngleich wohl ferner – Anschauung. „Zum Jahr 1424“ beschrieb er, in deutlicher Übereinstimmung mit Cornerus, folgendes:

„Ebenso wanderte in diesen Zeiten ein gewisser Stamm der Cingari, gewöhnlich Cigäwnär genannt, in unseren Ländern. Sie waren aber nahe bei Regensburg, während alle anderen ihnen nachfolgten, einmal viele Männer, Frauen und Kinder, an die 300 Personen, das andere mal weniger. Dieses Volk schlug seine Zelte auf den Feldern auf, denn es war ihnen nicht erlaubt, in den Städten zu wohnen. Es eignete sich nämlich den Besitz der anderen geschickt durch Diebstahl an. Dieses Volk stammt aus Teilen Ungarns, und man sagt, daß es ausgewandert sei; zum Zeichen und zur Erinnerung an die Flucht des Herren nach Ägypten, als er vor dem Angesicht des Herodes floh, der ihn suchte, um ihn zu töten. Im Volk wurde jedoch gesagt, daß sie heimliche Kundschafter im Lande seien.“[36]

Aufschlußreich ist, daß weder Cornerus noch Andreas Presbyter, die beide Zeitgenossen des Geschehens waren, die Herkunft der Roma mit („Klein-)Ägypten“ angeben.[37] Erst in den folgenden Jahren wurde wiederholt eine Herkunft aus „Klein-Ägypten“ behauptet, das auf historischen Landkarten nicht verzeichnet ist. Auch die Begründungen der Reisen wurde im Laufe der Zeit vielfältiger: (siebenjährige) Bußfahrten aus verschiedenen Gründen wurden vorgetragen: zur Erinnerung an die Flucht der heiligen Familie aus Ägypten; wegen Verweigerung des Nachtquartiers für ihre angeblichen Vorfahren Maria und Jesus, als diese vor dem König Herodes flüchteten; wegen vorübergehender Abkehr vom Christentum.

Ob es sich bei diesen Angaben ursprünglich um Selbst- oder Fremdauskünfte handelte, muß offen bleiben.[38] Möglicherweise wurde aus den umlaufenden Geschichten der Kurzschluß gezogen, die Roma selbst kämen aus Ägypten. Für die Roma erwies sich die Einordnung in die spätmittelalterlichen Gegebenheiten als hilfreich, denn die Bevölkerung war verpflichtet, Pilger und Büßer mit Nahrung, Geld und Obdach zu unterstützen. Diese frühen Bußgeschichten wurden allerdings den Roma von Autoren über Jahrhunderte hinweg als Beleg für ihre angeblich unveränderbare Verlogenheit nachgetragen. Späteren Generationen von Roma waren die auf Ägypten bezogenen Bußgeschichten nachweislich unbekannt.

In den Kämmereirechnungen der Stadt Hamburg wurde 1434 folgende Ausgabe kommentarlos verzeichnet:

„Die Stadt Hamburg zahlte dem Grafen Johann von Klein Ägypten 30 Schilling als Almosen."[39]

Wie hier in Hamburg und zuvor schon in Hildesheim, wurden an zahlreichen Orten der Durchzug und die Versorgung der Romagruppen lediglich vermerkt. Auch wenn es sich hier um Buchungen handelte, so könnte daraus der Schluß gezogen werden, daß Auftreten und Erscheinungsbild der Roma keine Auffälligkeiten zeigten. Auf diese unkommentierten Durchzüge und die Widersprüchlichkeit der ersten Berichte zu verweisen, ist um so wesentlicher, als das Bild der Roma seit dieser Zeit über Jahrhunderte hinweg lediglich anhand negativer und auffälliger Aspekte festgeschrieben wurde.

Positiv wurde beispielsweise bei der Ankunft der Roma in der Schweiz und an anderen Orten vermerkt, daß sie wohlhabend seien, sich selbst versorgten und „christliche" Ordnung hielten. Hervorgehoben wurde in der Regel die interne soziale und politische Struktur der Roma, sofern sie für Außenstehende erkennbar war. Demnach wurden die Gruppen angeführt von einer mit einem Adelstitel versehenen Person (slaw: Woivod = gewählter Heerführer; ins Deutsche als Herzog oder Graf übertragen), die gut gekleidet und zu Pferde auch wie etwa „Herzog Andreas aus Klein-Ägypten" 1422 in Bologna in einer Herberge innerhalb der Stadt logierte, während sein Gefolge außerhalb der Stadt lebte. In anderen Fällen, wie in Norddeutschland 1417 oder Regensburg 1424, scheint auch der Anführer der Gruppen außerhalb der Stadt gelebt zu haben. Diese Form der internen Organisation, die lange unangetastet blieb, läßt vermuten, daß ein Teil der Anführer keine Roma waren; aus Polen, Litauen und Transsylvanien, wo Adelige oft als Woivoden eingesetzt worden sein sollen, liegen Hinweise darauf vor; aus Korfu ist bekannt, daß ein Veneter für Besteuerung und Gerichtsbarkeit unter den Roma zuständig war. Doch unabhängig davon, ob die Anführer Roma oder Nicht-Roma waren, enthalten die Beschreibungen der „gräflichen“ politischen Organisation mit größerer Gefolgschaft an Familien wichtige Informationen über die nach außen vorgetragene Selbstorganisation und Vertretung der Interessen. Diese Organisation ähnelte damit mehr dem Hof der mittelalterlichen Kaiser, die auch über Jahre hinweg mit ihrem Gefolge unterwegs waren; und sie unterschied sich von den vielen Vaganten der Zeit, die in der Regel alleinstehende Männer waren.

Die Religionszugehörigkeit der Roma zeigt ein widersprüchliches Bild. Als Büßer wurden sie einerseits in den christlichen Lebenszusammenhang eingeordnet. Die Betätigung der Frauen als Wahrsagerinnen, die unterstellte Kundschaftertätigkeit für die Türken oder auch die Beschreibung als „Heiden“ oder „Tataren“ siedelte die Roma andererseits jedoch außerhalb des Christentums an.

Zu den negativ bewerteten Aspekten gehörten soziales (Diebstahl), religiöses (Wahrsagen) oder politisches Fehlverhalten (unterstellte Kundschaftertätigkeit für die Türken) und ästhetische Störfaktoren wie die „schwarze“ Hautfarbe. Während Diebstahl und Wahrsagerei – ausweislich der Quellen – ausgeübt wurden, ist bisher kein Rom als Kundschafter belegt. Darüber hinaus aber wurden soziale oder religiöse Verstöße, die auch von Nicht-Roma begangen wurden, bei den Roma hervorgehoben, ihnen kollektiv zugeschrieben und somit zum angeblichen Merkmal ihrer ethnischen Zugehörigkeit konstruiert.

Diese kollektiven negativen Zuschreibungen stehen in einem engen Zusammenhang mit weitverbreiteten (spät-)mittelalterlichen Ängsten. Der Vorwurf des Diebstahls verweist auf die brüchig gewordene soziale Ordnung; der Vorwurf der Wahrsagerei verweist auf die zerfallende Vorherrschaft der mittlerweile schon zweigeteilten christlichen Kirche; der Vorwurf der Kundschafterei verweist auf die Unfähigkeit der Herrschenden, die Türken aufzuhalten; der Vorwurf der als häßlich empfundenen dunklen Hautfarbe verweist auf die Angst vor der Pest aus dem Osten. Es drängt sich der Eindruck auf, daß hier die Chronisten, die in staatlichen oder kirchlichen Diensten standen und in zunehmendem Maße meinungsbildende Funktionen gewannen, bewußt oder unbewußt von Mißständen in der eigenen Gesellschaft abzulenken versuchten. Die Roma, die zur Zeit ihrer Zuwanderung ein unbeschriebenes Blatt waren, wurden also zur Projektionsfläche für spätmittelalterliche Ängste und Mißstände.

Deutlicher wird der Zusammenhang zwischen gesellschaftlichen Zuständen und „Zigeunerbildern" an weiteren Berichten seit Beginn des 16. Jahrhunderts. Die Beschreibung der „Zigeuner" verflacht nun zur ausschließlichen Negativberichterstattung. Johannes Turmaier aus Abensberg (1477–1534), Aventin genannt, wurde 1517 zum Historiographen Bayerns ernannt. Zwischen 1517 und 1522 arbeitete er an den „Annales Boiorum", die die Ereignisse bis zum Jahr 1460 beschrieben und als eines der ersten volkstümlichen Geschichtswerke in Deutschland gelten können. Zum Jahr 1439 notierte er:

„Zu derselben Zeit begann jenes sehr diebische Volk (oder Menschengeschlecht), ein Gemisch und Auswurf verschiedener Völker, die im Grenzgebiet des Türkenreiches und Ungarn wohnen (wir nennen sie Zingeni) unter ihrem König Zindelone unsere Gebiete zu durchstreifen (und) durch Diebstahl, Raub und Wahrsagen suchen sie ungestraft, ganz und gar, ihren Unterhalt. Sie lügen, daß sie aus Ägypten stammen und von den Göttern gezwungen werden ... Ich habe durch Beweise erfahren, daß sie die venedische Sprache sprechen und Verräter und Auskundschafter sind. Sowohl andere als auch der erhabene Herrscher Maximilianus und Albertus, der Vater unserer Fürsten, bezeugen es durch öffentliche Edikte: So sehr ist dennoch der lügenhafte Aberglaube in die Sinne der Menschen wie die Schlafsucht eingedrungen, daß sie es für Unrecht halten, wenn sie verletzt werden und daß sie beschließen, daß sie ungestraft allenthalben herumschwärmen, stehlen und täuschen."[40]

Der von starker Feindseligkeit geprägte Text siedelte die Roma in der Nähe einer kriminellen Organisation mit eigener Sprache – also im Grenzbereich zwischen sozialer und ethnischer Zugehörigkeit – an. Gut läßt sich nun auch der Transport und die ständige Multiplizierung des „Kundschafter"-Bildes auf verschiedenen gesellschaftlichen Ebenen nachvollziehen. Was als „Volkes Stimme" bei Andreas von Regensburg 1417 notiert wurde, fand um 1500 Eingang in die politischen Entscheidungen der Reichstage und wurde – unter Bezug auf diese – im ersten volkstümlichen Geschichtswerk des Aventin von 1520/1580[41] weiterverbreitet.

Auch Sebastian Münster (1488–1552), ein Universalgelehrter und Fachmann insbesondere für Hebräistik, Geographie, Mathematik und Astronomie, befaßte sich mit den Roma. 1550 veröffentlichte er die endgültige Fassung der „Cosmographei", aus der zum Erscheinen der Roma 1417 folgendes entnommen werden kann:

„Man hat es wohl erfahren / daß diß elend Volck erboren ist/ in seinem umbschweiffenden ziehen / es hat kein Vatterlandt / zeucht also müßig im Land umbher / ernehret sich mit stelen/lebt wie ein Hund/ist keyn Religion by ihnen/ob sie schin ire Kinder under den Christen lassen taufen. Sie leben ohne Sorg/ ziehen von einem Land in das ander/kommen aber etlich Jahr herwieder. Doch theilen sie sich in viel Schaaren/ und verwechseln ihre Zug in die Ländern. Sie nehmen auch Mann und Weib in allen Ländern, die sich zu ihnen begeren zu schlahen. Es ist ein seltsames und wüst Volck, kan vil Sprache/ und ist dem Bawersvolck gar beschwerlich ..."[42]

Münster, der für seine Kosmographie alle verfügbaren Quellen auswertete, hat möglicherweise die Ausführungen von Cornerus und Andreas Presbyter gelesen, zumindest aber ausgiebig aus der 1520 veröffentlichten „Saxonia" von Albert Krantz (1448–1552), Theologe und Domherr von Köln, Rostock und Hamburg, abgeschrieben.[43]

Münster traf zwar um 1525 bei Eberbach in der Nähe von Heidelberg selbst mit Roma zusammen, führte ein Gespräch mit ihnen (über ihre von ihm als „Fabel" abgetane Herkunft aus Ägypten und die Bußgeschichte) und sah einen angeblichen Geleitbrief von König Sigismund. Dieses Gespräch hat trotz der eigenen Anschauung keinerlei neue Erkenntnisse hervorgebracht. Vielmehr setzte Münster das Prinzip seiner

Vorgänger fort: Er verknüpfte negative Elemente der frühen Berichte über die Zuwanderung mit zeitgenössischen.

Die Bilder unterstrichen den neuzeitlichen und vom Reformationsgedanken getragenen gesellschaftlichen Strukturwandel. Der frühkapitalistischen protestantischen Arbeitsethik und zunehmenden Hierarchisierung der Arbeitslasten wird der (angeblich) reisende Müßiggänger gegenübergestellt. Dem Ziel administrativer Kontrolle der Untertanen durch die aufstrebenden Regionalfürsten wird die (angebliche) Unkontrollierbarkeit der Roma gegenübergestellt. Dem Ende der christlichen Gemeinsamkeit und der langsamen Entstehung des nationalen Gedankens sowie der modernen staatlichen Ordnung wird der (angeblich) religions- und vaterlandslose Geselle gegenübergestellt. Dem nach Erkenntnis strebenden humanistischen Bildungsideal wird der (angebliche) Lügner gegenübergestellt.

Die abgeschriebenen und um neue Erfindungen angereicherten Berichte nach 1500 bieten keinerlei informativen Gehalt über „Zigeuner" mehr. Bei den Roma wird es sich – wie man den frühen Quellen entnehmen kann – nicht um homogene, sondern durchaus unterschiedliche Gruppen gehandelt haben. Wie es diesen erging, läßt sich dann auch nur indirekt und teilweise aus den politischen Reaktionen der Zeit entnehmen.

Bereits Andreas Presbyter hatte einen Geleitbrief des Kaisers Sigismund (1387 König von Ungarn, 1410 deutscher König, 1433–37 Kaiser) wiedergegeben, den die erste der Gruppen, die nach Regensburg gelangte, bei sich trug. Darin stand folgendes:

„Sigismund von Gottes Gnaden römischer König und Kaiser ... Als unsere Getreuen sind persönlich gekommen Ladislaus Waynoda mit anderen zu ihm selbst gehörenden Zigeunern, sie haben die demütigsten Bitten vorgebracht, hier in unserer Zipserburg mit solcher Inbrunst, daß wir in unserer überreichen Gnade sie der Vorsorge für würdig halten. ... Aus welchem Grunde und sooft derselbe Ladislaus Waynoda und sein Volk zu unseren genannten Besitzungen, nämlich zu den Bürgerschaften und Städten, gelangen, befehlen wir daher euch allen getreuen Anwesenden nachdrücklich, daß ihr denselben Ladislaus Waynoda und die ihm untergebenen Zigeuner ohne jede Behinderung und Störung auf jede Weise unterstützen und bewahren sollt; ihr sollt sie gewiß vor allen Behinderungen und Angriffen schützen; wenn aber unter ihnen selbst durch irgendeinen Zigeuner eine Verwirrung entstehen sollte, aus welchem Grund auch immer, möget nicht ihr oder ein anderer von euch, sondern derselbe Ladislaus Waynoda die Erlaubnis haben, zu verurteilen und freizusprechen. Den Anwesenden aber befehlen wir, daß es nach dem Lesen dem Vorzeigenden immer zurückgegeben wird. Gegeben in unserer Zipserburg Residenz am Tag vor dem Fest St. Georgs des Märtyrers. Im Jahr des Herren 1423, im 36. Jahre als König von Ungarn, im 12. Jahre als römischer König, im 3. Jahr als böhmischer König etc."[44]

Tatsächlich hat sich Sigismund von 1414–1418 in Konstanz und zum genannten Datum in der Zips (Slowakei), die damals zu Ungarn gehörte, aufgehalten. Derartige überregionale Schutzbriefe waren die Vorläufer der Reisepässe; sie wurden auf eine Person ausgestellt und gestatteten ihr und ihrer Begleitung die grenzüberschreitende Reise. Viele Anführer der Roma konnten sich mit Geleitbriefen von Territorialfürsten, Städten oder dem Papst ausweisen. Letztere waren von besonderer Bedeutung, ermöglichten sie doch das uneingeschränkte Reisen in allen christlichen Ländern. Wie damals allgemein üblich, waren auch unter den Geleitbriefen der Roma Fälschungen zu finden; doch es ist unbestritten, daß Roma im Besitz echter Reisedokumente waren und frei reisen konnten.

Doch neben der Reisefreiheit standen, wie schon von Cornerus und Andreas Presbyter beschrieben, die Ausgrenzung aus der mittelalterlichen Ordnung durch Zutrittsverbot in die Städte sowie die Beschränkung der gestatteten Gewerbe auf die nicht von den Zünften abgedeckten Berufe, also die Vertreibung.

In den Büchern der Stadt Frankfurt finden sich in den Jahren 1448 bis 1497 wiederholt Eintragungen folgenden oder ähnlichen Inhalts:

„Den Grafen von cleynen Egipten mit seinem Anhang nicht hier gelitten und auch nichts gegeben."[45]

Die ganze Widersprüchlichkeit zwischen Interesse und Ablehnung – mit den daraus resultierenden Maßnahmen – wird deutlich anhand der Beschreibung von Roma, die 1435 zum ersten Mal nach Meiningen kamen und als Gaukler tätig waren:

„... seltsam schwarz und häßlich anzusehen ... Auf dem Hafenmarkt hat eins dem anderen auf den Schultern getanzt und wunderliche Gebärden – im Beisein der Ratsherren, welche vom Rathaus zugesehen und ihnen anderthalb Eimer Wein, auch Fleisch und Brot verehret – von sich spüren lassen."[46]

Nach elf Tagen Aufenthalt in der Stadt ließ der Pfarrer sie „mit Gewalt hinaustreiben".

Im Zuge der besonders unter Kaiser Maximilian (1493–1519) vorangetriebenen Reichsreform wurde der gegen die Roma gerichtete Argumentationsstrang aufgegriffen und auf den Reichstagen Ende des 15. Jahrhunderts in eine reichseinheitliche „Zigeunerpolitik" umgesetzt.

Auf dem Reichstag zu Worms 1495 wurde zunächst der „Ewige Landfriede" beschlossen, der die Herstellung innerer Ordnung zum Ziel hatte. Um dies zu erreichen, wurde erstmals eine Bevölkerungsgruppe, die reisenden Fußknechte „vil raisig und fuesknecht", als Ursache für friedlose innere Zustände kollektiv beschuldigt. Sie sollte von nun an ausgewiesen werden. „Zigeuner" wurden im Reichsabschied vom 7. August 1495 mit folgenden Worten auf die Tagesordnung des kommenden Reichstages gesetzt:

„Item daz ein yeder Kurfürst, Fürst und ander Oberkeit in seinen Herschaften und gebieten hiezwischen und der nechsten versamblung, obgemelt, erkundigung und betrachtung tue der uebermessigen kleydung und anderer unziemlichen kostlichkeit, auch von der spilleut, betler und der zigeuner wegen und dasselb zu derselben nechsten besamblung anbring und zu erkennen geb, daz solichs in handlung genommen und in gemein ordnung durch das Reiche mug gemacht werden zu ere, nutz und underscheid aller stende."[47]

Zeitgleich mit den sozialen Aspekten der Reichsreform sollte auch ein neues Steuerrecht, die „Gemeinen Pfennig Akte" von 1495, die auch einen Kriegspfennig wegen der Türkengefahr vorsah, durchgesetzt werden. Hiergegen erhob sich jedoch Widerstand. Um diesen Widerstand zu brechen, wurden Roma – unter Ausnutzung populärer Bilder – verstärkt ins Spiel gebracht und auf höchster staatlicher Ebene als politische Gefahr stigmatisiert.

Während einer Ausschußsitzung des Reichstages zu Lindau 1496/97 hieß es noch:

„Der zygeuner halb, die als man sagt, vom soldan mit Thürken ausgeschickt sind, ..."

Doch bereits in dem Abschied dieses Reichstages am 9. Februar 1497 war die angebliche Kundschaftertätigkeit der Roma kein Gerücht mehr; nun galt es als erwiesen, daß Roma, obwohl immer noch zwischen Kleiderordnung, Spielleuten und Bettlern erwähnt,

„... verkundschafter der christen lande sin, das man denselben hinfür in die Lande zu ziehen nit gestatten noch leyden soll."

Auf dem Reichstag zu Freiburg wurde der zukünftige Umgang mit Roma dann in einem gesonderten Passus festgeschrieben. In dem Abschied vom 4. September 1498 hieß es:

„Der ienen halben, so sich zeigeiner nennen, und wieder und für in die Land ziehen etc., soll per edictum publicum ... ernstlich gebotten werden, das sie hierfür dieselben zigeuner, nachdem man glaublich anzeig hat, das sie erfarer, usspeer und verkundschafter der christen Lant seyen, in oder durch ire land, gepiete oder oberkeit nit ziehen, handeln noch wandeln lassen, noch inen des sicherheit oder geleyt geben und das sich die zeigeiner daruf hinzwischen ostern nechstkünftig uß den landen teutscher nation tun, sich der eußern und darin nit finden lassen, wann wo sie darnach betreten und yemants mit der tate gegen inen zu handeln fürnemem würde, der soll daran nit gefrevelt noch unrecht getan haben, wie dann soliches unser mandat wyter inhalten wirdet."[48]

Zwar mußte die „verkundschafter" Tätigkeit bewiesen werden, doch kam das Edikt einer Verurteilung zur Vogelfreiheit gleich, da Roma gegen unterstellte Spionage schwerlich ihre Unschuld beweisen konnten.

Auf den Reichtagen trafen die höchsten politischen und geistlichen Instanzen des Reiches zusammen. Die Aufmerksamkeit, die sie den Roma widmeten, hat wenig mit deren Anzahl zu tun. Diese konnte, ausweislich der bisher bekannten Quellen, nicht allzu groß gewesen sein; darüber hinaus wird es sich bei Eintragungen in verschiedenen Städten gelegentlich um dieselbe Gruppe gehandelt haben, die dann möglicherweise das Land auch wieder verließ. Angesichts der eher geringen Anzahl Roma und der Tendenz zur kollektiven Schuldzuweisung bei gleichzeitiger Nichterwähnung unauffälliger Roma wird auch das soziale Verhalten nur in Einzelfällen, aber nicht generell auffällig gewesen sein.

Die offizielle Stigmatisierung der Roma zur sozialen und politischen Gefahr verfolgte den schlichten Zweck, gruppenspezifische Interessen durchzusetzen. Der Kaiser wollte sein Steuerpaket einschließlich der Kriegssteuer durchbringen, als einende und schützende Kraft des Reiches gegen die Türken und deren vermeintliche „usspeer“ auftreten und seinen Machtverfall aufhalten. Die aufstrebenden Fürsten versuchten ihre Hoheitsrechte, einschließlich Besteuerung und Kontrolle der Untertanen, gegenüber dem Kaiser zu stärken. Das ebenfalls aufstrebende, noch in Zünften organisierte Bürgertum, das wie so viele Roma von Handel und Handwerk lebte, war bestrebt, wirtschaftliche Konkurrenz auszuschalten und die Bauern auf städtische Märkte zu zwingen. Und auch die Kirche wollte sich der Wahrsagerinnen entledigen, einer beginnenden Säkularisierung vorbeugen und Zweifler zur Kanzel zurückführen.

Indem die führenden Vertreter der gesellschaftlichen Gruppen die seit der Zuwanderung der Roma gängigen Gerüchte aufgriffen, suggerierten sie darüber hinaus der jeweiligen Klientel ein Mitspracherecht. Hierdurch wurden die Herrschaftsverhältnisse innerhalb der Gruppen stabilisiert. Gleichzeitig trug die Ausgrenzung der Roma auch zur Entspannung zwischen den Gruppen (Kaiser, Kirche, Territorialfürsten, Adel und Zünfte/Bürgertum) bei, die gegen Ende des Mittelalters zunehmend in Konkurrenz um politische Partizipation und Hoheitsrechte getreten waren.

Nach einigen Jahrzehnten widersprüchlicher Einschätzungen zogen Staat und Kirche im ausgehenden 15. Jahrhundert die Definitionsmacht über die Roma an sich. Die von diesen Instanzen den Roma zugewiesenen Funktionen als Projektionsfläche, zur Durchsetzung neuzeitlicher Werte und als Manövriermasse für politische Interessen machten diese zu einem geeigneten Bindemittel in den gesellschaftlichen, wirtschaftlichen und politischen Umbrüchen zwischen ausgehendem Mittelalter und beginnender Neuzeit.

3. „... wann die Zigäner unsere Landesgrentzen berühren, dieselben zu überfallen, zu plündern und hernieder zu werffen" – Vom Beginn der Neuzeit bis zur Reichsgründung 1870/71

In der frühen Neuzeit setzte sich das Muster des staatlichen Umgangs mit Roma endgültig durch; es sollte zweieinhalb Jahrhunderte lang bis zur Hochzeit des Absolutismus gelten und beruhte auf einem fast durchgängig negativ besetzten Bild und entsprechenden Abwehrmaßnahmen.

Der niederländische Gelehrte Bonaventura Vulcanius (1538–1614) veröffentlichte 1597 einen kurzen Traktat über „Zigeuner". Er erörterte darin ihre (vermeintliche) Herkunft – seiner Meinung nach waren sie Nubier aus dem unteren Ägypten – und stellte eine der ersten kleinen Sammlungen an Romanes-Wörtern vor. In seiner Beurteilung der „Zigeuner" transportierte er die Auffassung weiter, daß Straftaten einen Aspekt ihrer Kultur darstellen:

„Überhaupt sind sie Nomaden und Straßenräuber – dieser Art sind auch ihre Nachkommen, nämlich diese ‚Cingari', die nicht nur die Sitten ihrer Vorfahren und die Erlaubnis zu Diebstählen, sondern auch ihre Sprache bewahrt haben."[49]

Auch Jacob Thomasius (1622–1684), Vater des Aufklärers Christian Thomasius, veröffentlichte an der Universität von Leipzig 1652 eine „Dissertatio de Cingaris". Darin befaßte er sich anhand von Literaturstudien mit Namensgebung, Einwanderung, Herkunft und Sprache der „Zigeuner". Eine Begegnung mit „Zigeunern" lehnte er ab, obwohl durchaus die Gelegenheit dazu bestand, denn:

„Bey dieser Sommer-Zeit dieses betrügerische Geschmeiß Hauffenweise sich hier zu Lande sehen lassen/ und vielen Gelegenheit gegeben nach ihrem Ursprung/Leben und Beschaffenheit zu fragen."[50]

Thomasius bediente sich der „Zigeuner" für eine wissenschaftliche Übung, die Dissertation. Nach deren Abschluß verlor er das Interesse an dem Thema. Die 1702 als „Curiöser Traktat von Zigeunern" erschienene Übersetzung verdeutlicht, daß schriftliche Wissensvermittlung nun über die Gelehrtenstuben und Universitäten hinaus einer weiteren Öffentlichkeit zugänglich gemacht werden sollte. Zugleich sollte die öffentliche Negativeinschätzung nun wissenschaftlich erhärtet werden.

Dem gängigen Bild von einer sozial minderwertigen und kulturell fremden Bevölkerungsgruppe entsprechend wurden die „Zigeuner" mit einer Fülle von Edikten belegt, die auf ihr Verschwinden durch Tod und Vertreibung abzielten und ihnen somit die Existenzberechtigung absprachen.

In den Beschlüssen der weiteren Reichstage in der ersten Hälfte des 16. Jahrhunderts war von der angeblichen Kundschaftertätigkeit der Roma nicht mehr die Rede, obwohl die Türken nach wie vor eine Gefahr darstellten; auf Grund der den Sinti und Roma kollektiv unterstellten Schädlichkeit für den „gemainen mann auf dem Land"[51] blieb ihnen jedoch weiterhin jeglicher Zutritt verboten. 1551 trat eine inhaltliche Änderung dahingehend ein, daß Roma nun im Zusammenhang mit Juden genannt wurden. Über Roma hieß es:

„... so sind sie doch mit Passporten dermassen versehen/ ... zu cassieren/abzuthun/ und zu vernichten/ ... die Obrigkeiten diese Zigeuner in ihren Herrschafften zu gedulden nicht schuldig seyn/auch nicht gedulden sollen."[52]

Aus der ständigen Wiederholung des Einreiseverbots und dem obigen Hinweis geht hervor, daß es vielen Roma gelungen war, sich auch weiterhin Reisedokumente zu beschaffen. Deutlich wird auch, daß die Territorialherren angewiesen wurden, die Einhaltung des Einreiseverbots durchzusetzen. Roma fielen somit, nachdem sie ihre Funktion bei der Reichs- und Steuerreform erfüllt hatten, in den Zuständigkeitsbereich der Einzelstaaten. Auf dieser Ebene wurden in den folgenden gut 200 Jahren eine Fülle von Edikten gegen Roma erlassen.

In der Landesordnung von 1540 für Brandenburg, die ähnlich wie die hessische Reformationsordnung aufgebaut war, hieß es beispielsweise:

„Von Ziegänern und fremden Bettlern, auch Handwercksburschen. Nachdem durch Uns als des Landes-Fürsten beschlossen, daß in allen unseren Landen kei(n)e Zigäner noch fremde Bettler sollen gelitten werden; So soll Unsern Städten frey stehen, wann die Zigäner unsere Landesgrentzen berühren, dieselben zu überfallen, zu plündern und hernieder zu werffen."[53]

Auch wenn sie in Zusammenhang mit anderen Wandergewerbetreibenden genannt wurden, galten jedoch nur Roma ausdrücklich als vogelfrei. 1590 wurde die Behandlung der Roma in Brandenburg in eigenständigen Bestimmungen geregelt und ausdrücklich Bezug auf die Reichsabschiede genommen. Roma wurden weiterhin als diebisches und räuberisches Volk und als Kundschafter der Türken bezeichnet. Jeder durfte Roma davonjagen; wer ihnen Schutz gewährte, hatte mit schweren Strafen zu rechnen.

Macfie gab 1943 die Zahl der Edikte zwischen 1500–1800 mit 148 an; sie dürfte allerdings etwas höher liegen. Zwischen 1650 und 1750 ist eine deutliche Häufung festzustellen.[54] Dies ist möglicherweise auf ein verstärktes Ordnungsbedürfnis nach dem Ende des Dreißigjährigen Krieges (1618–1648) zurückzuführen, mit Sicherheit aber auch auf die Zersplitterung in unzählige Kleinstaaten.

1686 erließ Kurfürst Friedrich Wilhelm I. von Brandenburg ein Edikt, demzufolge Sinti und Roma keine Pässe erhalten durften, außer Landes zu treiben waren, die Männer in Festungshaft genommen, die Frauen gebrandmarkt und die Kinder „konfiszieret" werden konnten. Wer ihnen Unterschlupf gewährte, mußte Strafe zahlen.

1710 erließ Friedrich I., der von 1701 bis 1713 König von Preußen war, in Cölln an der Spree das „geschärfte Edikt" „... wegen der Zigeuner und anderen herumvagabundierenden Diebes-Gesindels". Und König Friedrich Wilhelm I., 1713–1740 König von Preußen, veröffentlichte 1725 eine

„Instruction, wie die Visitation und Aufhebung der Diebes-Rotten/Bettler/und Zigeuner/oder andern liederlichen Gesindels in Städten und auf dem Lande anzustellen",[55]

derzufolge alle Sinti und Roma über 18 Jahre am Galgen gehängt werden konnten. Die oberbehördlichen Edikte des 18. Jahrhunderts hatten fast durchgängig die physische Vernichtung der Sinti zum Ziel.

Die Bekanntmachung der Edikte erfolgte über den behördlichen Schriftweg, über die Kanzel und über „Zigeunerstöcke", die mit Abbildungen von Galgen und Schlägern versehen vor den Orts- oder Landesgrenzen aufgestellt wurden.

Setzt man knapp 300 Jahre und zahlreiche Staaten in bezug zur Anzahl der Edikte, so zeigt sich, daß es für Sinti und Roma Lücken gab, Vertreibung und Hinrichtung zu entgehen. Darüber hinaus wurden die oberbehördlichen Anordnungen mancherorts von unteren Behörden nicht konsequent umgesetzt.

An den Ergebnissen einer Untersuchung zur Lokalgeschichte der Grafschaft Lippe soll dies deutlich gemacht werden. Dort wurde die Anweisung Friedrich Wilhelms I. 1725 fast wörtlich übernommen, „damit das land davon gesäubert und befreyet werden möge".[56]

Diese Ziel wurde jedoch nicht erreicht. Der Grund war zunächst, daß in dem untersuchten Zeitraum keine Sinti für das Betreten des Territoriums die Höchst-, nämlich Todesstrafe erhielten. Aus Verhörprotokollen festgenommener Sinti geht folgendes hervor:

„Im Rahmen einer im August 1744 durchgeführten Visitation in der Gegend von Schieder und Schwalenberg wurden zwölf ‚Zigeuner' (6 Kinder, 5 Frauen, ein Mann) auf dem Hof des Stammeyers festgenommen. In dem anschließenden Verhör gab Anne Maria Meyersche zu Protokoll, daß sie 52 Jahre alt und am Rhein im Darmstädtischen geboren sei. Ihr Mann befände sich in österreichischen Diensten. Sie habe ihre Tochter gesucht und schließlich auf dem Hof des Stammeyers gefunden. Bei ihrer Leibesvisitation wurden drei Brandzeichen festgestellt, die sie in Speyer, Gießen und Darmstadt erhalten hätte. Unter den Frauen befand sich ihre Tochter, Anne Gerdrut Lafertische, die ihr Alter nicht wußte und vorgab aus der Gegend von Bremen zu stammen. Sie sei Witwe und habe drei Kinder, die im Münsterschen, zu Mainz und im Darmstädtischen getauft seien. Auch bei ihr wurden Brandzeichen festgestellt, die sie in Speyer, Darmstadt und Gießen erhalten habe. Ebenfalls aus Bremen stammte Catharina Harthörig, die ihr Alter nicht angeben konnte und nicht verheiratet war. Sie war auf dem Weg nach Frankfurt und trug ein Brandzeichen aus Bremen auf dem Rücken. Auf dem Weg ins Hessische befand sich auch Maria Elisabeth, deren Mann Soldat gewesen und vor acht Jahren verstorben war. Von ihren elf Kindern lebten nur noch zwei. Wie bei Maria Elisabeth fanden sich auch bei Anne Maria die deutlichen Spuren von mehreren Brandzeichen. Anne Maria gab an, in Ostfriesland geboren und verheiratet zu sein. Der Aufenthaltsort ihres Mannes, der sich vermutlich in Kriegsdiensten befinde, war ihr nicht bekannt."[57]

Bei den Festgenommenen scheint es sich um durch die Lebensumstände zerrissene Familien zu handeln; dennoch zeigt sich, daß diese Sinti Zugang zu den Einrichtungen der Mehrheitsbevölkerung gefunden hatten: Ehemänner im (österreichischen) Armeedienst; drei Kinder von unterschiedlichen Pfarrern oder Priestern getauft; eine Sintezza, die sich länger auf einem Bauernhof, möglicherweise zur Zwangsarbeit als Magd oder Hausmädchen, aufgehalten hat; 12 Sinti im August auf dem Hof desselben Bauern, wo sie möglicherweise bei der Ernte halfen. Über die Bestrafung der Frauen ist nichts bekannt; vielleicht erhielten sie ein weiteres Brandzeichen und wurden aus der Grafschaft verwiesen. Festgenommene Männer wurden in anderen Fällen mit lebenslanger Haft oder mit zwangsweisem Militärdienst und Kinder mit Zwangsarbeit oder Einweisung in ein Waisenhaus bestraft.

Als weitere Ursachen für die Anwesenheit von Sinti in der Grafschaft gelten Bestechlichkeit und ein nachlässiger Umgang der Beamten mit ihnen, die fehlende Kooperationsbereitschaft der Bevölkerung bei „Visitationen" oder Razzien und die Bereitschaft von (auch adeligen) Privatpersonen, den Sinti Quartier zu geben.

Darüber hinaus konnten Einzelpersonen mit der Auflage, sich von ihren Familien zu trennen, sogar ein Aufenthaltsrecht erwerben. Den Brüdern Gottlieb und Wilhelm Laggerin wurde 1751 eine nur auf ihre Person ausgestellte Aufenthaltserlaubnis für die Ämter Blomberg und Schieder ausgestellt, so daß sie sich „mit ihrer Hände Arbeit daselbst ehrlich und redlich nehren" sollten. Doch diese Erlaubnis wurde ihnen drei Monate später wieder entzogen, da sie weitere Menschen mitbrachten.[58]

Über die Entstehungsgeschichte der späteren „Zigeunerkolonie" Lause bei Berleburg berichtete 1937 der Bürgermeister des Ortes, überzeugter Anhänger der nationalsozialistischen Rassenideologie und Befürworter der Sterilisierung der Sinti, 1725 sei Graf August zu Sayn-Wittgenstein mit Soldaten, Förstern „und – Zigeunern gegen das unbotmäßige Dorf Elsoff gezogen". 1740 habe sich eine „Zigeunerbande" im Edertal angesiedelt; die Bevölkerung habe dieser jedoch die Hütten angezündet und sie vertrieben. Später hätten dann „Allgemeines Humanitätsgefühl, Mangel an Rassebewußtsein infolge pietistischer Überstiegenheit ..." zur Ansiedlung von Sinti in Saßmannshausen und in Berleburg geführt. Seit 1782 lassen sich die Namen der 1937 noch in Saßmannshausen/Lause lebenden Sinti in den Taufbüchern nachweisen.[59] Die Niederlassung der Sinti fand seit 1771 unter gräflichem Schutz statt.

Obwohl es manchem Sinti gelungen sein mag, hier und da Dokumente seiner religiösen oder staatlichen Zugehörigkeit, Schutz vor Vertreibung und Möglichkeiten legalen Broterwerbs zu erhalten, sah doch die staatliche Politik für sie die vielerorts ausgeführte Todesstrafe vor; wo die Todesstrafe durch andere Maßnahmen ersetzt wurde, zielten diese auf die Auflösung der Familienverbände und die Vertreibung ab. Sinti sollten außerhalb jeglicher Zugehörigkeitsbeziehungen verbleiben. Die Folge der Vertreibungspolitik war jedoch, daß sich die deutschen Länder die Sinti über die Grenzen gegenseitig zuschoben.

Während der Aufklärungszeit trat ab der zweiten Hälfte des 18. Jahrhunderts neben die herkömmliche Politik die gruppenweise Zwangsassimilation; um den Preis der Aufgabe ihrer Kultur sollte nun jeweils einer größeren Anzahl Sinti und Roma die Zugehörigkeit zur Mehrheitsgesellschaft in Aussicht gestellt werden.

Die bekannteste Initiative waren die Maßnahmen von Maria Theresia (1740–1780) und Joseph II. (1765–1790; bis 1780 Mitregent seiner Mutter) von Österreich-Ungarn. Im Zuge einer Verwaltungsreform und der inneren Kolonisation Österreich-Ungarns erließ Maria Theresia zwischen 1758 und 1773 mehrere Verordnungen zum Umgang mit Roma. Darin wurde die Zwangsseßhaftmachung reisender Roma angeordnet: Sie mußten nun in Häusern wohnen, Abgaben leisten, die Pferde abgeben. Ferner wurde die Gerichtsbarkeit der Rechtsprecher unter den Roma aufgehoben. Ehen zwischen Roma waren untersagt, die Kinder wurden ihnen genommen und in Pflegefamilien gegeben. Die Sprache der Roma wurde ebenso verboten wie andere Formen kultureller Äußerungen. Schließlich sollten Roma nur noch als Neubürger (Ujpolgar), Neubauer (Ujparasztok), Neuungar (Ujmagyar) oder Neusiedler (Ujlakosok bzw. Neokolinus) bezeichnet werden. Joseph II. hob zwar 1781 die Leibeigenschaft in den damals zu Österreich-Ungarn und heute zu Rumänien und der Ukraine gehörenden Landesteilen Siebenbürgen und der Bukowina auf, doch verschärfte er die Maßnahmen gegen die Roma, indem er die Notwendigkeit der Strafen hervorhob.

Doch die von Maria Theresia und Joseph II. angeordneten Maßnahmen zeitigten nur bedingten Erfolg, da die personellen Voraussetzungen zu ihrer Umsetzung fehlten und ein Teil der Roma floh. Lediglich im heutigen Burgenland kann eine Reihe von Roma-Familien ihre Ansiedlung auf diese Maßnahmen zurückführen bzw. wird es in einigen Familien Romavorfahren geben, die als Kinder ihren Eltern weggenommen wurden.[60]

Vergleichbare Maßnahmen wurden in geringerem Umfang auch in Deutschland ergriffen. Friedrich II. gründete 1775 in Nordhausen am Harz die „Zigeunersiedlung“ Friedrichslohra, um verelendete Sintigruppen anzusiedeln. Der „Evangelische Missionsverein zu Naumburg und Umgebung“, der sich um die Menschen kümmerte, stellte 1829 den Lehrer Wilhelm Blankenburg zur Erziehung der Sinti-Kinder ein. Sie sollten „saubere, ordentliche, gehorsame und arbeitsame“ Menschen werden. Aber Blankenburg scheiterte. Viele Kinder kamen nach Erfurt ins Martinsstift, 58 Erwachsene wurden in das Arbeitshaus von Groß-Salze eingeliefert.[61]

Ungewöhnliche Umerziehungsversuche fanden Anfang des 18. Jahrhunderts auch in Baden-Württemberg statt. Der Beginn der Maßnahmen geht zurück auf den Prozeß 1786/87 gegen eine Räuberbande, die überwiegend aus Sinti bestand und nach ihrem Anführer „Hannikelbande“ genannt wurde. Die Bande wurde mit Hilfe anderer Sinti, die mit Hannikel und seinen Leuten verfeindet waren, gefaßt. Als Belohnung erhielten zwei dieser Sinti Anstellungen als Feldpolizisten, auch Hatschiere genannt, mit dem Auftrag, Bettler, Vaganten und Räuber aufzuspüren. Auf Betreiben des die Verhöre gegen die „Hannikelbande“ führenden Sulzer Oberamtmannes Schäffer wurden in der Folgezeit auch in anderen Bezirken Sinti als Hatschiere eingestellt.

Schäffer selbst hatte bereits 1787 Maßnahmen zur Verbürgerlichung der Sinti und Roma durch Erziehung gefordert. Die neuen Hatschiere waren stark von Schäffer beeinflußt und trugen nach dessen Tod ihren Teil zum Zustandekommen der württembergischen „Zigeunerverordnung“ bei; 1827 reichte einer der ehemaligen Hatschiere eine Petition ein, und am 3. 11. 1828 wurde die neue Verordnung erlassen. Inländische Sinti sollten Gemeinden zugeteilt und mit Wohnungen versehen werden; vom Nachweis eines festen Wohnsitzes hingen Gewerbeerlaubnis und Armenfürsorge ab. Jugendliche Sinti sollten einen Handwerksberuf oder die Landwirtschaft erlernen. Reisen durften nur noch zu gewerblichen Zwecken und nur noch mit Kindern über 18 Jahren erfolgen. Das Reisen selbst wurde noch stärker reglementiert: Wandergewerbescheine wurden nur noch für ein Jahr ausgestellt und mußten alle zwei Wochen kontrolliert werden; vor jeder Übernachtung mußte ein Visum bei der örtlichen Polizeistelle beschafft werden; wer gegen die Bestimmungen verstieß, wurde an seinen Heimatort zurückgebracht und bestraft.

Auch diese Maßnahmen zur kollektiven Verbürgerlichung scheiterten, weil verwandte Familien unterschiedlichen Orten zugewiesen wurden, familienweises Reisen durch die Auflagen unmöglich gemacht wurde und schließlich die nach Sintirecht geschlossenen Ehen als nicht gültig anerkannt und die Partner wegen „Concubinatsvergehen" bestraft wurden. Darüber hinaus konnten zahlreiche Gemeinden die Kosten für Wohnung und Ausbildung der Sinti nicht aufbringen, und Alteingesessene standen den Sinti oft feindselig gegenüber.[62]

Obwohl den Umerziehungsversuchen unterschiedliche Motivationen – Reichsreform, fürsorgerische/missionarische und ordnungspolitisch/polizeiliche Interessen – zugrunde liegen, haben sie doch die gleichen wesentlichen Voraussetzungen: die Kultur der Sinti und Roma wird als minderwertig angesehen, und die Sinti und Roma gelten als lernfähig. Weil sie aber die Sinti und Roma ihrer kulturellen Identität berauben wollten, mußten die Maßnahmen scheitern. Zwar ersetzten sie die physische Vernichtung durch die Zerstörung der Kultur und ermöglichten ausgewählten Sinti und Roma über die Assimilation die rechtliche Absicherung und eine Einbeziehung in die Zugehörigkeitsprinzipien der Mehrheit; doch das bis dahin gültige Prinzip der generellen Ausgrenzung blieb dennoch bestehen.

Erst die Mitte des 19. Jahrhunderts einsetzenden allgemeinrechtlichen Veränderungen führten zu einer wesentlichen Veränderung der Rechtsposition der Sinti und Roma. Durch die am 31. 12. 1842 in Preußen erlassene Gesetzestrias von Freizügigkeits-, Armen- und Untertanengesetz erfuhren diejenigen Sinti, die ihre Bindung an deutsche Staaten nachweisen konnten, neue Behinderungen und Erleichterungen. Darüber hinaus entwickelten sich durch die in dieser Zeit einsetzende Ablösung des territorial orientierten Untertanenprinzips durch das Abstammungsprinzip neue Zugehörigkeitsbeziehungen. Durch die Vertragsbedingungen des Norddeutschen Bundes 1866, das Paßgesetz von 1867 und schließlich mit der Reichsgründung 1870/71 wurde sukzessive die deutsche Staatsangehörigkeit geschaffen. Diejenigen Sinti, die den Nachweis ihrer Bindung an den deutschen Staat liefern konnten, galten nun als Inländer. Zumindest für einen Teil der Sinti und Roma wurden damit zum ersten Mal seit ihrer Ankunft in Deutschland die Zugehörigkeitsbeziehungen unzweideutig zu ihren Gunsten geklärt.

Ausländer hingegen unterlagen seit der Gründung des Norddeutschen Bundes keiner Paßpflicht und waren in bezug auf die Gewerbefreiheit mit Inländern gleichgestellt; doch der Staat besaß bei Vergehen oder bei „Lästigkeit" (Verarmung, Konkurrenz, politische Betätigung) die Ausweisungskompetenz. Die im Ermessensspielraum liegende „Lästigkeit" wies Ausländern eine zwischen Recht und Willkür schwankende Position zu. Rechts- und Polizeistaatlichkeit stießen im Ausländerrecht aufeinander.[63]

Von ihrer Ausweisungskompetenz machten die Behörden großzügigen Gebrauch. Das preußische Innenministerium wies beispielsweise 1868 Mittel- und Unterbehörden darauf hin, daß sie die „Ausweisungsbefugnis" gegenüber den „ausländischen Topfbindern und Kesselflickern, sowie ganzen Zigeunerbanden" hätten, die „das Publikum durch Bettelei belästigen und selbst die sicherheitspolitischen Interessen gefährden".[64] An den „ausländischen Zigeunern" wurden zunächst die Instrumentarien für eine gesonderte Behandlung der Sinti und Roma im modernen Staat entwickelt.

Mit der Gründung des Deutschen Reiches 1870/71 wurde „Zigeunerpolitik", die zweihundert Jahre lang in erster Linie Angelegenheit der Staaten (Königreiche, Fürstentümer) gewesen war, auch wieder nationale Angelegenheit; sie wurde nun sowohl gegenüber „ausländischen" als auch gegenüber „inländischen Zigeunern" praktiziert.

II. Grundzüge der Kultur und Sprache von Sinti und Roma

1. „Zigeuner" und Tsiganologen

Wie schon die Chronisten, so haben auch viele der Autoren, die sich mit der Kultur der Sinti und Roma befaßt haben, voneinander abgeschrieben, Quellen nicht kritisch ausgewertet oder unzulässige Verallgemeinerungen vorgenommen. Darüber hinaus stellten sich die „Zigeunerkundler" überwiegend in den Dienst staatlicher Politik und schufen ein diese Politik rechtfertigendes negatives Bild von den Sinti und Roma. Hierauf hinzuweisen ist aus mehreren Gründen wichtig: zum einen, weil es in Deutschland bisher weder eine kritische Auswertung der ethnographischen Literatur[1] noch einen kulturwissenschaftlichen Diskurs über und mit Sinti und Roma gibt; zum anderen, weil die wenigen neuzeitlichen ethnographischen Arbeiten deutschsprachiger Provenienz jahrhundertealte Stereotypen und Fehler der herkömmlichen „Zigeunerkunde" unter dem Mantel einer angeblich von den alten Lastern befreiten Tsiganologie weitertransportieren.

Am Beispiel des Ende der siebziger und Anfang der achtziger Jahre am Institut für Soziologie der Universität Gießen angesiedelten und von der Deutschen Gesellschaft für Friedens- und Konfliktforschung geförderten „Projekt für Tsiganologie" und der seit einigen Jahren laufenden Edition ethnographischer Arbeiten früherer Autoren durch Joachim S. Hohmann soll auf das Thema näher eingegangen werden.

Der Blick der am „Projekt für Tsiganologie" beteiligten Ethnologen und Soziologen galt weniger den Roma selbst als vielmehr dem Vergleich staatlicher „Zigeunerpolitik" in ost- und westeuropäischen Ländern. Ausgeführt werden sollen an dieser Stelle nicht die diesbezüglichen Erkenntnisse, sondern das von den Projektmitgliedern gezeichnete Bild von den Sinti und Roma. Herausragendes Merkmal dieses Bildes ist die Aufrechterhaltung des jahrhundertealten populären Sterotyps von der angeblichen kulturellen Fremdheit der Sinti und Roma, die den Autoren zufolge durch kulturellen Widerstand gegen die bürokratisierte Mehrheitsgesellschaft aufrechterhalten wird.

Der Leiter des Projekts, der Soziologe Reimer Gronemeyer, aktualisiert mit großer Ausdauer den Mythos von den „Nomaden" und deren angeblichem „Eigensinn".[2] Erstaunlicherweise aber leben diese „Nomaden" unkommentiert im „unkontrollierbaren Chaos in den Zigeunersiedlungen".[3] Offen bleibt bei der Lektüre seiner Texte, ob es sich um die distanzlose Wiedergabe populärer Mythen oder um seine eigene Ansicht handelt. Sicher ist, daß er keinen ethnographischen Sachverhalt, sondern ein Bild reproduziert; er verstößt damit gegen wissenschaftliche Grundregeln und dokumentiert seine fehlenden Kenntnisse der tatsächlichen Lebensrealität der Roma.

Seine Ko-Autorin Georgia Rakelmann widmet sich dem verbreiteten Analphabetismus unter dem Aspekt des angeblichen kulturellen Widerstandes. Sie schreibt:

„Man kann sagen, daß der bewußte Verzicht auf das Schriftliche ein Teil der positiven ethnischen Identität für viele Zigeuner ist."[4]

Zwar ist die Annahme eines problematischen Verhältnisses zwischen den Sinti und Roma und den Bildungseinrichtungen zunächst einmal richtig, doch läuft ihre Beweisführung auf die wissenschaftliche Erhärtung des Stereotyps von der angeblichen Nicht-Integrierbarkeit der Sinti und Roma hinaus. Über die allgemeine Diskussion von Kulturkonflikten wird ein Zusammenhang zwischen der Analphabetenrate in fünf westeuropäischen Ländern (Irland, England/Schottland, Schweden, Italien, Slowakei) in den sechziger und siebziger Jahren und dem angeblichen Widerstandspotential gegen die Institution Schule und die „normative Gewalt der Technik des Lesens und des Schreibens" suggeriert.[5] Doch die Sinti, Roma und Fahrenden in diesen Ländern erheben seit Jahrzehnten die Forderung nach besserer schulischer Ausbildung ihrer Kinder. Sie fordern kein Recht auf Analphabetismus, sondern die Öffnung der Schule für ihre Kinder und deren Kultur und Geschichte. Sie suchen die Einbindung, nicht die Selbstausgrenzung durch Analphabetismus als „Mittel der Identität und Abgrenzung".[6]

Eine Betrachtung der Beziehungen zwischen Roma und dem Bildungssystem bedarf der Differenzierung; denn es ist keine Frage, daß sich das Schulproblem in einer Roma-Siedlung wie beispielsweise Suto Orizari in Skopje, wo 30 000 Roma leben, ganz anders darstellt als etwa bei den wenigen alteingesessenen Sinti in Deutschland, von denen viele während des Nationalsozialismus gezwungen wurden, die Schule zu verlassen, den seit einigen Jahrzehnten in Paris lebenden Kalderash oder den Fahrenden in Irland. Darüber hinaus kann eine Untersuchung der Schulsituation nicht ohne die Erörterung sozioökonomischer Faktoren und des Problems der Diskriminierung erfolgen.

Der Ethnologe Mark Münzel stellt in seiner Attacke gegen die Bürgerrechtsarbeit der Sinti und deren Unterstützer, namentlich die Gesellschaft für bedrohte Völker, den „Stamm" und die Nation als Typen der „Revolte" gegenüber. Die „Zigeuner" hätten sich traditionell eines „von kulturellen Alternativen inspirierten Stammeswiderstandes" bedient.[7] Ihre Gesellschaft organisiere sich in „Kumpania(s)", vorübergehenden Zusammenschlüssen mehrerer Familien. Darüber hinaus zeichne sie sich durch Flexibilität, Akephalität und Geheimnis aus und sei „segmentär". Bei einer solchen Form der sozialen Organisation sei der Zusammenschluß in Verbänden zur Durchsetzung der eigenen Interessen nicht die angemessene Widerstandsform.

Zwar gibt es Romagruppen, wie beispielsweise die Kalderash, deren soziale Organisation in einigen Aspekten der gängigen ethnologischen Definition von Stamm entspricht; doch andere Romagruppen weisen andere Organisationsformen auf. Darüber hinaus kennen weder die Sinti in Deutschland noch die Xoraxane-Roma in Serbien den Begriff der Kumpania. Bei letzteren war zudem die Organisation in Verbänden, Clubs und Parteien zur Ergänzung herkömmlicher Kulturausübung und Artikulation politischer Interessen nach 1945 durchaus üblich. Schließlich zeigen auch die Entwicklungen der Bürgerrechtsbewegungen seit den sechziger Jahren und insbesondere nach 1989, daß viele Roma in der Verbandspolitik die einzige Möglichkeit sehen, ihre Interessen zu vertreten. „Doch da es hier ja auch nicht um Details, sondern um das generelle Prinzip geht",[8] spielen solche Feinheiten, die das theoretische Gebäude in Frage stellen, keine Rolle.

Trotz einiger bedenkenswerter Hypothesen zu den staatlichen Roma-Politiken nach 1945 wird deutlich, daß die Tsiganologen das von ihnen geforderte „geduldige Studium" der „Kultur der Zigeuner"[9] selbst nicht geleistet haben. Ihre Ethnographie führt die wissenschaftliche Tradition fort, der zufolge Roma angeblich einen Gegensatz zur bürgerlichen Gesellschaft darstellen.

Während sich Sinti und Roma zu Beginn des Projektes mangels eigener Artikulation noch zur zivilisationskritischen Konstruktion und als Projektionsfläche anboten, kam es im weiteren Verlauf zu heftigen Auseinandersetzungen zwischen Sinti und Projektmitarbeitern. Die Sinti erboste vor allem die kollektive Abdrängung in die vermeintliche kulturelle Opposition zur bürokratischen westlichen und zu den ehemals sozialistischen Gesellschaften. Sie sahen in dieser Konstruktion das tradierte Bild der Nicht-Integrierbarkeit untermauert und die von den Nationalsozialisten behauptete rassische Andersartigkeit nun mit scheinbar kulturellen Argumenten weitergeführt. Für die deutschen Sinti betonte der Vorsitzende des Zentralrats deutscher Sinti und Roma damals:

„Es geht für uns Sinti nicht um die angesprochene Alternative zwischen einem autonomen ethnischen Dasein oder einem Sich-Öffnen gegenüber, Zugehen auf die Mehrheitsgesellschaft. Wir leisten seit Jahrhunderten beides, nämlich als eigenständiges Volk und als Deutsche, vor allem zu überleben."[10]

Während die anderen Autoren sich zurückzogen, meldeten sich Gronemeyer und Rakelmann Jahre später mit großen Worten erneut zurück. Da wird der traurige Mythos von den Nomaden und den Seßhaften wiederbelebt und die Geschichte zwischen Roma und Nicht-Roma seit Beginn der Zuwanderung im ausgehenden Mittelalter auf die Geschichte eines „Kulturkonfliktes" reduziert. Diese Deutung führt im Zusammenhang mit der NS-Verfolgung zwangsläufig zur impliziten Unterstellung einer Mitschuld. Die Autoren schreiben:

„Die abendländische Gesellschaft öffnet den Zigeunern die Tore – und der Nationalsozialismus schließt am Ende die Tore des Konzentrationslagers hinter den Zigeunern – auf diesen ist bekanntlich das ‚Arbeit macht frei' eingraviert. In der nationalsozialistischen Zigeunerverfolgung bündeln sich all die feindseligen Tendenzen, die gewissermaßen die Nachtseite des aufklärerischen Erziehungszwangs darstellen: Was sich der Formierung nicht fügt, das soll aus dem Volkskörper ausgeschieden werden. Der aufklärerische Missionszwang, der die Zigeuner integrieren will, und der nationalsozialistische Ausrottungsversuch sind *unterirdisch* (Betonung K. R.) miteinander verbunden: Beide wollen das Fremde, das andere zum Verschwinden bringen."[11]

Hier wird der Eindruck erweckt, alle Sinti und Roma hätten außerhalb der bürgerlichen Ordnung gestanden – und der Vernichtung entgehen können, wenn sie sich nur hätten „formieren" lassen. Daß zahlreiche Sinti und Roma – auch vor der NS-Verfolgung – ein vergleichsweise integriertes (nicht assimiliertes) Leben führten, scheint Gronemeyer und Rakelmann in ihrer fortdauernden Fixierung auf den Mythos von den „fremden" Sinti und Roma entgangen zu sein; ebenso die Tatsache, daß das entscheidende Kriterium für Verfolgung und Vernichtung nicht ein mehr oder weniger „formierter" Lebenswandel, sondern die unterstellte Rassenzugehörigkeit war.

Wie den Projektmitarbeitern, so gelang es auch Joachim Hohmann, der sich ebenfalls als Tsiganologe bezeichnet, nur zum Teil, sich aus den „Nachtseiten der Aufklärung" und der herkömmlichen „Zigeunerkunde" zu befreien. Er zeichnete sich zwar von Beginn der Bürgerrechtsbewegung der Sinti und Roma an durch Verständnis für deren Anliegen aus; doch sein wissenschaftskritisches Vermögen scheint ihn bei der Herausgabe ethnographischer Arbeiten früherer Autoren verlassen zu haben.

Sein erster Versuch, ethnographische Arbeiten dem Vergessen zu entziehen, bestand in der Wiederauflage der folkloristischen Betrachtungen Engelbert Wittichs (1878–1937) über Sinti in Südwestdeutschland. Auf Grund massiver Vorwürfe des Zentralrats deutscher Sinti und Roma gegen die Person Wittichs und wegen der unzulänglichen editorischen Arbeit Hohmanns wurde das Buch nach kurzer heftiger Diskussion vom Verlag S. Fischer noch 1984 wieder vom Markt genommen.[12]

Nun bräuchte auf diesen Vorgang nicht weiter eingegangen zu werden, hätte Hohmann in weiteren Neuauflagen früherer Ethnographen nicht erneut den Fehler nachlässiger und einseitiger editorischer Arbeit begangen, so daß auf ein spezifisches Wahrnehmungsmuster geschlossen werden muß. Dieses zeichnet sich dadurch aus, daß Hohmann die Autoren als Opfer (des institutionalisierten Wissenschaftsbetriebes oder der Lebensumstände) darstellt und sie deswegen von angemessener Kritik freistellen möchte.

In der von ihm selbst herausgegebenen Reihe „Studien zur Tsiganologie und Folkloristik“ stellte er 1991 erneut „einen verhältnismäßig unbekannten deutschen Tsiganologen“ vor. Der Ethnologe Martin Block promovierte 1923 mit einer Arbeit über *Die materielle Kultur der rumänischen Zigeuner.* 1926 gab er zusammen mit Walter Aichele den Band *Zigeunermärchen* heraus, und 1936 – also zeitgleich mit der Entwicklung des nationalsozialistischen Forschungsansatzes gegen Sinti und Roma – habilitierte er sich mit der Arbeit *Die Zigeuner – Ihr Leben und ihre Seele.*

Hohmann unternimmt keinen Versuch, Methoden und Inhalte kritisch zu hinterfragen. Seine Feldforschungstätigkeit beschrieb Block unter anderem mit folgenden Ausführungen: „Genau wie Paspatie ging ich zu den Zigeunern; Alkohol und Geld lösten ihre Zungen. Unauffällig ohne sie zu erschrecken, näherte ich mich ihrem Lager“, um „sie zu belauschen“; hierfür stellte die „Zigeunerin das beste Studienobjekt“ dar; er suchte Roma, „bei denen ich mich einige Tage als Gast einladen wollte“ oder bei denen er sich „eingeschlichen“ hatte.[13]

Darüber hinaus unterläßt es Hohmann, sich mit dem theoretischen Rahmen der Blockschen Arbeiten auseinanderzusetzen. Dieser klassifiziert die Roma mit Hilfe eines rassisch-evolutionären Schemas, das sich sowohl mit NS-Theorien deckt als auch von diesen unterscheidet. Er unterstellte diesen „Fremdlingen“ einen seit Jahrhunderten konstanten Rassencharakter, der nur noch bei den von einer „versteckten mutterrechtlichen Gesellschaftsordnung“ geprägten und „am reinsten gebliebenen Nomadenzigeunern“ zu finden sei. Der italienische Ethnologe Piasere weist darauf hin, daß Block die Behauptung von der matriarchalischen Organisation der „Nomaden“gruppen unter den Roma von Heinrich von Wlislocki (1890) und dieser sie wiederum vom Begründer Mutterrechtstheorien Johann Jakob Bachofen (1861) übernommen habe.[14] Block selbst scheint Zweifel an seiner eigenen Hypothese gehabt zu haben, denn er stellt bei den „meisten Sippen Vaterrecht fest“. Wie die NS-Rassenforscher bezeichnete er seßhafte Roma als „keine echten Zigeuner“ und fand sie nicht „sympathisch“.[15]

Hohmann unterschlägt sowohl Unklarheiten und Widersprüche in Blocks Werk als auch in dessen Leben. Auf *den* ungelösten Widerspruch in Blocks Leben geht er nicht weiter ein.

Seit Februar 1938 war Block beim Oberkommando der Wehrmacht tätig. 1942 hielt er sich in Belgrad, anschließend in Saloniki, Athen und Anfang 1943 noch einmal in Rumänien auf. Selbst wenn er in untergeordneter Stellung tätig gewesen sein sollte, so wird Block – ein Kenner des Balkan und der Roma – genau mitbekommen haben, daß die Wehrmacht insbesondere ab Herbst 1941 in Serbien neben Juden auch Roma systematisch im Rahmen von „Geiselerschießungen“ ausrottete. Hohmann schreibt über diese Zeit lapidar, daß „Block . . . sich zweifellos in diesen Kriegsjahren der Kriegspolitik des faschistischen Deutschland“ unterordnete, ohne zu erwähnen, daß die Kriegspolitik mit der Vernichtung von Juden und Roma gekoppelt war. Block, den nur „Liebe zu diesem verachteten Völkchen“[16] seine Feldforschung aushalten ließ, suchte sich von seiner Verstrickung in den Vernichtungsapparat zu entlasten, indem er die Roma 1962 als angeblich minderwertiges „Gastvolk" herabsetzte und normal menschlicher Reaktionen für unfähig erklärte:

„Der Zigeuner weiß sich dem Wirtsvolk gegenüber sozial unterlegen. Bei aller Wahrung der Distanz unterhält sich der einheimische Südosteuropäer mit ihm, macht Witze über ihn, verspottet oder verprügelt ihn, ohne daß in ihm als dem Opfer irgendein Rachegefühl aufkommt. In seiner Ohnmacht läßt er mit Gleichmut alles über sich ergehen. Selbst in den Konzentrationslagern bewahrte er Frohsinn, Tanz und Scherz: Er bleibt stets, was er ist, ein stolzer, selbstbewußter Zigeuner."[17]

All dies ist Hohmann keine Erwähnung wert.

Auch bei der Edition der Arbeiten eines dritten Ethnographen der Roma, dem Siebenbürger ungarischer Staatsangehörigkeit und promovierten Philosophen Heinrich von Wlislocki (1856–1907) gelingt Hohmann eine angemessene Auseinandersetzung nicht. Das beginnt bereits mit der Behauptung, die Veröffentlichungen Wlislockis böten die Möglichkeit, das „Leben und die Kultur der ‚Zigeuner' in Südosteuropa im vorigen Jahrhundert umfassend kennenzulernen".[18] Wlislocki hat sich aber, von einer Ausnahme abgesehen, nur mit den Kortorara, den „Zeltzigeunern", in Siebenbürgen befaßt. Ob die Kortorara derselben oder verschiedenen Roma-Gruppen angehörten, läßt er offen. Ferner fehlt bei Hohmann der Hinweis, daß die Kortorara nur 1 – 6 %, also eine kleine Minderheit der gesamten Romabevölkerung in den Bezirken der Region darstellten.[19]

Nachlässig bleibt Hohmann auch in der Unterscheidung zwischen Authentischem und Plagiat. Die Feldforschungen werden nicht hinterfragt und die zahlreichen Einwände gegen Wlislockis Forschungen verworfen.

Zwei Kritikpunkte, der des Plagiats und der der Erfindung, seien an dieser Stelle kurz angeführt. Bereits 1890 beklagte Richard Pischel in einer Rezension von Wlislockis Buch „Vom wandernden Zigeunervolke", daß dieser kräftig von ihm abgeschrieben habe. Zum Beleg stellte Pischel die entsprechenden Textstellen gegenüber. Hohmann bezeichnet dieses notwendige Beweisverfahren als „polemisch".[20] Der tschechische Linguist Jiri Lipa wies bereits 1968 nach, daß Wlislocki in der 1884 erschienenen Arbeit „Die Sprache der transsilvanischen Zigeuner" ausgiebig aus zwei Büchern – „Cigany nyelvtan" von György Ihnatko (1877) und „Romani Chib" von A. J. Puchmayer (1821) – abgeschrieben hatte.[21] Der Sprachwissenschaftler Anthony P. Grant spricht von einem „unheilvollen Einfluß" Wlislockis und von der Erfindung eines „Transsilvanischen Dialektes" aus Romungro-, Lovara- und frei erfundenen Elementen.[22]

Der Vorwurf der Erfindung bezieht sich auf Erzählungen, wie sie Wlislocki beispielsweise 1886 in „Märchen und Sagen der transsilvanischen Zigeuner" veröffentlichte. Es wird vermutet – und in einem Fall ist es auch teilweise belegt –, daß Wlislocki Phantasiegeschichten oder Erzählungen anderen Ursprungs in Romanes übersetzt hat, um sie dann als bei Roma gesammeltes Material auszugeben. Begründet wird der Vorwurf bisher mit linguistischen Untersuchungen, wonach es sich bei der Sprache um keinen authentischen Romanes-Dialekt handelt, und mit Ergebnissen der vergleichenden Erzählforschung, wonach Wlislockis Material nicht dem Vergleichsmaterial entspricht.[23]

Hohmann erklärt gleichwohl jegliche Kritik für unzulässig; denn alle Vorwürfe „relativieren sich gerechterweise durch die Kenntnis der Bedingungen, unter denen Wlislocki lebte und am Werke war."[24] Zwar war Wlislockis Leben tatsächlich von Armut, Arbeitslosigkeit, Alkoholismus und Krankheit geprägt, doch kann dies – gerade wenn es um die Anerkennung des Werkes geht – nicht zur Konsequenz haben, daß gängige wissenschaftliche und editorische Spielregeln außer Kraft gesetzt werden.

Sowohl die Mitarbeiter des „Projektes für Tsiganologie" als auch Hohmann strebten bzw. streben die Etablierung einer von den Sinti und Roma handelnden Wissenschaft an, die angeblich einen Bruch mit der traditionellen Forschung vollzogen hat. Doch diese „Tsiganologie" erweist sich aufgrund ihrer theoretischen Kontinuitäten und methodischen und inhaltlichen Unzulänglichkeiten als unmittelbare Fortsetzung der bisherigen „Zigeunerkunde“. Insofern ist es zu begrüßen, daß es bisher zu keiner Etablierung eines solchen Faches gekommen ist. Anzustreben bleibt weiterhin nicht nur eine stärkere Einbeziehung der Sinti und Roma in die existierenden wissenschaftlichen Disziplinen, sondern auch die Institutionalisierung einer auf sie bezogenen interdisziplinären Wissenschaft.

2. Zur Kultur von Sinti und Roma in Europa

Etwa 8 Millionen Roma leben in Europa. Sie verteilen sich wie folgt: Albanien 60 000; Griechenland 180 000; Mazedonien 55 580 (1991 = 2,7 % der Bevöllkerung; nach der Volkszählung von 1994 hat ihre Anzahl um 15 % auf 2,3 % abgenommen); Serbien/Montenegro 400 000; Bosnien (vor dem Krieg) 300 000; Kroatien 30 000; Bulgarien 800 000 (Untersuchung des Innenministeriums für das ZK 1989: 576 927); Rumänien 2 000 000 (Volkszählung 1992: 409 723); Ungarn 600 000; Tschechische Republik 300 000; Slowakei 400 000; Polen 40 000; Finnland 8000; Schweden 15 000; Norwegen 1000; Dänemark 2000; Deutschland 100 000; Niederlande 35 000; Belgien 15 000; Frankreich 300 000; Großbritannien 50 000; Irland 22 000 (Fahrende); Spanien 700 000; Portugal 40 000; Italien 100 000; Schweiz 30 000; Österreich 25 000.

Statistische Erhebungen nach ethnischer Zugehörigkeit wurden im Rahmen von Volks- oder anderen Zählungen nur in den ehemals sozialistischen Ländern durchgeführt. Diese Ergebnisse sind in Klammern angegeben. Sie liegen grundsätzlich weit unterhalb der tatsächlichen Zahl an Roma, da diese ihre ethnische Zugehörigkeit oft nicht angeben möchten. Ansonsten handelt es sich bei den Zahlenangaben um das Mittel offizieller und inoffizieller Schätzungen staatsangehöriger Roma.[25]

Klassifizierungen der Romagruppen gibt es so viele wie es Forscher oder Roma gibt, die sie vornehmen. Diese wurden anhand unterschiedlicher Klassifikationsmodelle nach Einwanderungswellen oder Herkunftsregion, nach Zugehörigkeit zu einem Sprachzweig, nach Berufen oder Religionszugehörigkeit aufgestellt. Eine weit verbreitete geographische Verteilung unterscheidet zwischen den Roma in Ost- und Südosteuropa, die sich in unzählige Untergruppen gliedern und von denen viele durch Migration und Flucht in die west-/nordeuropäischen Länder, in die amerikanischen Länder und nach Australien gelangt sind; nach den im deutschsprachigen Raum, in Norditalien, Belgien und den Niederlanden lebenden Sinti, von denen viele vor der Verfolgung durch die Nationalsozialisten auch in mitteleuropäischen Ländern lebten und deren kulturelle Verwandte, die Manush, in Frankreich zu finden sind; nach den Kale in Spanien/Südfrankreich und den mit ihnen kulturell verwandten Ciganos in Portugal; nach den Romanischals in Großbritannien; dort und in Irland leben zudem Fahrende nicht-indischer Herkunft, die Berührungspunkte mit den Roma aufweisen. Auch in der Schweiz und in Deutschland leben Fahrende nicht-indischer Herkunft, die Jenischen.

Für Serbien um 1900 bot Tihomir Gjorgjevic beispielsweise folgende sich teils überschneidende Untergliederungen der Roma nach Zuwanderung, Religionszugehörigkeit oder Berufen an. Als erste wanderten im 14. Jahrhundert die „türkischen" Roma aus dem Osmanischen Reich ein; sie lebten über ganz Serbien verstreut, sprachen unterschiedliche Dialekte des Romanes und waren muslimischen Glaubens. Als nächste zogen die „vlaski cigani", rumänische Roma, vermutlich zur selben Zeit wie die Rumänen zu; sie lebten schwerpunktmäßig im Nordosten Serbiens, aber auch in anderen Regionen, sprachen rumänisch und waren orthodoxen Glaubens. Als dritte Gruppe wanderten die „beli cigani", die weißen Roma, aus Bosnien ein; sie lebten im Drina-Gebiet, sprachen einen Dialekt des bosnischen Serbisch und waren Moslems. Als letzte größere Gruppe schließlich kamen die „korano cigani", türkische Roma; sie lebten überwiegend im Süden Serbiens, sprachen Romanes und Türkisch und waren Moslems. Gjorgjevic verwies noch auf einige kleinere weitere Gruppen, die sich in Serbien niedergelassen haben. Hinzuzufügen wäre noch, daß nach Aufhebung der Sklaverei in Altrumänien Mitte des 19. Jahrhunderts erneut Roma aus diesem Gebiet nach Serbien ausgewandert sind. Alle genannten Romagruppen wurden zudem nach seßhafter oder reisender Lebensweise unterschieden, wobei Roma und Serben jeweils unterschiedliche Begriffe verwendeten.

Die Roma in Serbien gehörten dem orthodoxen oder muslimischen Glauben an; wobei sie schon damals die muslimischen Bräuche in vereinfachter Form pflegten bzw. zu pflegen gezwungen waren, da sie nicht in die Moscheen gelassen wurden, gesondert beschnitten und auf gesonderten Friedhöfen beerdigt wurden. Nach dem Ende der osmanischen Herrschaft begann die orthodoxe Kirche mit Bekehrungen muslimischer Roma, hatte aber nur teilweise Erfolg.

Alle Roma in Serbien, unabhängig von der bereits genannten Gruppen- oder Religionszugehörigkeit, wurden zudem nach ihren Berufen untergliedert: kovaci (Schmiede), klincari (Nagelschmiede), bakracari/kotlari (Kesselschmiede), kalajdzije (Verzinner), burgijari/svrdlari (Bohrerverfertiger), grebenari (Raspelmacher), lingurasi/linguri (Löffelmacher), meckari (Bärentreiber), dzambasi (Pferdehändler oder „Roßtäuscher", wie der Autor sagt) und viele andere mehr. Innerhalb vieler Gewerbe gab es alle Schattierungen von vollständiger Seßhaftigkeit bis fast ganzjähriger Reisetätigkeit. Das Schmiedehandwerk lag in Serbien fast ausschließlich in der Hand der Roma; desgleichen stellten nur die Roma Berufsmusiker. Während die Mehrheit der Roma ihr Gewerbe in einer Region, in Serbien oder den Grenzgebieten ausübte, zogen manche der Bärentreiber-Familien durch zahlreiche europäische Länder.[26]

Doch nicht nur unterschiedliche Klassifizierungsmodelle, sondern auch demographische Veränderungen können zu unterschiedlichen Ergebnissen führen. In Deutschland beispielsweise hat sich die kulturelle Zusammensetzung der Sinti und Roma in den vergangenen Jahrzehnten stark verändert. Bisher bezog sich die Rede von den Sinti und Roma zum einen auf die alteingesessenen Sinti und auf die um die Jahrhundertwende eingewanderten und heute als Deutsche bezeichneten Roma mit deutscher Staatsangehörigkeit; zum anderen auf Romaflüchtlinge unterschiedlicher Gruppenzugehörigkeit aus dem ehemaligen Jugoslawien, Rumänien und Bulgarien – und unterstellte implizit deren gelegentliche Rückkehr. Dazwischen jedoch haben sich mittlerweile zahlreiche Roma aus Ost- und Südosteuropa dauerhaft hier etabliert, deren Zahl kaum kleiner sein dürfte als die der deutschen Sinti und Roma. Es handelt sich bei ihnen um Arbeitsmigranten aus dem ehemaligen Jugoslawien (arlije aus Mazedonien, xoraxane und orthodoxe Roma aus Serbien und Bosnien), deren Kinder und Enkelkinder hier groß geworden sind und die nicht nach Jugoslawien zurückkehren werden; ferner um ehemalige Asylbewerber, die entweder als Asylbewerber anerkannt wurden oder vor Inkrafttreten des neuen Ausländergesetzes 1993 infolge humanitärer Entscheidungen ein Daueraufenthaltsrecht erhalten haben. Schließlich leben noch polska – und Kalderash – Roma aus Polen und Lovara aus Österreich ständig in Deutschland. Auf diese Roma hinzuweisen, ist deswegen notwendig, weil sie sowohl von Migrantenkreisen als auch von den etablierten Sinti-Verbänden weitgehend unterschlagen wurden. Sowohl die deutschen Sinti und Roma als auch die mit Daueraufenthaltsrecht hier lebenden Roma sind seßhafte Menschen; nur wenige Sinti und Roma gehen im Sommer aus wirtschaftlichen und sozialen Gründen „auf Reise".

Die Roma in Europa sind kein homogenes Volk, sondern weisen erhebliche sprachliche, kulturelle, soziale und historische Binnendifferenzierungen auf.[27] Gemeinsamkeiten und Unterschiede sollen im folgenden weiter herausgearbeitet werden.

Zu den Kulturelementen, durch die sich Roma von den Mehrheitsbevölkerungen unterscheiden, gehören folgende: 1. Abgrenzungen unterschiedlicher Intensität gegenüber den Mehrheitsbevölkerungen (gadze) und gegenüber anderen Romagruppen; 2. die Sprache, wobei – wie unten gezeigt wird – die einzelnen Sprachzweige und Dialekte sehr unterschiedlich sein können; 3. die Sozialorganisation, in der die verschiedenen Ebenen verwandtschaftlicher Organisation von zentraler Bedeutung sind, diesen jedoch je nach Gruppenzugehörigkeit auch unterschiedliche Bedeutung beigemessen wird; 4. Formen der mehr oder weniger stark institutionalisierten internen rechtlichen und politischen Selbstverwaltung; 5. die Existenz eines sozialen Kontrollsystems bestehend aus einer Konzeption von ritueller Reinheit/Unreinheit, für das die verschiedenen Gruppen auch unterschiedliche Begriffe verwenden; 6. die Berufsstruktur, in der die Selbständigkeit einen hohen Stellenwert besitzt und die einzelnen Gruppen entweder mono- oder pluriprofessionell sind; 7. ein historisches Selbstverständnis als reisende oder seßhafte Gruppe; 8. die Religion, die die Zugehörigkeit zu christlichen (katholisch, evangelisch, orthodox), muslimischen und freikirchlichen Glaubensgemeinschaften mit Elementen anderen Ursprungs verknüpft; 9. die Sozialisation der Kinder, die früh in das Alltagsleben der Eltern integriert und als Erwachsene angesehen werden; 10. die starke Trennung der männlichen und weiblichen Lebenssphären; 11. die Bedeutung der Heirat zur Herstellung von Allianzen zwischen Familien, wobei die Frau unberührt sein soll und der Prozeß der Partnerwahl unterschiedlich verläuft (Absprachen zwischen den Vätern/Eltern mit und ohne Konsultation der Kinder; Entführung der Geliebten bzw. gemeinsames Weglaufen des zukünftigen Paares; einfaches Zusammenleben der Partner); 11. die mehrschichtige Identität, d.h. die meisten Roma verstehen sich gleichzeitig als Angehörige einer bestimmten Romagruppe oder als Roma und als Angehörige der jeweiligen (regionalen und/oder nationalen) Mehrheitsbevölkerungen.

In den genannten Kulturelementen lassen sich nach Ansicht der Forscher indische Elemente nachweisen. Im sozialen und religiösen Bereich weist das System der rituellen Reinheit/ Unreinheit und die früher bei einigen Gruppen übliche Verbrennung der Verstorbenen und ihres Eigentums Ähnlichkeiten mit hinduistischen Bräuchen auf. In sozio-ökonomischer Hinsicht lassen sich kastenähnliche Strukturen, die sich durch den Zusammenhang von einem Gewerbe, verwandtschaftlicher und kultureller Organisaion und interner Selbstverwaltung auszeichnen, nachweisen.

Die genannten Kulturelemente sind dabei keineswegs allen Romagruppen gemeinsam. Am Beispiel dreier Gruppen, den

Kalderash (rum. căldare – (Kupfer)-Kessel), den xoraxane aus Serbien und den deutschen Sinti sollen Gemeinsamkeiten und Unterschiede erläutert werden.

Die Kalderash lebten und leben schwerpunktmäßig in Rumänien; im Laufe der Jahrhunderte sind sie aber in fast alle europäischen und amerikanischen Länder ausgewandert. Die soziale und politische Organisation der Kalderash entspricht in einigen Aspekten der herkömmlichen ethnologischen Definition eines Stammes und unterscheidet mehrere verwandtschaftliche Ebenen: die Drei- bis Vier-Generationen-Familie (familia), die weitere Verwandtschaft (vitsa) und die Zugehörigkeit zu der Gruppe der Kalderash (natsia). Die Position jeder Person wird zunächst durch ihre Zugehörigkeit zu den genannten sozialen Organisationsprinzipien bestimmt, wobei die Zugehörigkeit zu einer familia und vitsa die wesentlichen sind. Je größer familia und vitsa desto höher Einfluß und Prestige. Allianzen zwischen familia und vitsa werden durch Heiraten und Patenschaften hergestellt. Das jungverheiratete Paar zieht normalerweise zur Familie des Mannes. Die Angehörigen einer vitsa der Kalderash weisen sowohl regionale/nationale Bindungen auf, können aber auch in mehreren europäischen und amerikanischen Ländern leben.

Zusammengehalten werden diese Beziehungen durch Geschichte, Sprache und Wertvorstellungen. Charakteristisch für die Kalderash und andere Romagruppen ist ein aus Tabus bestehendes Konzept ritueller Unreinheit, das zu einer Zweiteilung der Welt in reine und unreine Menschen führt. Diese Konzeption durchdringt alle sozialen Beziehungen innerhalb der Kalderash und regelt die Beziehungen zwischen diesen, anderen Romagruppen und Nicht-Roma. Dieses aus Tabus bestehende System bezieht sich auf Personen, Gegenstände, Gesprächsthemen und auf Körperteile, insbesondere aber auch die untere Körperhälfte der Frau, deren Kleidung und deren weiblichste Lebensphasen (Pubertät, Menstruation, Schwangerschaft, Kindbett). Verstöße gegen die Reinheitsgebote führen zu sozialer Isolation bis hin zum völligen Ausschluß aus der Gemeinschaft. Der Zustand der rituellen Verunreinigung gilt als ansteckend, d.h. wer sich mit unreinen Menschen einläßt, wird selbst unrein.

Die vitsa stellt die wesentliche innenpolitisch-rechtliche Institution dar. Die Oberhäupter der vitsas bilden die *Kris*, eine einem Gericht vergleichbare Einrichtung. Die Kris wird bei Streitigkeiten und Rechtsverstößen (z.B. gegen das Reinheitssystem) einberufen. In Zusammenhang mit Verstößen gegen das Reinheitsgebot kann die Kris zu einer wichtigen Instanz für kulturellen Wandel werden, indem sie ein Vergehen den allgemeinen Entwicklungen entsprechend weniger hart bestraft.

Die Kalderash sind überwiegend orthodoxen, in den Vereinigten Staaten auch katholischen Glaubens, der allerdings mit nicht-christlichen Elementen verknüpft wird. Zu diesen gehören Totenkult und der Glaube an Totengeister (mulo), der Glaube an (unterschiedliche) Schicksals- und andere Geister.

Früher lebten die Kalderash überwiegend vom Reisegewerbe, das sie im Familienverband und in vorübergehenden wirtschaftlichen Zusammenschlüssen mit anderen Kalderash-Familien, unter entsprechenden politischen Voraussetzungen auch mit Angehörigen anderer Romagruppen ausübten. Wirtschaftliche Veränderungen und Zwangsansiedlungen führten zur weitgehenden Seßhaftigkeit, wobei die reisende Lebensweise als historische Erinnerung und geistige Haltung noch bei vielen präsent ist. Der traditionelle Beruf der Kalderash-Männer war das Kupferschmiedehandwerk, der der Frauen das Wahrsagen. Heute noch wird die Wahrsagerei von zahlreichen Kalderash-Frauen in eigenen Läden oder auf Flohmärkten in den Vereinigten Staaten praktiziert. Aufgrund der ökonomischen Veränderungen in allen Ländern nach dem Zweiten Weltkrieg hat das Schmiedehandwerk an Bedeutung verloren, so daß die Männer auf andere gewerbliche Zweige umgestiegen sind.

Die Kalderash werden in der Literatur vielfach als äußerst konservative Gruppe dargestellt; ein Vergleich zeigt jedoch, daß Kulturwandel sich in Beziehung zur umwohnenden Gesellschaft gestaltet. Kalderash aus der Ukraine erwiesen sich konservativer, z.B. in der Wahl der Ehepartner, als diejenigen in Polen oder als nach Schweden emigrierte Kalderash. Kulturelle Unterschiede gibt es auch bei öffentlichen Interessenvertretungen. So werden bei manchen vitsas die Interessen von deren Führer vertreten; andere vitsas hingegen unterscheiden personell zwischen traditioneller interner Führung und äußerer Interessenvertretung.

Die xoraxane hingegen lebten in den osmanisch besetzten Teilen des ehemaligen Jugoslawien (Mazedonien, Serbien, Teile von Bosnien) und Bulgariens; sie sind heute fast ausnahmslos seßhaft – auch wenn sich die Männer oder ganze Familien aus ökonomischen Gründen zur Saison- oder Gelegenheitsarbeit vorübergehend in einer anderen Region oder einem anderen Land aufhalten. Die xoraxane leben unter anderem in den großen Roma-Vierteln des ehemaligen Jugoslawien und Bulgariens. Seit den sechziger Jahren ist unter den xoraxane aus Serbien und unter den kulturell verwandten arlije aus Mazedonien eine starke Migrations- und Fluchtbewegung in west- und nordeuropäische Länder, aber auch in die Vereinigten Staaten, Kanada und nach Australien in Gang gekommen.

Die wesentliche soziale Einheit ist die Drei-Generationen-Familie; die erweiterte Verwandschaft spielt, auch wenn es gelegentliche Kontakte gibt, eher eine untergeordnete oder gar keine Rolle. Sowohl die Familienebene als auch die erweiterte Verwandschaft wird als „familija" bezeichnet. Die Abstammung wird normalerweise väterlicherseits hergeleitet, und ein jungverheiratetes Paar zieht zur Familie des Mannes. Als wesentliche Allianzen zwischen den Familien gelten ebenfalls Heirat und Patenschaften.

Anders als die Kalderash verfügen die xoraxane nicht über ein institutionalisiertes Rechtssystem; allerdings gibt es bei Konfliktfällen eine Reihe an pragmatischen (und auch weniger pragmatischen) Wegen, zu Lösungen zu kommen. Eng verknüpft mit dem informelleren Rechtssystem ist die Abwesenheit des das Alltagsleben und die sozialen Beziehungen bestimmenden rituellen Reinheitssystems.

Die xoraxane übten früher eine Vielzahl an Gewerben aus, wobei die ursprüngliche Untergliederung anhand dieser Gewerbe heute zugunsten einer allgemeinen xoraxane-Identität immer weiter in Vergessenheit gerät. Auch zahlreiche Frauen waren und sind berufstätig. Die Mehrheit der xoraxane lebt am Rande oder unterhalb des Existenzminimums.

Die xoraxane gelten als muslimische Roma, doch in Serbien halten sich die meisten weder an die Speisevorschriften noch an den Ramadan oder den regelmäßigen Moscheebesuch. Allerdings lassen viele Eltern noch heute ihre Jungen beschneiden (sunet). Die xoraxane feiern die orthodoxen Feiertage mit, beispielsweise das Weihnachtsfest; darüber hinaus gibt es noch eine Reihe weiterer Feiertage, insbesondere den Tag des Heiligen St. Georg Ende April/Anfang Mai, der sich bei ihnen herausragender Bedeutung erfreut. Auch Ehen zwischen muslimischen und orthodoxen Roma sind möglich. In Serbien praktizieren die muslimischen Roma eine liberale Form des Islam bis hin zum muslimisch-orthodoxen Synkretismus verknüpft mit nicht-christlichen und nicht-muslimischen Elementen wie der Ahnenverehrung und dem Glauben an Totengeister (mulo) und Schicksalsgeister. Doch auch diese Elemente werden in unterschiedlicher Intensität gepflegt.

Ehen mit Angehörigen anderer Romagruppen oder Angehörigen der jeweiligen Mehrheitsbevölkerungen (Mazedonen, Albaner, Serben, Bulgaren, Russen oder Deutschen etc.) sind zulässig. Auch der Schulbesuch gehört zum Alltag vieler Kinder; aus sozio-ökonomischen oder auch kulturellen Gründen gibt es eine Reihe von Konflikten. Modische Trends werden von Jugendlichen und gelegentlich selbst von verheirateten Frauen in Form von Hosen mitvollzogen. Schließlich ist auch die Organisation in Verbänden zur Pflege der Kultur oder auch aus politischen Interessen ein durchaus geläufiges Phänomen.

Die deutschen Sinti sind kulturell eng verwandt mit den Manush in Elsaß/Frankreich und den Sinti in Piemont/Norditalien, den Niederlanden und Belgien. Seit ihrer Zuwanderung übten sie ihr Reisegewerbe – so man sie gewähren ließ – überwiegend in einer Region oder innerhalb des deutschsprachigen Raumes aus. Mit der zunehmenden Ansiedlung ab Mitte des vergangenen Jahrhunderts ließen sie sich in ihren früheren Gewerbegebieten nieder, weshalb sie sich mit den Regionalkulturen stark verbunden fühlen.

Die ehemaligen ostpreußischen Sinti beispielsweise unterschieden sich nach den masurischen Sinti im südlichen und den litauischen Sinti im nördlichen Ostpreußen. Während die masurischen Sinti noch stärker vom Reisegewerbe lebten, waren die vielen Sinti im nördlichen Ostpreußen seit Generationen seßhaft und bewirtschafteten ihre eigenen Höfe, verpachteten diese oder arbeiteten in den Fabriken, als Landarbeiter oder als Pferdehändler. Sie pflegten ihre kulturellen Traditionen und sprachen Romanes und ostpreußisch Platt.

Amanda F., geb. 1921, entstammt einer Familie von Landwirten aus Goldap. Sie beendete mit 14 Jahren die Schule, arbeitete zunächst in einer Torffabrik und anschließend in einer Ziegelei. Wenn nötig, half sie außerdem ihrer Familie und den Nachbarn, die keine Sinti waren, bei der Ernte. Hierüber berichtet sie folgendes:

„Und denn die Nachbar. Die Nachbarn. Wenn Kartoffelernte war, dann hab ich meinen Urlaub genommen. Das macht die Jugend heute nicht. Da hab ich in die Zeit, wenn Kartoffelernte war, hab ich Urlaub genommen. Und denn bei uns aufn Feld, bei de Nachbarn.“[28]

Andere ostpreußische Sinti-Familien arbeiteten als Schausteller, Puppenspieler oder Musiker, hatten aber ihre festen Wohnsitze.

Zunehmende Industrialisierung und insbesondere die Verfolgung während des Nationalsozialismus zerstörten die traditionellen Lebensgrundlagen und sozialen Strukturen der meisten Familien. Die Mehrheit der alten Menschen, Vermittler der Kultur und Wahrer über die Einhaltung der sozialen Normen, waren umgebracht worden. Die Regelungen des sozialen Lebens durch das auch bei den Sinti praktizierte Konzept der Reinheit/Unreinheit und andere Gruppenregeln wurden durch Unterbringung vieler Sinti und Roma im „Zigeunerfamilienlager“ in Auschwitz-Birkenau und andere Verfolgungsmaßnahmen entwertet oder zerstört.

Die herkömmliche soziale Organisation hat sich in geschwächter Form erhalten. Nach wie vor spielen die zusammenhängenden Drei-Generationen-Familien, die zwar oft nicht zusammenleben, aber engen Kontakt pflegen, bei den Sinti eine große Rolle. Darüber hinaus hat sich die „Hermanation", eine Gruppierung aus mehreren erweiterten Familienverbänden in schwacher Form, bei denen erhalten, die nicht vollständig ausgerottet oder vertrieben wurden. Die zu einer Hermanation gehörenden Familien werden durch Familiengeschichte, Gruppenregeln und Abgrenzung gegenüber anderen Familienverbänden zusammengehalten und weisen fast immer starke regionale Bindungen auf.

Als Form der internen politisch-rechtlichen Organisation hat sich ebenfalls in geschwächter Form die Institution des Rechtsprechers erhalten. Diesem angesehenen alten Mann obliegt die Entscheidung bei Konflikten, Rechtsbrüchen oder auch die allgemeine Beratung. Bestraft wird mit Ausschluß unterschiedlicher Intensität aus der Gemeinschaft. Zahlreiche Familien sind durch die nationalsozialistische Verfolgung so dezimiert worden, daß nur einige Angehörige oder Familien überlebt haben und diese keinen Rechtsprecher mehr haben.

Die Mehrheit der Sinti ist katholisch, eine kleine Minderheit evangelisch. Ebenfalls eine Minderheit hat sich freikirchlichen Missionen, wie der „Mission für Süd-Ost-Europa" oder der aus Frankreich stammenden „Internationalen Zigeunermission" der Pfingstler, einer Erweckungsbewegung mit Erwachsenentaufe als Zeichen der Wiedergeburt, angeschlossen. Die Zugehörigkeit der Sinti zu den beiden großen Kirchen wird ebenfalls von nicht-christlichen Elementen wie Ahnenkult und Glaube an Totengeister (mulo) begleitet.

Allein anhand dieser wenigen Angaben bezüglich der drei genannten Gruppen – die auch alle in Deutschland leben – wird deutlich, daß Gemeinsamkeiten und Unterschiede elementarer Bestandteil der Kultur der Roma sind. Zwar ist die familiäre Organisation von zentraler Bedeutung bei allen Gruppen, doch nicht alle familiären Organisationsformen können mit der „Stammes"ordnung beschrieben werden. Zwar spielt das System der rituellen Rein-/Unreinheit bei vielen Gruppen eine zentrale Rolle, doch es gibt zahlreiche Roma, wie die xoraxane in Serbien und Bulgarien, die dieses System nicht praktizieren und noch nicht einmal kennen. Zwar gilt vielen Roma und Außenstehenden die (Erinnerung an die) reisende Lebensweise als typischer Lebensstil, doch zahlreiche Roma sind seit der Zuwanderung im 14./15. Jahrhundert seßhaft gewesen oder im Laufe der vergangenen Jahrhunderte seßhaft geworden und verstehen sich auch als Seßhafte. Zwar gilt Romanes als Sprache der Roma, doch es gibt Gruppen, wie die rumänischen Roma in Serbien, die seit mehreren Jahrhunderten kein Romanes sprechen. Zwar gelten das selbständige Handwerk, Handel oder andere Gewerbe als typische Betätigung der Roma, doch gab es seit der Zuwanderung Roma, die in abhängigen Arbeitsverhältnissen standen. Es handelt sich bei ihnen keineswegs um kleine Randgruppen. Die xoraxane in Serbien und Bulgarien zählen nach Hunderttausenden; die in abhängigen Arbeitsverhältnissen (Fabriken, Firmen) stehenden oder von Arbeitslosigkeit betroffenen Roma – insbesondere in den ehemals sozialistischen Ländern – sind wohl nach Millionen zu zählen.

Trotz dieser offenkundigen Unterschiede und Vielfältigkeiten wurden und werden die Kalderash nicht nur am häufigsten beschrieben, sondern das ihnen eigene Sozial- und Rechtssystem, ihre Sprache und ihr weitverbreitetes Selbstverständnis als Fernreisende, das heutzutage mehr Geisteshaltung denn Tatsache ist, als typisch für alle Roma dargestellt. Dieser „Kalderashocentrism“ (Acton) hat nicht unwesentlich zur Bestätigung des in der Öffentlichkeit verbreiteten Bildes von der angeblichen Fremdheit der „Zigeuner“ beigetragen. Darüber hinaus wird mit dieser Herangehensweise implizit die unhaltbare Unterscheidung nach angeblich echten und unechten Roma fortgeschrieben: was Heinrich von Wlislocki und Martin Block die vom Reisegewerbe lebenden „Kortorara“ oder „Zeltzigeuner“, zu denen auch Kalderash gehörten, waren, sind vielen zeitgenössischen Autoren die Kalderash. Was den Rassehygienikern die unterstellte Reinheit der Rasse war, ist vielen Kulturwissenschaftlern die angebliche Ursprünglichkeit/Beispielhaftigkeit der Kalderash. Unter wechselnden theoretischen Vorzeichen wurde und wird auch heute noch allzuoft der ideale/typische/"reinrassige"/ursprüngliche oder von vermeintlichen kulturellen Alternativen beseelte „Zigeuner" gesucht und natürlich auch gefunden – obwohl es unter den zahlreichen indisch-stämmigen Völkern und Menschen, die den Subkontinent in der fraglichen Zeit verlassen haben, und von denen einige später als Roma in Europa eintrafen, mit Sicherheit auch schon kulturelle Unterschiede gegeben haben wird.

Kulturkontakt, Kulturwandel und interkulturelle Beziehungen zwischen Roma und Mehrheitsbevölkerungen sind zentrale Charakteristika der Kultur dieses Volkes. Denn in ihr werden (möglicherweise/wahrscheinlich) indische – und bisher nicht eingehender untersuchte und auf dem Zug nach Westen erworbene – Elemente mit den regionalen und nationalen Kulturen Europas immer wieder neu verarbeitet. Es ist daher auch unzulänglich, an den „Zigeunern" immer nur das vermeintlich andere, Fremde oder Traditionelle zu beschreiben bzw. sie darauf zu reduzieren. Denn Roma sind nach 600jähriger Anwesenheit in Europa auch Angehörige der jeweiligen regionalen und nationalen Kulturen geworden – auch wenn das öffentliche Bild oder die Fixierung vieler Ethnologen auf das Fremde eine solche Wahrnehmung verweigern möchte.

3. Romanes – die Sprache der Roma

Die Anfänge der späteren Romanes-Philologie gehen auf das 16. Jahrhundert zurück und bestanden zunächst nur in der Aufzeichnung von Sprachproben. 1542 schrieb der Engländer Andrew Borde 13 kurze Sätze in Romanes auf, die er vermutlich in einer Kneipe in Sussex gehört hatte und als „Ägyptisch" einordnete.[29] Der Niederländer Bonaventura Vulkanius legte 1597 eine Liste mit 71 Wörtern vor. Aus dem Osmanischen Reich stammten die 1668 von Evliya Celebi veröffentlichten Sprachproben aus Gümülküne (griech.: Komotini, bulg.: Gjumjurzina) in Thrakien, die er ins Türkische übersetzte.[30] Hiob Ludolf legte 1691 39 Wörter vor. Seine kleine Sammlung wurde 1741 erneut veröffentlicht, nun erweitert um Wörter, die Charles Etienne Jordan von Sinti und Roma erfahren hatte, die in der Festung Spandau einsaßen. Etwa 115 Romanes-Wörter fanden sich auch im Waldheimer Rotwelsch-Lexikon von 1726. 1755 erschien dann ein „Wörter-Buch von der Zigeunersprache".[31]

Nach diesen beziehungslosen Vorläufern erlebte die Romanes-Philologie seit der zweiten Hälfte des 18. Jahrhunderts insbesondere in Deutschland und in Österreich-Ungarn eine Blütezeit, deren wichtigste Etappen hier nur kurz skizziert werden können. Ganz beiläufig stellte Christian Wilhelm Büttner im ersten Teil seiner „Vergleichstafel der Schriftarten verschiedener Völker" (1771) einen Zusammenhang zwischen den Roma und Indien her. Unabhängig von Büttner erkannte 1777 auch Johann Christoph Rüdiger den Zusammenhang von Romanes und Indien. Er arbeitete vergleichend mit verschiedenen Sprachproben, wobei ihm eine Romani in Leipzig unterstützte, die für ihn Wörter und Sätze in das Romanes übersetzte.[32] Mit Rüdiger begann die systematische und empirische Untersuchung des Romanes; er entwickelte als erster die kontaktbedingte Typologie des Romanes, wonach der indische Formenbestand nach europäischem Muster restrukturiert wird.[33] 1844/45 veröffentlichte August Friedrich Pott, der aus der Schule des Sanskritforschers Franz Bopp hervorging und als Begründer der modernen Romanes-Philologie gilt, eine Grammatik und ein Wörterbuch des Romanes. Aus seinen Untersuchungen, die er auf eine Fülle von Aufzeichnungen einzelner Dialekte aus verschiedenen Ländern und auf Wörterbücher stützte, zog er die Schlußfolgerung, daß das Romanes „in blutsverwandtem Verhältnisse" zum Sanskrit stehe und „trotz der unendlich bunten und mächtigen Einwirkung fremder Idiome" im „tief-innersten Grunde *einig und gleichartig*" sei.[34] Mit Franz von Miklosich schließlich setzte die empirische Romanes-Dialektologie ein. Er nahm vergleichende Untersuchungen zahlreicher Dialekte vor und datierte die Abwanderung der Roma nach dem Übergang vom Mittel- zum Neuindischen um 1000 n. Chr. Ferner lieferte er mit der Entdeckung armenischer, persischer und auch europäischsprachiger Lehnworte wichtige Erkenntnisse über Sprachkontakte und Migrationswege der Roma. In diesem Zusammenhang wies er auch die besondere Bedeutung des – im Byzantinischen Reich gesprochenen – Mittelgriechisch im Romanes nach. Sie erstreckt sich sowohl auf lexikalische Entlehnungen als auch auf die Übernahme von Funktionswörtern und grammatikalischen Elementen. Da diese griechischen Elemente zum dauerhaften Sprachbestand in allen Romanesdialekten gehören, stellte Miklosich die Hypothese von einer „balkanisierten neuindischen Sprache" auf.[35] Gilliat-Smith schließlich nahm 1915/1916 die Einteilung in einen walachischen und einen nicht-walachischen Zweig des europäischen Romanes vor.

Bisher kann das Romanes als eine indische Sprache beschrieben werden, die im wesentlichen die Entwicklung vom Sanskrit über das mittelindische Prakrit zu den zentralen neuindischen Sprachen (Hindi, Panjabi) teilt; es weist darüber hinaus aber ältere und völlig eigenständige Elemente auf.

Die Verwandtschaft des Romanes mit dem altindischen Sanskrit und modernen indischen Sprachen soll an einigen Wörtern verdeutlicht werden:

Deutsch	Sanskrit	Hindi	Romanes	
			Kalderas	xoraxane/Serbien
groß	vadra	bara	baro	baro
Bruder	bhratr	bhai	phral	phral
trink(en)	pibati	pi	pe	pi
Vater	tata	tata	dad	dad
Haar	vala	bal	bal	bal
Nasa	nakka	nak	nalh	nakh
unser	asmaka	hamara	amaro	amaro
Schwester	bhagini	bahn	phei	phen
Sonne	gharma	gham	kham	kham
Wasser	paniya	pani	pai	pai

(Im arlije-Dialekt, der in Mazedonien gesprochen wird, heißt Wasser ebenfalls pani.)[36]

Aufgrund neuerer Erkenntnisse muß die ohnehin schon angezweifelte Hypothese von der einheitlichen Herkunft und gemeinsamen Abwanderung der Vorfahren der europäischen, armenischen und vorderasiatischen indisch-stämmigen Völker bzw. Roma aus Indien revidiert werden. Demnach läßt sich in der Sprache der Dom, einem arabisierten Volk indischer Abstammung im syrisch-palästinensischen Gebiet, eine grammatikalische Struktur nachweisen, die die neuindischen Sprachen einschließlich Romanes aufgegeben haben. Ferner gibt es in den drei Varianten des Romanes kaum Übereinstimmung in der Übernahme kurdischer, ossetischer und persischer Wörter, so daß eine gemeinsame Wanderung über persisches Gebiet unwahrscheinlich erscheint. Die Vorfahren der Dom haben Indien vermutlich vor den Vorfahren der Roma verlassen. Ferner hat sich bei einem Vergleich der armenischen Wörter gezeigt, daß kein einziges Wort aus der Sprache der Lom/Bosha Armeniens unter den etwa 45 armenischen Wörtern im europäischen Romanes zu finden ist, so daß die europäischen Roma möglicherweise zu einer anderen Zeit und ohne engere Kontakte zu den Lom über Armenien gekommen sind.[37]

Während die sprachhistorische und -geographische Zuordnung des Romanes zu den indischen Sprachen und die Rekonstruktion der Abwanderung anhand sprachwissenschaftlicher Erkenntnisse in vielem noch weitgehend hypothetisch bleiben, ist die Untersuchung des modernen europäisch/amerikanischen Romanes mittlerweile weit fortgeschritten.

Das Romanes gehört demnach wie die meisten europäischen Sprachen zur indo-europäischen oder neu-arischen Sprachfamilie. Es verfügt über einen vergleichsweise kleinen Stammwortschatz von etwa 1200 Wörtern. Dieser besteht zu drei Vierteln aus indischen Wörtern, aus etwa 100 persischen und kurdischen Wörtern, einigen georgischen und ossetischen, über 40 armenischen sowie schließlich über 200 mittelgriechischen Wörtern.[38] Romanes ist diejenige europäische Sprache, die bis heute die meisten alt- und mittelindischen Elemente bewahrt hat. Neben den eigentlichen Zweigen und Dialekten des Romanes existieren zudem noch mehrere Varianten des Para-Romanes, des vollzogenen Sprachwechsels. Diese Sprachen weisen die Grammatik und das Vokabular der jeweiligen Landessprache auf, haben aber einen Romaneswortschatz erhalten, auf den in bestimmten Situationen zurückgegriffen wird. Zu den Varianten des Para-Romanes gehören beispielsweise das Lomavren der Lom/Bosha in Armenien,[39] das Kalé der Kalé in Spanien und das Angloromani der Romanischals in Großbritannien.

Bisher wurde das Romanes in die beiden großen Sprachzweige des walachischen (genannt nach der Walachei im Südosten Rumäniens) und des nicht-walachischen Romanes untergliedert. Im walachischen Romanes sind viele rumänische Lehnwörter zu finden, die während der 500 Jahre andauernden Leibeigenschaft in den Fürstentümern Moldau und Walachei in den Wortschatz eingingen und heute bei den über zahlreiche Länder und mehrere Kontinente verteilten Sprechern des walachischen Romanes zum festen Sprachbestand gehören. Im nicht-walachischen Romanes lassen sich mehr türkische und slawische Elemente sowie insbesondere Lehnwörter und grammatikalische Strukturen der jeweiligen Landessprachen nachweisen. In den sechs Jahrhunderten, die das Romanes nun in Europa gesprochen wird, hat sich jeder Sprachzweig zudem noch in eine Fülle von Dialekten untergliedert. In Ergänzung dieser Untergliederung nach Sprachzweigen und Dialekten (sowie Dialektgruppen) versuchen einige Sprachwissenschaftler zudem, das Romanes nach historischen und migrationsbedingten Schichten zu klassifizieren.

Der wichtigste Prozeß, den das Romanes derzeit durchläuft, ist der Übergang von der mündlich überlieferten zur auch geschriebenen Sprache. Damit wird die Entwicklung, die alle Nationalsprachen in den vergangenen Jahrhunderten oder auch erst in diesem Jahrhundert (Albanisch und Mazedonisch) durchlaufen haben, verspätet nachvollzogen. Diese Verschriftlichung, die insbesondere von Roma aus ost- und südosteuropäischen Ländern vorangetrieben wird, lehnen die deutschen

Sinti jedoch ab. Sie befürchten, durch den öffentlichen Zugang zu ihrer Sprache eines wesentlichen Schutzes für ihre ohnehin bedrängte Kultur beraubt zu werden, und weisen darauf hin, daß gerade die sprachkundigen Rasseforscher des Dritten Reiches ihnen großes Leid zugefügt haben. Dem halten Roma und Linguisten entgegen, daß das Romanes der Sinti seit gut 200 Jahren Gegenstand sprachwissenschaftlicher Untersuchungen ist, die jedem Interessierten zugänglich sind. Die Geheimhaltung von Kultur und Geschichte verstärke zudem den Eindruck konspirativer Gesinnung und trage so dazu bei, die Sinti als soziale Randgruppe und nicht als Kulturträger anzusehen.[40]

Angesichts eines fehlenden gemeinsamen Territoriums, fehlender nationaler Mythen, Geschichte oder Religion gewinnt die Sprache als identitätsstiftender Faktor zwischen Roma an Bedeutung. Die Anerkennung und Förderung der Sprache, ihre schriftliche Niederlegung und Integration in das Bildungssystem, in die Medien und andere gesellschaftliche Bereiche gehört daher zu den zentralen ethno-politischen Forderungen zahlreicher Roma-Organisationen in Ost- und Westeuropa.

Doch auch die Befürworter der Verschriftlichung des Romanes vertreten unterschiedliche Positionen. Die Sprachkommission der Internationalen Roma-Union schlägt vor, dialektale Unterschiede soweit zu respektieren, als dadurch nicht die gegenseitige Verständigung behindert wird. Während die Anerkennung dialektaler Unterschiede für die walachischen Dialekte noch praktikabel erscheint, dürfte die Wahl einer supradialektalen Norm allein für die nicht-walachischen Dialekte und erst recht für die walachischen und nicht-walachischen Sprachzweige außerordentlich schwierig sein.

Darüber hinaus wurden in diesem Jahrhundert bereits regionale Standardisierungen im historischen und politischen Kontext der jeweiligen Staaten vorgenommen. Bereits Anfang des Jahrhunderts wurden die Bibel und literarische Werke in verschiedene Romanes-Dialekte übersetzt. Nach 1945 verstärkte sich der Trend zur Verschriftlichung der Sprache. Unter den Roma in Mazedonien beispielsweise entfaltete sich nach 1945 eine rege literarische Tätigkeit, und es erfolgten erste Schritte zur Standardisierung des Romanes. 1973 wurde von Krume Kepeski und Saip Jusuf eine Roma-Grammatik fertiggestellt; sie konnte jedoch erst 1980 erscheinen.[41] Zwar erwies sie sich in vieler Hinsicht noch als unzulänglich, doch stellte sie einen erheblichen Fortschritt hinsichtlich eines auf Teilnahme gerichteten kulturellen Selbstverständnisses der Roma dar. Bis zu den politischen Veränderungen von 1990 stagnierte die Entwicklung. 1991 legte Jusuf Unterrichtsmaterial in regionaler Standardisierung für den Gebrauch bis zur dritten Klasse vor. 1992 fand eine Konferenz zur Standardisierung des Romanes in Skopje statt. Sie legte den von den meisten Roma in Mazedonien gesprochenen arlije-Dialekt zugrunde, arbeitete aber auch Burgudzi- und Gurbet-Elemente ein. Im Abschlußbericht der Konferenz wurde zwar eine spätere Auseinandersetzung mit der in Entwicklung befindlichen internationalen Norm angekündigt, für den Unterricht aber die Notwendigkeit einer regionalen Standardisierung betont.[42]

Angesichts der teilweise erheblichen Verständigungsschwierigkeiten zwischen den Sprechern der verschiedenen Dialekte und angesichts der hohen Anzahl an Roma, die kein Romanes sprechen (in Ungarn beispielsweise 60 %), bleibt abzuwarten, inwiefern sich die Sprache tatsächlich als gruppen- und grenzübergreifendes identitätsstiftendes Element erweist. Auch die Auseinandersetzung um regionale oder dialektale Varianten und eine internationale Norm wird vermutlich den gesamten Prozeß der Standardisierung begleiten. Unabhängig davon ist die Verschriftlichung des Romanes, wie die Fülle an zweisprachigen Zeitschriften, Fernseh- und Radioproduktionen, die Literatur auf Romanes, Unterrichtsmaterial und die Einrichtung von Fachbereichen für Romologie an einigen Universitäten zeigen, in vollem Gange.

4. Zur Literatur der Roma

Kunst war in der Gesellschaft der Roma integraler Bestandteil des Alltagslebens. Jede Beziehung, jede Situation, jedes Geschäft, jedes Produkt konnte von jedem kunstvoll gestaltet werden. Am Beispiel des Märchenerzählens bei Roma in der Slowakei verdeutlicht die Indologin Milena Hübschmannova die oft spontane und ins Alltagsleben eingebundene Entwicklung kunstvollen Erzählens:

„Man versammelte sich abends im größten Haus der Siedlung und erzählte bis spät in die Nacht hinein. Gute Erzähler waren sehr geschätzt, man veranstaltete gar Wettbewerbe im Erzählen. Ich kann mich noch gut an ein Wett-Erzählen im Jahr 1968, als ich selbst in einer großen Roma-Siedlung zu Gast war, erinnern. In verschiedenen Häusern wurden verschiedene Märchen erzählt, und an die 700 Leute hörten zu. Damals war dies möglich, denn die alten Roma-Erzähler, die alten Männer, lebten noch. In der Öffentlichkeit wurden Märchen stets von Männern erzählt, jedenfalls die Märchen, die für Erwachsene bestimmt waren – im Unterschied zu den Märchen, die Mütter ihren Kindern erzählten. Derjenige Erzähler besaß das höchste Ansehen, der ein möglichst langes Märchen erzählen konnte. Das längste Märchen, das ich selbst gehört habe, ist mir über zwei Tage hinweg erzählt worden, und als ich es vom Tonband auf Papier übertrug, kam ich auf 105 eng beschriebene Seiten. Ich hatte einen Erzähler um ein Märchen gebeten, doch ich blieb nicht die einzige Zuhörerin. Sobald man erfahren hatte, daß ein Märchen erzählt wurde, kamen all die, die es ermöglichen konnten . . .“[43]

Doch neben dieser in den sozialen Kontext eingebundenen Kunst ist bei den Roma schon seit langem die Entstehung einer Schicht von Künstlern zu beobachten, die Traditionen und spezifische Lebenserfahrungen mit kulturellen Strömungen der Mehrheitsbevölkerung neu verarbeiten. Während diese Entwicklung in der Musik – traditioneller Erwerbszweig einzelner Familien – schon weit in die Vergangenheit zurückreicht, stellt sie für andere Kunstbereiche wie Literatur, bildende Kunst und Theater eine Neuheit dar. Die Entstehung der Roma-Literatur soll hier kurz beschrieben werden.

In der ehemaligen Sowjetunion wurden Roma nach der Revolution von 1917 als „nationale Minderheit“ anerkannt. 1920 gründete Nikolai N. Krutschinin das „Studio der alten Zigeunerkunst". Dort gab es Unterricht in Gesang, Gitarre und Tanz. Als „ethnographisches Ensemble des alten Zigeunerliedes" bestand es bis 1929 und gilt als Vorgänger des 1931 von Anatole Vasilievitsch Lunatscharski gegründeten und bis heute tätigen Moskauer Roma-Theaters „Romen". In den ersten Jahren soll das Theater vorwiegend Stücke gespielt haben, in denen der Kampf zwischen „traditionellen" Oberhäuptern und sozialistischen Roma über die Frage der Ansiedlung thematisiert wurde.[44] Die erste musikdramatische Produktion verfaßte Alexander V. German, der als „Vater der Romaliteratur" in der Sowjetunion gilt. German wurde 1893 in der Nähe von Orlo geboren, besuchte bis 1915 eine kirchliche Schule und anschließend die Universität. 1921 kehrte er nach Orlo zurück und begann zu schreiben; 1926 zog er nach Moskau. Er veröffentlichte kurze Prosastücke und Lyrik, übersetzte Puschkin und Gorki aus dem Russischen ins Romanes und veröffentlichte eine Bibliographie zur Geschichte der Roma zwischen 1730 und 1930. 1922 gründete Nikolai A. Pankov, der 1895 in Petersburg geboren war und den Egon Erwin Kirsch als „äußerst belesenen Fabrikarbeiter" beschrieb, in Moskau eine Komsomol-Zelle der Roma, aus der weitere Schriftsteller hervorgingen. Pankov selbst war Sohn eines Pferdehändlers und arbeitete sich bis zum Lehrer eines Kinderheimes hoch. Nach seiner Übersiedlung nach Moskau gab er zusammen mit M. V. Sergejevki und Olga Pankova ein Wörterbuch Russisch-Romanes heraus. Olga Pankova veröffentlichte 1933 die Liedersammlung „Amare Divesa" („Unsere Tage"). 1925 wurde der „Allrussische Zigeunerverband" gegründet, der die Zeitschrift „Nevo drom" („Neuer Weg") auf Romanes herausgab, eine Schule mit Unterrichtssprache Romanes in Uschorod eröffnete und ein Romanes-Alphabet entwickelte. Zu nennen wären aus dieser ersten Generation der literarisch tätigen Roma noch Nikolai Sakievich, der, 1927 geboren, die literarische Revue „Romani Zora" („Kraft der Roma") herausgab, Maria Poliakova, Ivan Rom-Lebedev, Nina Dudarova und Evdokia Orlova. 1928 wurde der „Allrussische Zigeunerverband" aufgelöst und seine Zuständigkeit den Volkskommissariaten für Landwirtschaft und für Aufklärung übertragen. Aus der zweiten Generation sind Ilko Masuro, 1938 in Moldawien geboren, Karlo Rudevitch, 1939 in Lettland geboren, und insbesondere Leksa Manush, der 1941 in Moskau geboren wurde, zu nennen.[45]

Im ehemaligen Jugoslawien entwickelte sich nach 1945 ebenfalls eine rege literarische Tätigkeit. Zu nennen sind Slobodan Berberski (1919–1989), „Vater der Lyrik" der Roma in Jugoslawien und Initiator des ersten Weltkongresses der Roma, Racin Sejdic (1943–1981), Ilaz Saban (geb. 1955), Seladin Saliesori (geb. 1952), Pedrag Jovicic, Rajko Djuric (geb. 1948). In Skopje/Mazedonien wurde 1953 die Kulturvereinigung „Pralipe" („Bruderschaft") gegründet, die bis heute aktiv ist und aus der zahlreiche Schriftsteller und insbesondere das Theater „Pralipe" hervorgegangen sind. Letzteres hat mit seinen Inszenierungen internationale Anerkennung gefunden und ist derzeit am Theater an der Ruhr in Mülheim beheimatet. Die Gründung von „Pralipe" und der Literaturvereinigung „Jakja" („Augen") während der fünfziger Jahre fand in einem politischen Umfeld statt, das die kulturelle Produktion zur Stärkung einer mazedonischen Identität und zur Abgrenzung gegenüber Bulgarien und Griechenland nach Gründung der Republik durch Tito förderte. Auch die Minderheiten (Türken, Albaner, Roma) hatten damals kulturelle Möglichkeiten. Die Roma waren gleichzeitig integriert und ausgegrenzt. Sie konnten ihre Arbeiten auf allen künstlerischen Festivals oder nationalen Feiertagen vorstellen, bei der Verteilung von Spielstätten und Geldern blieben sie jedoch benachteiligt.[46]

Für die bisher einzige polnische Romanes-Lyrikerin, Bronislawa Wajs (etwa 1910–1987), sind die Bedrängung durch die Politik und die dadurch bedingte Zerstörung von Menschen und Kultur zentrale Themen. Papusza, so zeichnete sie all ihre Arbeiten, lernte gegen alle Widrigkeiten lesen und schreiben, was damals unter den Roma nur wenige konnten. Später heiratete sie den Harfenisten Dionizy Wajs. Die Begegnung mit Musik und Liedtexten inspirierte ihre Lyrik. Ihre schöpferischste Phase begann Anfang der fünfziger Jahre, nachdem ihre und zahlreiche weitere reisende Familien zwangsangesiedelt worden waren.

Papusza hat auf Romanes geschrieben und gleichermaßen Roma und Nicht-Roma angesprochen. In Polen ist sie für ihre Arbeit geehrt worden.

Ihre persönlichen Erfahrungen während der nationalsozialistischen Verfolgung hat Papusza unter dem Titel „Blutige Tränen: Was wir in den Jahren '43 und '44 unter den Deutschen in den Wäldern von Wolhynien durchleben mußten" niedergeschrieben:

„Im Wald ohne Wasser, ohne Feuer – großer Hunger,
Wo sollten die Kinder schlafen? Es gab kein Zelt.
In der Nacht konnte kein Feuer angezündet werden,
Am Tag würde der Rauch den Deutschen Zeichen geben.
Wie kann mit den Kindern im rauhen Wald gelebt
Werden?
Alle barfuß ...
Als die Deutschen uns umbringen wollten,
Holten sie uns erst zur schweren Arbeit.
Einige Deutsche kamen nachts zu den Zigeunern:
Ich muß euch schlimmes sagen:
Heute Nacht wollen sie euch umbringen.
Sagt es keinem!
Denn ich bin ein schwarzer Zigeuner,
Blut von deinem Blut – ein echter!
Gott bringe Euch Glück
In dem schwarzen Wald ...
So sprach er ...
Und küßte uns alle ...

Zwei oder drei Tage gab es nichts zu essen
Und sie gingen hungrig schlafen.
Ihre Augen blieben offen,
Sie sahen in die Sterne ...
Oh Gott, wie schön ist es zu leben.
Die Deutschen lassen einen nicht leben."

Der Sehnsucht nach dem Verlorenen, dem Leben auf Reise und der Jugend gibt sie in der folgenden Ballade Ausdruck:

„Ich liebe das Feuer wie mein eigenes Herz.
Winde stark und laut
Schaukelten das Zigeunermädchen
Und schickten sie weit in die Welt hinaus.
Die Regenschauer haben meine Tränen weggewischt,
Die Sonne – der goldene Zigeunervater –
Hat meinen Körper gewärmt
Und mein Herz auf wunderbare Weise verzehrt ...
... das Zigeunerpferd wiehert,
Weckt die Fremden
Aber erfreut ein Zigeunerherz.
Ein Eichhörnchen auf dem Zigeunerwagen
Knabbert an einer Nuß ....
...
...
Im Himmel die Henne und die Küken
Und der Zigeunerwagen.
Sie sagen die ganze Zigeunerzukunft voraus
Und der Silbermond,
Der Vater der Vorfahren aus Indien
Leuchtet uns,
Wacht über die Kinder im Zelt
Leuchtet der Zigeunerfrau
Damit sie das Baby warm einwickelt ...
Keiner versteht mich,
Nur der Wald und der Fluß.
Das, worüber ich spreche
Ist endgültig vorbei,
Alles, alles ist vorüber –
Auch die Jahre der Jugend."

Papusza gehörte zur Gruppe der polska Roma. Sie ist niemals – auch nicht während ihrer Zeit als Reisende – außerhalb Polens gewesen, sprach keine anderen Sprachen als Romanes und Polnisch und betrachtete Polen als ihr Heimatland. Ihre

Liebe zu Polen kommt in dem folgenden Text unter dem Titel „Mein Land, ich bin deine Tochter“ zum Ausdruck:

„Oh Du mein bewaldetes Land,
Ich bin deine Tochter.
Die Wälder singen, das Land singt.
Der Fluß und ich verbinden diese Hymne
Zu einem Zigeunerlied.
Ich werde in die Berge gehen
Die hohen Berge,
Ich werde ein wunderschönes Kleid anziehen,
Aus Blumen gemacht
Und ich werde mit all meiner Kraft rufen:
Polnisches Land, rot und weiß!
Mein Land, aufgelöst in Tränen warst Du,
Durchdrungen von Schmerz,
Oh Land, du weintest im Schlaf,
Wie ein kleines Zigeunerkind
Versteckt im Moos.
Ich entschuldige mich, oh Land
Für meine dürftigen Lieder
Für die Zigeunermale.
Lege Deinen Körper und meinen zusammen
Wenn alles vorbei ist und ich sterbe, wirst Du mich
Empfangen.“[47]

Mit Zustimmung der Roma vermittelte sie – auch wenn nicht alle Bilder frei von Klischees sind – ansatzweise und vorsichtig ein Stück Lebensrealität der polska Roma an Außenstehende. In welchem Spannungsfeld zwischen Tradition der Roma und ethnographischer Neugier Außenstehender sie sich damit bewegte, macht ihr weiteres Schicksal deutlich. Papusza wurde von Jerzy Ficowski, der als einer der ersten über die Verfolgung während des Nationalsozialismus geschrieben hatte, der weiteren polnischen Öffentlichkeit bekannt gemacht. Als dieser jedoch 1953 ein Buch über Geschichte und Kultur der Roma veröffentlichte, setzten Papuszas Brüder und andere

Familienangehörige die härteste der möglichen Strafen gegen sie durch: sie wurde verstoßen. Sie warfen ihr vor – die subjektive Einschätzung, nicht der objektive Sachverhalt war entscheidend –, das Gesetz der polska Roma, das es verbietet, mit Außenstehenden über die Kultur zu sprechen, gebrochen zu haben. Ficowski hingegen hat die Gefährdung Papuszas durch sein Buch unterschätzt oder nicht wahrhaben wollen. Papusza hörte auf zu schreiben. Bis zu ihrem Tod lebte sie vereinsamt in Gorsow/Landsberg a.d. Warthe, finanziell unterstützt von der Stadt und geehrt vom polnischen Schriftstellerverband.

Die Schriftstellerin und Vorsitzende des tschechischen Roma-Schriftstellerverbandes Margita Reiznerova weist heute darauf hin, daß Schreiben für sie eine (Überlebens-)Reaktion auf die Zersiedelungspolitik der Regierung war. Diese Politik nötigte sie, ohne den herkömmlichen sozialen und kommunikativen Zusammenhang in Wohnblöcken zu leben, so daß „ich schreiben mußte, um nicht verrückt zu werden."[48]

Während in Ost- und Südosteuropa die sozialistische Minderheitspolitik einen ambivalenten Einfluß auf die Entstehung einer Schicht von Künstlern (Literaten, Maler, Bildhauer, Theaterleute) hatte, blieb diese Entwicklung in Westeuropa auf Einzelpersonen beschränkt. Unter den Literaten ist hier insbesondere Mateo Maximoff aus Frankreich zu nennen. Er wurde 1917 im Chinesenviertel von Barcelona geboren; sein Vater war ein Kalderash-Rom, seine Mutter eine Manush aus Spanien. 1920 zog die Familie nach Frankreich um.

Maximoff schreibt auf Französisch. In seinen sechs Romanen[49] thematisiert er immer wieder die Geschichte und Kultur seiner väterlicherseits aus Altrumänien stammenden und durch zahlreiche europäische Länder gereisten Kalderash-Vorfahren. Fakten und Fiktion sind jedoch auseinanderzuhalten. Maximoff hat außerdem die Bibel ins Romanes übersetzt. Heute lebt er bei Paris und ist seit Jahren als Pastor bei der „Internationalen Zigeunermission" der Pfingstler tätig.

In Deutschland und Österreich leben eine Reihe Arbeitsmigranten aus dem ehemaligen Jugoslawien, die ebenfalls literarisch tätig sind. Unter den alteingesessenen Sinti und Roma überwiegt bisher die autobiographische Darstellung.

Eine differenzierte Untersuchung über die Entstehung von Roma-Literatur, die politische, gesellschaftliche, kulturelle und biographische Aspekte berücksichtigt, liegt bisher nicht vor; auch die Literaturkritik hat sich nur vereinzelt den Roma zugewandt. Es handelt sich nicht nur um neue und aktualisierte Formen kulturellen Schaffens, sondern auch um neue Formen der sozialen Organisation. Ein Großteil der Schriftsteller ist in nationalen (Roma-)Schriftstellerverbänden organisiert oder Mitglied im Romani-Pen, der wiederum Mitgliedsverband im Internationalen Pen ist. Darüber hinaus sind zahlreiche Roma in den Verbänden aktiv, wo sie sich für eine künstlerische und politische Emanzipation der Roma einsetzen.

III. Von der Reichsgründung bis zum Ende der deutschen Teilung

1. „... betreffend die Bekämpfung der Zigeunerplage" – „Zigeunerpolitik" in Kaiserreich und Weimarer Republik

Sollten die Gründung des modernen deutschen Nationalstaates und die rasante Industrialisierung gelingen, so mußten die daraus resultierenden Spannungen in Politik und Gesellschaft gelöst werden. Zur Entschärfung des Konfliktpotentials wurden auch erneut die Sinti und Roma herangezogen, die sich publizistisch entstellt und politisch instrumentalisiert sahen. Sinti und Roma erfuhren nun auch, neben sprachwissenschaftlichen Forschungen, erhöhte populärwissenschaftliche Aufmerksamkeit. Das in diesen Abhandlungen gezeichnete Bild führte die herkömmliche Stereotypenbildung fort, wonach Kriminalität einen Aspekt ihrer als minderwertig angesehenen Kultur darstellt und zwischen der Kultur der Sinti und Roma und jener der Mehrheitsbevölkerung ein angeblich unüberwindbarer Gegensatz besteht. Zahlreiche Kriminalisten, Juristen und Beamte, die beruflich mit Sinti und Roma zu tun hatten, äußerten sich in diesem Sinne und legitimierten damit die von ihnen vorangetriebenen ordnungspolitisch-polizeilichen Maßnahmen gegen Sinti und Roma. Darüber hinaus war die Presseberichterstattung über Sinti und Roma überwiegend negativ und erfolgte in der Regel im Zusammenhang mit Konflikten oder Vergehen. Exemplarisch seien Auszüge aus zwei Artikeln vorgestellt:

„Eine ziemlich große Zigeunerbande beehrte jüngst die Ortschaften Winzer, Pfaffenstein, Steinweg, wo sie ihr Unwesen in hohem Maße trieb durch Verübung einer Reihe von Betrügereien und sonstiger Gaukeleien, wie sie eben diesem Volke eigen sind ..."[1]

Auch hier findet sich wieder die Unterstellung, daß Kriminalität zum Kollektivcharakter der Sinti und Roma gehört, die unabhängig von individueller Schuld zu einem generellen Zutrittsverbot führen müsse. Diese Argumentation prägt auch den folgenden Artikel:

„Aus Anlaß der gegenwärtig in Rheinhessen herrschenden *Zigeunerplage* und von der Befürchtung geleitet, daß die Zigeunerbanden den Übertritt auf *pfälzisches* Gebiet versuchen werden, hat das Bezirksamt Frankenthal die Bürgermeisterämter und Gendarmeriestationen angewiesen, für eine genaue Bewachung der aus dem hessischen Gebiet kommenden Wagen Sorge zu tragen. Banden, deren Zurückweisung nicht thunlich ist, sollen unausgesetzt überwacht werden, jede strafbare Handlung und insbesondere der Bettel soll zur Strafanzeige gebracht werden und dem Gesindel überhaupt mit allen gesetzlichen Mitteln derartig zu Leibe gegangen werden, daß ihnen der Aufenthalt auf pfälzischem Gebiete nach Möglichkeit verleidet wird."[2]

Hier wird eine behördliche Anweisung veröffentlicht, bevor die Sinti und Roma überhaupt pfälzisches Gebiet betreten oder sich eines Vergehens schuldig gemacht haben. Die Berichterstattung lenkt die Wahrnehmung der Leser durch die Hervorhebungen auf die angeblich drohende Gefahr vermeintlich krimineller „Zigeunerbanden", unterstreicht den großen Ermessensspielraum der Ortspolizisten und fordert implizit die Bevölkerung zur Betätigung als Hilfssheriffs auf.

Die Einschätzung von der kulturellen Minderwertigkeit und die auf unterstellte generelle Kriminalität reduzierte Berichterstattung in der Presse[3] waren Ende des 19. Jahrhunderts leitend bei der Formulierung einer „Zigeunerpolitik", die als dem modernen Staat angemessen angesehen wurde.

Bereits in einem Schreiben vom 1. 7. 1886 hatte Reichskanzler Fürst Bismarck die schon zuvor praktizierte Unterscheidung zwischen den „in Besitz der Reichsangehörigkeit befindlichen" und den „ausländischen Zigeunern" zur offiziellen Politik erhoben, um

„das Bundesgebiet von der ... Plage gründlich und dauernd zu befreien."[4]

Während „ausländische Zigeuner" prinzipiell abgeschoben werden sollten, sollten die deutschen Sinti, also

„diejenigen Zigeuner . . ., welche im Reichsgebiet ihren dauernden Aufenthalt genommen haben, und unter zeitweisem Verlassen ihres regelmäßigen Wohnsitzes gemeinschaftlich in größerer Zahl in Deutschland umherzustreifen pflegen,"

äußerst restriktiv behandelt werden. Bei ihnen sollte auf die

„Auflösung derartiger die öffentliche Ordnung und Sicherheit gefährdenden Banden"

hingearbeitet werden und darauf,

„daß deren Mitglieder sich einer seßhaften Lebensweise zuwenden."[5]

In einer weiteren Bekanntmachung Bismarcks vom 27. 11. 1886 sollte bereits eingereisten ausländischen Roma prinzipiell, also einzig auf Grund ihrer ethnischen Zugehörigkeit, der Wandergewerbeschein versagt werden.

Bismarck bediente sich der in bezug auf Anzahl[6] und politische Relevanz bedeutungslosen Sinti und Roma zu über diese hinausweisenden politischen Zwecken. Indem er durch die Benennung einer vermeintlichen inneren Gefahr an die Preußen und Bayern gemeinsame Ablehnung von Sinti und Roma appellierte und ein koordiniertes Vorgehen anregte, versuchte er die politische und gesellschaftliche Vereinigung des Reiches ein Stück weit voranzutreiben.

Ferner diente die Stigmatisierung der Sinti und Roma der sozialen Stabilisierung. Erhebliche Teile der Bevölkerung zogen auf Grund der forcierten Industrialisierung und der Schaffung eines nationalen Arbeitsmarktes durch das Land und vorübergehend oder dauerhaft in die Städte. Diese Mobilisierungs- und Umschichtungsprozesse führten zum Verlust bisheriger sozialer Bindungen. Deren Auflösung war ohne Etablierung einer neuen Ordnung eine ernstzunehmende Gefahr für die öffentliche Ordnung und das von ‚linken' Ängsten geplagte politische Establishment. Indem diese Gefahr auf die Sinti und Roma projiziert wurde, entstand der Eindruck, die (vermeintlichen) Ursachen für „Unordnung" könnten durch die Ausweisung der (ausländischen) Roma exportiert werden.

Darüber hinaus plagten den unteren Mittelstand erhebliche wirtschaftliche Existenzsorgen. Deutlich wird dies an den Klagen von Gewerbetreibenden über ihnen lästige Konkurrenz von Sinti und Roma. So verfaßte etwa der Landschaftliche Verein für Rheinpreußen am 7. 1. 1893 eine Petition, in der „Maßnahmen zur Bekämpfung des Zigeunerunwesens und Einschränkung des Hausirgewerbes" gefordert wurden. Die kleinen Geschäfte seien der Konkurrenz nicht gewachsen, da die Käufer den bequemen Handel an der Haustür vorzögen.[7] Der Verein Rheinisch-Westphälischer Pferdehändler beklagte sich mit der Begründung, die durch die Motorisierung bedingte Verschlechterung ihrer Wirtschaftslage werde durch Sinti und Roma, die ebenfalls vom Pferdehandel lebten, weiter verschärft.[8] Indem Bismarck auf die Klagen des durch die Industrialisierung vom sozialen Abstieg bedrohten Mittelstandes einging und diesen von tatsächlicher oder vermeintlicher Konkurrenz befreite, konnte er sie an den modernen Staat binden, statt sie in die Arme politischer Gegenspieler zu treiben.

Schließlich gab Bismarck die Leitlinien der modernen „Zigeunerpolitik" in Deutschland vor, die bis gegen Ende der Weimarer Republik Bestand haben sollten. Die sich ab Mitte des 19. Jahrhunderts abzeichnende Behandlung der Sinti und Roma als ordnungspolitisches Problem, dem man mit Abschiebung der ausländischen Roma und administrativ-polizeilicher Auflösung der nun staatsangehörigen, vom Reisegewerbe lebenden Familien beikommen wollte, wurde von Bismarck zur offiziellen Politik erhoben.

Nach dieser Vorgabe Bismarcks fiel die Durchsetzung der modernen „Zigeunerpolitik" wieder in den Zuständigkeitsbereich der Länder und der mittleren und unteren Verwaltungsebene. Bayern und Preußen waren die Länder, die in den folgenden Jahrzehnten den Ausbau und die Koordinierung dieser Politik vorantrieben. Mit einer Fülle an „zigeunerspezifischen" Verordnungen in Ergänzung allgemeingültiger Gesetze wurden Sinti und Roma in das erwünschte Verordnungsgestrüpp getrieben, das die Ausübung des Reisegewerbes außerordentlich schwierig machte. Die Be- oder Verhinderung des Reisens zielte auf die Seßhaftmachung der vom Reisegewerbe lebenden Sinti hin.

Unter den Verordnungen war es besonders die Gewerbeordnung, die – verbunden mit zusätzlichen formalen Anforderungen (Personal- und Reisepapiere, gesundheitspolizeiliche und tierärztliche Bescheinigungen, Wilderei ...) für Sinti und Roma – den Erwerb eines Wandergewerbescheines und damit die legale Ausführung eines Gewerbes erschwerte oder unmöglich machte. Hierdurch wurden zahlreiche Familien in das wirtschaftliche Elend und die Illegalität abgedrängt; mitreisende Kinder sollten in Heime und straffällig gewordene Erwachsene in Arbeitshäuser eingewiesen werden. In anderen Staaten (z.B. Württemberg, Baden und Sachsen, Thüringen, Mecklenburg-Vorpommern und Hessen) wurden seit Gründung des Deutschen Reiches Verordnungen über das „Verbot des Reisens in Horden“ erlassen. In kleineren Ländern wie Bremen, Lippe, Braunschweig und Oldenburg ergingen keine weiteren Bestimmungen – sicher ein Hinweis darauf, daß es zu keiner oder nur zur unproblematischen Durchreise von Sinti und Roma kam.

Sowohl in Preußen als auch in Bayern wurde wiederholt auf die Sinti und Roma betreffenden Bestimmungen verwiesen. In Preußen wurde schließlich am 17. 2. 1906 die „Anweisung zur Bekämpfung des Zigeunerunwesens“ veröffentlicht, die von anderen Ländern (Sachsen und Anhalt) übernommen wurde. Diese Anweisung stellte eine Zusammenfassung und Wiederholung des bisherigen dar. „Ausländische Zigeuner“ – dazu gehörten auch diejenigen, die ihre deutsche Staatsangehörigkeit nicht zweifelsfrei nachweisen konnten – sollten prinzipiell ausgewiesen werden. Zu diesem Zweck gab es Übernahmeabkommen mit der Schweiz, Italien, Österreich-Ungarn, Rußland, Dänemark, den Niederlanden, Luxemburg, Frankreich und Belgien. „Inländische Zigeuner“ sollten „seßhaft“ gemacht werden und „nicht im Umherziehen der Bevölkerung zur Last fallen“. Die zwischen „vorbeugenden“ und „unterdrückenden“ Maßnahmen unterscheidenden Handlungsanweisungen verschärften den Zugriff auf die Kultur, insbesondere die wirtschaftliche Selbständigkeit und Sozialstruktur der vom Reisegewerbe lebenden Familien.[9]

Zeitgleich mit der Intensivierung administrativer Maßnahmen setzte die verschärfte Überwachung der Sinti und Roma ein. Nachdem schon Mitte des 19. Jahrhunderts an einzelnen Orten „Zigeunerakten" angelegt worden waren, wurde am 28. März 1899 bei der Königlichen Polizeidirektion in München der „Nachrichtendienst für die Sicherheitspolizei in bezug auf Zigeuner" eingerichtet. Die Polizeibehörden mußten dieser zentralen Erfassungsstelle unverzüglich Aufschluß über alle wesentlichen erkennungsdienstlichen Aspekte durchreisender Sinti und Roma geben. Das Ergebnis der Erfassungsarbeit seit 1899 war das 1905 von Alfred Dillmann fertiggestellte „Zigeunerbuch". Es wurde im Mitteilungsblatt des Bayrischen Innenministeriums folgendermaßen vorgestellt:

„Bei der K. Polizeidirektion München wird demnächst unter dem Titel ‚Zigeunerbuch' ein zum amtlichen Gebrauche bestimmtes Buch erscheinen, welches auf ungefähr 340 Seiten (Taschenformat) die Ergebnisse des bei dieser Behörde durch Ministerialentschließung vom 28. März 1899 (...) eingerichteten Nachrichtendienstes enthält. In demselben sind die von der K. Polizeidirektion seit 6 Jahren umfassend gepflogenen Erhebungen über Identität, Namen und Kennzeichen, Heimat und Staatsangehörigkeit, Geburtsort und Geburtszeit, Abstammung und Familienangehörige, Leumund und Bestrafungen der in Bayern und den angrenzenden Gebieten aufgetretenen Zigeuner und nach Zigeunerart umherziehenden Personen (insgesamt 3350 alphabetisch geordnete Namen) verwertet.

...

Das Buch wird den Regierungen, Kammern des Innern, Bezirksämtern und Gendarmeriestationen kostenlos geliefert werden. Im übrigen können Behörden dasselbe von dem Taxamte der K. Polizeidirektion ... beziehen.

Zum Zwecke einer nachdrücklichen Bekämpfung des Zigeunerunwesens ist der Gebrauch des Buches den Staats- und Gemeindeverwaltungen dringend zu empfehlen. ... ist dasselbe auch den Standesämtern anzuraten."[10]

Doch trotz der allseits bekanntgegebenen Verordnungen und der Sondererfassung wollte die „Zigeunerplage“ nicht verschwinden. Dies lag unter anderem daran, daß die oberbehördlichen Anweisungen auch weiterhin von den Mittel- und Unterbehörden nicht konsequent umgesetzt wurden. Denn dies hätte die unerwünschte dauerhafte Ansiedlung inländischer Sinti-Familien am Ort zur Folge gehabt.[11]

Die Abschiebung der „ausländischen Zigeuner“ war aus Sicht der Behörden mühselig und – wenn die Familien arm waren – auch kostspielig. Am Beispiel einer angeblich aus Bulgarien stammenden Roma-Familie wird die Durchführung einer Abschiebung anschaulich. Im Mai 1907 war über die Verlängerung der schon zuvor ausgestellten Wandergewerbescheine folgendes entschieden worden:

„Um der Familie Staganos die Heimreise auf dem in Aussicht genommenen Wege zu ermöglichen, wird im Einverständnis mit dem K. Staatsministerium des Königlichen Hauses und des Aeußern gegen die Ausdehnung der anruhenden Wandergewerbescheine keine Erinnerung erhoben.

Den Inhabern der Wandergewerbescheine ist jedoch gegen Nachweis zu eröffnen, dass die Ausdehnung der Wandergewerbescheine nur zu dem obigen Zwecke erfolgt und sie bei längerem Verweilen auf bayrischem Staatsgebiet neue Beanstandungen und eventuelle Zwangsmaßnahmen zu gewärtigen haben.“[12]

Doch im Juli war die Familie noch immer in Bayern. Nun wurde die zwangsweise Abschiebung in die Wege geleitet. Aus einem Schreiben des „Koenigl. Bayerischen Staatsministerium des Koenigl. Hauses und des Aeußern“ an die Regierung von Unterfranken und Aschaffenburg vom 7. 7. 1907 geht hervor, daß man sich in Absprache mit dem Innen- und Finanzministerium und über das deutsche Generalkonsulat in Sofia um eine Übernahmeerklärung Bulgariens bemühte. Der Wandergewerbeschein sollte nun nicht mehr verlängert werden.

Nachdem zuvor wohl schon eine Zustimmungserklärung von Ungarn eingeholt worden war, entschied man sich nun, die Familie mit der Bahn nach Bulgarien zurückzuschicken.

Um die Reisekosten zu senken und die Unkosten zu bestreiten, sollten zudem Tiere und Wagen der Familie verkauft werden.[13]

Offensichtlich hat Bulgarien die Übernahme der Familie abgelehnt, denn am 27. Juli 1907 hieß es in einem Schreiben:

„Das Ersuchen um Übernahme der Familie Staganos ist zufolge eines Berichtes des Kaiserlich Deutschen Generalkonsulats in Sofia nunmehr an die Türkische Regierung gerichtet worden."[14]

Die Ursachen für die nun beabsichtigte Abschiebung in die Türkei gehen aus den Akten nicht hervor, doch zwei Monate später informierte das Innenministerium über den weiteren Verlauf der Dinge:

„Der Bärenführer Costa Staganos hat beim K. Staatsministerium des Königlichen Hauses und des Aeußern den Antrag gestellt, es möge ihm der gesamte Erlös für seine verkauften Tiere und Wagen ausbezahlt werden, damit er mit seiner Familie mit der Eisenbahn von Würzburg so schnell als möglich nach Frankreich gelange. Von Frankreich aus will Staganos in seine Heimat reisen. Das Türkische Generalkonsulat in München hat mitgeteilt, daß es bereit wäre, für die Familie Staganos kostenlos neue Pässe auszustellen, wenn dadurch die Abreise der Familie ermöglicht würde. Die früheren Pässe befinden sich zur Zeit bei den Übernahmeverhandlungen.

Im Einverständnis mit dem K. Staatsministerium des Königlichen Hauses und des Aeußern und dem K. Staatsministerium der Finanzen wird eröffnet, daß der Bitte des etc. Staganos willfahren und von einem Abzug der durch die Verpflegung der Familie Staganos in Würzburg erwachsenen Kosten an dem Erlös für Tiere und Wagen Umgang genommen werden kann.

Voraussetzung hierfür ist

1. daß die Familie Staganos sich bei der Abreise im Besitze der von dem Türkischen Generalkonsulat in Aussicht gestellten Pässe befindet,

2. daß die Familie Staganos die Reise in einer Weise antritt, daß tunlichste Sicherheit für ihr unbehelligtes Fortkommen gegeben ist (z.B. durch getrennte Fahrt in einzelnen Partien mit möglichst weitreichendem direkten Billette),

3. daß seitens der Familie auf alle Ansprüche gegenüber der bayerischen Staatskasse aus der vermeintlich zu Unrecht erfolgten Veräußerung ihrer Tiere etc. verzichtet wird.

Über das Geschehene ist zu berichten."[15]

Tatsächlich scheint die Familie dann einige Zeit später ausgereist zu sein:

„Die durch die Begleitung der Familie Staganos seitens des Wachtmeisters Fischer erwachsenen Kosten im Betrage von 52 M 5 Pf. dürfen auf die Etatsposition „Uebrige Ausgaben auf den Polizeidienst (. . .) übernommen werden."[16]

Um der Ansiedlung der inländischen Sinti und Abschiebung der ausländischen Roma zu entgehen, stellten die Bezirke (rechtswidrig) Wandergewerbescheine aus; Sinti und Roma sollten somit zur Weiterreise genötigt werden.

1910 stand das Thema Sinti und Roma auf der Tagesordnung des Reichstages. Vorausgegangen waren zwei Anträge. 1907 wurde vom Reichstag eine Resolution über die einheitliche Regelung des „überhandnehmenden Zigeunerunwesens" angenommen.[17] 1909 wurde von „Dr. Freiherr von Hertling und Genossen" ein Antrag auf ein Sondergesetz eingereicht. Der Reichstag sollte beschließen:

„den Herrn Reichskanzler zu ersuchen, einen Gesetzentwurf vorzulegen, durch welchen das bandenweise Umherziehen der Zigeuner verboten wird."[18]

Dieser Antrag wurde nun am 2. 3. 1910 diskutiert. Es mag für die untergeordnete Bedeutung des Antrages sprechen, daß er abends diskutiert wurde und der erste Redner, Herr Frank aus Ratibor/Zentrumspartei, der sich bereits „am Freitag vor acht Tagen zu diesem Gegenstand zu Worte gemeldet" hatte, nicht eher gehört wurde und mit seiner Beschwerde allgemeine Heiterkeit auslöste.

In einem längeren Beitrag versuchte Frank den Abgeordneten vorzuführen, „in welch entsetzlicher Weise meine oberschlesische Heimat speziell an der Grenze von den Zigeunern heimgesucht worden ist." Schon im vergangenen Jahr habe er sich an den „Herrn Staatssekretär des Auswärtigen Amtes" gewandt mit der Bitte, sich diesbezüglich mit Österreich-Ungarn in Verbindung zu setzen, doch nach wie vor sei das Deutsche Reich nicht „von dieser Plage befreit worden". Im Gegenteil: in „Massen" träten die „Zigeuner" auf. Als Beleg führte der Abgeordnete gesammelte Zeitungsartikel von 1909 an:

„Trautliebersdorf bei Landshut, 12. April, Bande von 25 Köpfen. Ziegenhals, Kreis Neiße, 27. April, große Zigeunerbande. Loslau, Kreis Rybnik, Zigeunerlager, 3 Zigeuner verhaftet. Ziegenhals, Kreis Neiße, 13. Mai, Zigeunerbanden. Rybnik, 14. Mai, 12köpfige Zigeunerbande. Kuschelna, Kreis Ratibor, 13. Mai, 19 Zigeuner. Jankowitz bei Rybnik, 24. Mai, Zigeunerbande. Reichenbach, 11. Juni, Zigeunerbande. Kaklub bei Oppeln, 13. Juni, zahlreiche Zigeunerbande. Ziegenhals, 16. Juni, Bande, 40 Köpfe stark. Lauban, 22. Juli, Bande, 60 Köpfe stark mit 13 Wagen. Sprottau, 23. Juli, Bande mit 15 Wagen. Brieg, 29. Juli, Zigeunertrupp. Ratibor, 31. Juli, ganze Zigeunertrupps. Brieg, 1. August, 43 Wagen mit circa 200 Köpfen, Zigeuner auf dem Pferdemarkt. Wanowitz, Kreis Leobschütz, 5. August, Trupp Zigeuner ..."[19]

Es folgen noch vier weitere Aufzählungen dieser Art bis Ende August, sodann jeweils eine für Oktober, November und Januar 1910. Aus diesen Angaben, die in einigen „Zigeunertrupps"-Fällen überzogen, dann aber möglicherweise nicht alle durchreisenden Sinti oder Roma angegeben haben mögen, geht mehreres hervor: die Reisezeit lag zwischen April und August, umfaßte also fünf Monate im Jahr. Die Sinti und Roma reisten – verteilt man die genannten Zahlen auf drei Generationen und etwa 8–10 Personen pro Familie – in kleineren Familienverbänden; lediglich auf Märkten trafen mehrere Verbände aufeinander. Geht man zudem davon aus, daß es sich bei den genannten Gruppen zumindest teilweise um dieselben handelte, da sich die Bezirke die „Zigeuner" hin- und herzuschieben pflegten, so kann also von „Massen" selbst im Grenzgebiet keine Rede sein.

Die Aufblähung der Zahlen reicherte der Abgeordnete mit unterstellter Kriminalität (Diebstahl, Raub, Mord) an, Verbrechen, welche

„... lediglich auf Rechnung des massenhaften Auftretens der Zigeuner zu setzen sein werden."[20]

Zur „Befreiung" schlug er im Sinne des Antrages und unter bezug auf die am 22. 1. 1905 in Württemberg erlassene Verfügung (§ 366 Reichsstrafgesetzbuch) vor, daß den „... Zigeunern und nach Zigeunerart umherziehenden Personen" das Reisen in „Horden" grundsätzlich und im gesamten Reich zu verbieten sei. Als Horde galt die „... Vereinigung mehrerer Familien oder die Vereinigung einzelstehender Personen mit einer Familie, zu der sie nicht gehören." Um auch einer alleinstehenden Familie das Reisen unmöglich zu machen, sollte § 366 Abs. 10 herangezogen werden, der Verstöße gegen Sicherheit, Bequem- und Reinlichkeit oder Ruhe auf öffentlichen Wegen, Straßen, Plätzen und Wasserstraßen bestrafte.

Dies alles wäre nichts Neues gewesen, wäre es dem Abgeordneten Frank nicht darum gegangen, die Verwaltungsvorschriften als ein (Sonder-)Gesetz zu formulieren und Vergehen härter zu bestrafen. Als Strafmaßnahmen schlug der Abgeordnete Zwangsansiedlung, Arbeitshaus und unter bezug auf einen Vorschlag des deutschen Kolonialbundes die Abschiebung „in eine unserer Südseeinseln" vor.[21]

Lediglich zwei weitere Abgeordnete beteiligten sich an der Debatte. Der Abgeordnete Brühne lehnte es ab, weiter über die „Zigeunerfrage" zu sprechen und sich den geäußerten Vorschlägen anzuschließen. Hierfür erhielt er von den Sozialdemokraten Zustimmung. Ein weiterer Abgeordneter, Graf Carmer von Ziesewitz, wies darauf hin, daß es in erster Linie die Landbevölkerung sei, die unter der „Zigeunerplage" zu leiden habe, und schlug vor, die administrativen Maßnahmen zwischen den Bundesstaaten stärker zu koordinieren.

Kurz vor 20 Uhr wurde die „Resolution 268 der Drucksachen, Freiherr von Hertling und Genossen" mehrheitlich angenommen. Dem Reichskanzler wurde aufgetragen, ein Gesetz über das Verbot des „bandenweisen Umherziehens der Zigeuner" vorzulegen.[22]

Dieser Aufforderung kam der Reichskanzler nicht nach. Statt dessen trieb Bayern die Politik voran. In der „Denkschrift über die Bekämpfung der Zigeunerplage" wurde 1912 erneut eine Vereinheitlichung der Verwaltungsvorschriften in allen

Ländern und ein Ausbau der Erfassung mittels Daktyloskopie (Fingerabdruckverfahren) gefordert. Die Denkschrift war Ergebnis einer Besprechung mehrerer Staaten „betreffend die Bekämpfung der Zigeunerplage“ im bayerischen Innenministerium in München am 18./19. 12. 1911.

Wie groß diese angebliche Plage tatsächlich war, geht aus dem „Zigeunerbuch“ hervor. Darin wurden über sechs Jahre hinweg, zwischen 1899 und 1905, 3500 Namen erfaßt; unter diesen konnten

„nur 6 ungarische und 3 Pyrenäenzigeunerbanden nachgewiesen werden.“[23]

Zwar lag die Zahl „ausländischer Zigeuner“ etwas höher, denn den Akten zufolge hielten sich bis 1905 noch einige weitere Romafamilien aus Bosnien, Bulgarien und Frankreich in Bayern auf, doch ändert dies nichts am Gesamtbild von der geringen Anzahl an Sinti und Roma in Bayern. Noch 1910 wurden 210 bereits bekannte und 22 unbekannte „größere Banden“, 111 bekannte und 27 unbekannte Familien, 77 bekannte und 30 unbekannte Einzelpersonen, 1911 201 bekannte und 30 unbekannte „größere Banden“, 134 bekannte und 38 unbekannte Familien, 98 bekannte und 36 unbekannte Einzelpersonen in Bayern registriert. Gezählt wurde allerdings jedes „wiederholte Auftreten der gleichen Bande, Familie und Person“,[24] so daß die tatsächliche Zahl an Sinti und Roma auch hier niedriger gelegen haben wird. Dabei galten Bayern und Preußen wegen ihrer Grenze mit Österreich-Ungarn als die am stärksten betroffenen Gebiete. In anderen Ländern werden sich folglich wenige oder gar keine reisenden Sinti und Roma aufgehalten haben.

Gegen Ende seines langen Redebeitrags vor dem Reichstag lieferte der Abgeordnete Frank selbst eine Begründung für das fortgesetzte Interesse staatlicher Stellen angesichts dieser niedrigen Zahl an Sinti und Roma:

„Oh, es fällt mir nicht ein, in jedem Zigeuner einen Dieb oder Mörder zu sehen. Ich kenne auch verschiedene hier in Berlin, welche sich ganz redlich ernähren, namentlich solche, welche eine regelmäßige Beschäftigung haben, und so ist es auch bei denen, welche ansässig sind, ein bestimmtes Gewerbe treiben und sich so redlich nähren; aber dieses Nomadenleben ist für die Betroffenen selbst nicht gut. Das dolce far niente, der Müßiggang bringt sie auf allerlei Gedanken."[25]

Der kontrollierbaren Arbeitsleistung vor Ort wurde erneut der unterstellte Müßiggang auf Wanderschaft gegenübergestellt. Die Stigmatisierung der Sinti und Roma, die als gefährliche Störer der öffentlichen Ordnung wegen angeblicher Bettelei, Umherziehen, Unregelmäßigkeit, Diebstahl in Artikeln, Leserbriefen, Anträgen, Verordnungen, öffentlichen Äußerungen von Funktionsträgern aufgebaut wurden, eignete sich in dieser Krisenzeit vorzüglich zur Aufrechterhaltung der mit der Industrialisierung einhergehenden Umstrukturierung der Arbeit und des Marktes.

Der Umgang mit Zahlen und Vorwürfen in bezug auf Sinti und Roma war beliebig. Während des Krieges 1870/71 wurde beispielsweise erneut der Spionagevorwurf hervorgeholt, ohne daß er sich wirklich nachweisen ließ. In einem Umlaufschreiben an die Bürgermeister des Bezirks Frankenthal von 1870 wurde über Sinti und Roma behauptet:

„sie dienen dem Feinde als Spione und erhöhen die Greuel und Schrecken des Krieges, indem sie die Schlachtfelder und verlassenen Dörfer ausrauben und dergl."[26]

Auch während des Ersten Weltkriegs befürchtete man, „daß feindliche Agenten sich diese Art des Umherziehens zu Nutze machen, um Spionage zu treiben usw."[27] Darüber hinaus wurde Sinti und Roma allgemein unterstellt, sich durch Fälschung von Papieren der Wehrpflicht zu entziehen bzw. Deserteuren Schutz zu gewähren. Länder, Polizeipräsidenten, das Stellvertretende Generalkommando, Kriegsministerium, Reichskanzler erließen erneut Anweisungen bezüglich Sinti und Roma. Dabei wiesen zahlreiche Sinti keineswegs die „bekannte Unzuverlässigkeit der Zigeuner"[28] auf, sondern folgten der Einberufung zum Kriegsdienst und wurden hierfür auch ausgezeichnet. Elisabeth Kreuz, 1896 geboren, berichtete über die Kriegszeit:

„1914 hat dann der Krieg angefangen, da hat mein Mann fortgemußt. Er war ja aktiver Soldat, bei den Ulanen war er und hatte eine schöne Uniform: Im ersten Weltkrieg gab's viele, die bei den Soldaten waren, da sind auch viele Sinti für Deutschland gefallen. Deutsch – das ist unsere Staatsangehörigkeit. ... Dann ist er vier Jahre fortgewesen, von 1914–1918, vier Jahre war er weg, kein Urlaub. Und ich hab schon zwei Kinder gehabt. Und was mein Mann als Soldat gekriegt hat, das Geld, das hat er immer mir geschickt."[29]

In der Weimarer Republik galten Sinti und Roma dennoch – wie schon nach dem Krieg 1870 – mancherorts als Kriegsgewinnler, die durch Pferdehandel, Valutageschäfte und Schleichhandel zu Reichtum gekommen seien.[30] „Zigeunerpolitik" blieb weiterhin Ländersache. Es wurden einzelne Neuauflagen der Vorkriegsbestimmungen erlassen, doch die eigentliche Arbeit galt der Formulierung eines Gesetzes zur „Bekämpfung der Zigeuner und des arbeitsscheuen Gesindels", die angeblich

„... mit ihrem unsteten Leben und infolge ihrer Fremdheit allen festgefügten Verhältnissen gegenüber die Sicherheit der friedliebenden Bevölkerung dauernd beunruhigen, durch die Unregelmäßigkeit ihrer Lebensführung sich von Sitten und Gebräuchen der ansässigen Bevölkerung erheblich unterscheiden und durch diese Ungebundenheit, sowie durch die Unregelmäßigkeit ihrer Einkünfte ähnlich dem reinen Zigeunertum eine ständige Gefährdung der allgemeinen Ordnung in krimineller Hinsicht bilden."[31]

Obwohl die „Zigeunerplage", so die Polizeidirektion München, nach Informationen zahlreicher Regierungsbezirke keine Rolle mehr spielte, verabschiedete der bayerische Landtag am 16. Juli 1926 das „Gesetz zur Bekämpfung von Zigeunern, Landfahrern und Arbeitsscheuen".

Das Gesetz, das 1929 auch von Hessen übernommen wurde, richtete sich in erster Linie gegen die deutschen Sinti und Roma. Ihnen war die Ausübung eines Reisegewerbes nur noch mit einjähriger polizeilicher Erlaubnis gestattet. Diese Erlaubnis wurde allerdings nur erteilt, wenn keine schulpflichtigen Kinder mitgeführt wurden und nicht in „Horden" gereist wurde. Zur „Horde" zählte nun zuzüglich zur bisherigen Definition auch eine „familienähnlich zusammenlebende Personengruppe". Je nach Bedarf konnte damit auch eine Kleinfamilie gemeint sein. Darüber hinaus mußten ein Standplatz durch die Polizei zugewiesen und eine vorgeschriebene Reiseroute eingehalten werden. Der zweite Maßnahmenkomplex sah Arbeitshaus oder Zwangsarbeit für „Zigeuner und Landfahrer" vor, „die den Nachweis einer geregelten Arbeit nicht zu erbringen vermögen". Hiervon waren auch die Sinti betroffen, die sich vor langer Zeit niedergelassen hatten.

Die Ausführungsbestimmungen deuteten bereits eine neue Qualität im Umgang mit Sinti an, die im Verlauf des Dritten Reiches ihre Wirkung entfalten sollte. In einer begleitenden Ministerialentschließung wurde an den kollektiven Vorurteilsbestand appelliert und der Begriff „Zigeuner" zum einen als „allgemein bekannt" vorausgesetzt, zum anderen der „Rassenkunde" aufgetragen klarzustellen, „wer als Zigeuner anzusehen ist".[32]

Die an der Formulierung der „Zigeunerpolitik" im Kaiserreich und in der Weimarer Republik beteiligten Instanzen (Reichskanzler, Parlament, Ministerien, Verwaltung, Polizei) arbeiteten mit diskriminierenden Sonderverordnungen ergänzend zu den allgemeingültigen Gesetzen. Sie richteten sich in erster Linie gegen die vom Reisegewerbe lebenden Sinti und Roma.

Die „Zigeunerpolitik" schwankte zwischen Seßhaftmachung und Vertreibung. Die obersten politischen und Verwaltungsebenen des Reichs und der Länder führten die Politik der Assimilation durch Seßhaftmachung für deutsche Sinti fort. Die Ortsbehörden lehnten die Seßhaftmachung ab und vertrieben die Sinti und Roma. Manchen Sinti und Roma gelang es, die Widersprüche staatlichen Handelns für sich nutzbar zu machen. Letztendlich aber strebten alle staatlichen Ebenen die „Auflösung" (Bismarck) von (reisenden) Sinti- und Romagruppen an. Es ging ihnen um die Vernichtung der Lebensform.

Das „Zigeuner- und Arbeitsscheuengesetz" war ein leiser Abschied von dieser Politik. Es war ein Gesetz mit Ausnahme- und Präventivcharakter, legitimierte also Maßnahmen ohne Vorliegen einer Straftat. Zudem ermöglichte es den Zugriff auf alle – sowohl reisende als auch seßhafte Sinti.

Mit der Einführung der Rassenlehre in die Gesetzgebung durch die Nationalsozialisten wurde schließlich aus der beabsichtigten Vernichtung von Lebensformen die Vernichtung von Menschen.

2. „Dieses Problem der Beendigung . . ." – Sinti und Roma im Dritten Reich

a) Die Verfolgung von Sinti und Roma in Deutschland

Nach der Machtübernahme der Nationalsozialisten kam es zunächst zu einer sukzessiven Verschärfung der Maßnahmen gegen Sinti und Roma. Das „Zigeuner- und Arbeitsscheuengesetz" wurde in anderen Ländern (Bremen 1. 8. 1933, Baden 12. 1. 1937) übernommen, Verstöße mit schärferen Strafen geahndet. Zu den weiteren frühen Rechtsverschärfungen gehörten Anordnungen der Länderregierungen und 1936 auch des Reichsinnenministers, Razzien und Fahndungstage gegen Sinti und Roma anzusetzen. Diese wurden in Baden 1934, Mecklenburg 1936, Westfalen 1937 und 1938, im Rheinland 1936 und 1938 und in Lippe 1938 durchgeführt. Die bei diesen Gelegenheiten erhobenen Personendaten dienten der Aktualisierung der im Kaiserreich begonnenen Gesamterfassung. Des weiteren wurde nach 1933 für Sinti und Roma die Wohlfahrtsunterstützung gekürzt.

Zwischen 1929 und 1938 wurden Sinti und Roma in zahlreichen Kommunen (beispielsweise Frankfurt, Düsseldorf, Köln) von Polizei und Fürsorge in überwachte Standplätze am Stadtrand mit scharfer Lagerordnung eingewiesen. In Berlin richteten die Behörden vor der Olympiade 1936 in Absprache zwischen städtischer Wohlfahrtsverwaltung, Gauleitung der NSDAP, Rassenpolitischem Amt und Polizei ein „Zigeunerlager" in Berlin-Marzahn ein. Dorthin wurden am 17. 7. 1936 alle etwa 600 Sinti und Roma verbracht, die zum Teil seit Jahren auf privaten Standplätzen der Stadt lebten.

Die Behörden verschleppten Sinti und Roma auf ein Gelände, das neben Rieselfeldern und einem Friedhof gelegen war und somit kulturelle Tabus der Sinti und Roma verletzte. Diese lebten hier unter katastrophalen Verhältnissen. Ihre Zahl erhöhte sich noch, als auch die in Wohnungen lebenden Sinti in das Lager gebracht wurden.

Der Vorschlag des Leiters des Berliner Hauptwohlfahrtsamtes von 1939, das „Zigeunerlager" Marzahn in ein Konzentrationslager umzuwandeln, wurde nicht mehr verwirklicht. 1943 wurden dessen Bewohner fast ausnahmslos sowie alle noch im Stadtgebiet lebenden Sinti in das „Zigeunerlager" in Auschwitz-Birkenau deportiert und, von wenigen Ausnahmen abgesehen, ermordet.[33] Etwa zwei Dutzend Sinti und Roma blieben in Marzahn inhaftiert und wurden 1945 von der Roten Armee befreit.

Die vielerorts ohne Rechtsgrundlage vorgenommene Einrichtung solcher „Zigeunerlager" diente der Trennung der Sinti und Roma von der übrigen Bevölkerung, der Selektion nach rassebiologischen Kriterien, der Ausbeutung durch Zwangsarbeit und schließlich der Vorbereitung von Deportationen.

Darüber hinaus wurden allgemeingültige Gesetze („Gesetz zur Verhütung erbkranken Nachwuchses" vom 14. 7. 1933, „Gesetz gegen gefährliche Gewohnheitsverbrecher" vom 24. 11. 1933 und das „Gesetz über Reichsverweisungen" vom 23. 3. 1934) auf Sinti und Roma angewandt, auch wenn die Betroffenen die Voraussetzungen nicht erfüllten. Dies geschah wohl unter Ausnutzung vermeintlicher polizeilicher Ermessensspielräume und beförderte einen Prozeß der zunehmenden Radikalisierung der Verfolgung von Sinti und Roma durch Unter- und Mittelbehörden.

Unzählige Sinti wurden 1937/38 in Zusammenhang mit der Aktion „Arbeitsscheu Reich" in die Konzentrationslager Dachau, Buchenwald und andere verschleppt. Noch am 1. 6. 1938 wurden in einem Schnellbrief des Reichskriminalpolizeiamtes die betroffenen Personengruppen definiert, darunter Landstreicher, Bettler, „Zigeuner" und nach „Zigeunerart umherziehende Personen".[34]

Die ständige Verschärfung der Maßnahmen und die Ausweitung des Personenkreises führten zunächst die herkömmliche „Zigeunerpolitik" intensiviert fort. Sie liefen parallel zu den seit der „Machtergreifung“ wiederholt geäußerten Forderungen, die Fortpflanzungsfähigkeit von Sinti und Roma zu unterbinden. Mit dieser Zielsetzung kam es in der staatlichen Politik gegenüber Sinti und Roma zu einem qualitativen Sprung, denn sie verlagerte die Verfolgung von der Lebensform auf die Zerstörung der Menschen selbst.

So forderte das „Rasse- und Siedlungsamt“ der SS in Berlin bereits 1933, daß

„Zigeuner und Zigeunermischlinge – gleichgültig ob sozial angepaßt oder asozial und kriminell – in der Regel unfruchtbar gemacht werden.“[35]

Zum „Problem der Beendigung“[36] machte sich beispielsweise auch der Bürgermeister von Berleburg, wo ja schon 1771 Sinti angesiedelt worden waren, seine Gedanken. 1888 wurden die Sinti in Saßmannshausen und Berleburg als fleißige Kleinbürger beschrieben, die beispielsweise bei der Bahn arbeiteten und ihre eigene Sprache größtenteils vergessen hatten.[37] Dennoch meinte der Bürgermeister, die ansässigen Sinti durch Züchtungsexperimente so manipulieren zu müssen, daß das „Gesetz zur Verhütung erbkranken Nachwuchses“ generell auf sie angewandt werden konnte:

„Wird es gelingen, die seßhaften Zigeuner kolonieweise örtlich so zu isolieren und abzukapseln, daß durch Inzucht Erbschäden entstehen und damit umfassende Maßnahmen zur Verhütung erbkranken Nachwuchses notwendig werden?“[38]

Dieser 1937 vorgetragene Vorschlag des Berleburger Bürgermeisters war nur einer von mehreren, die den Zugriff auf die körperliche Unversehrtheit von Sinti und Roma und perspektivisch deren Ausrottung in die Diskussion brachten – und damit offenbar wenig Widerspruch hervorriefen.

Seit Mitte der dreißiger Jahre waren es insbesondere die Neustrukturierung der polizeilichen Aufgaben in bezug auf Sinti und Roma und die Wissenschaft, die zur nationalsozialistischen Variante der „Zigeunerpolitik“ führten. 1933 trat eine bereits 1926 von der Deutschen Kriminalpolizeilichen Kommission verabschiedete „Vereinbarung der deutschen Länder über die Bekämpfung der Zigeunerplage“, die 1929 noch einmal überarbeitet worden war, in Kraft. Darin wurde ein Informationsaustausch vereinbart, die Hoheit der Länder über die jeweiligen „Zigeunernachrichtendienste" (München, Karlsruhe, Stuttgart, Dresden, Berlin) jedoch nicht angetastet. Der Oberregierungsrat im Reichsinnenministerium Dr. Zindel schlug im März 1936 in einem Entwurf für ein „Reichszigeunergesetz" vor, Erfassung, Identifizierung und Registrierung auf eine „reichseinheitliche Grundlage" zu stellen. Ein Schritt in dieser Richtung war die Verfügung des Innenministers vom 5. Juni 1936, wonach jeder Schriftverkehr zwischen der „Internationalen Zentralstelle zur Bekämpfung des Zigeunerwesens in Wien" und deutschen Behörden über die „Zentralstelle" in München zu laufen habe. Das Innenministerium maßte sich damit Weisungsbefugnis über die polizeiliche Hoheit der Länder an, die mit Ernennung des Reichsführer der SS, Heinrich Himmler, zum „Chef der deutschen Polizei im Reichsministerium des Innern" zügig ausgebaut wurde. Im Frühjahr 1937 faßte Himmler die „Bekämpfung des nomadischen Zigeunertums" in Deutschland – nach dem „Anschluß" von 1938 in Österreich – beim Preußischen Landeskriminalamt in Berlin zusammen. Mit dem Runderlaß vom 16. Mai 1938, der am 1. Oktober 1938 in Kraft trat, ging die „Reichszigeunerzentrale" beim Polizeipräsidium in München als „Reichszentrale zur Bekämpfung des Zigeunerunwesens" in den Zuständigkeitsbereich des Reichskriminalpolizeiamtes in Berlin über. Der Umzug war im November 1938 abgeschlossen. Nach der erfolgten Zentralisierung wurde bis Mitte 1939 die entsprechende kriminalpolizeiliche Infrastruktur geschaffen, die von der „Reichszentrale" bis zu den Ortspolizeibehörden reichte. Ein von den Kriminalpolizeistellen zu bestimmender und in der neuen "Dienststelle für Zigeunerfragen" tätiger Sachbeamter hatte alle „Zigeunerangelegenheiten" zu bearbeiten und alle wesentlichen Daten an die „Reichszentrale" weiterzugeben. Damit gab es von jetzt an eine zentralisierte Befehlsstruktur und eine eindeutige Aufgabenverteilung.[39]

Seit Ende der zwanziger Jahre widmete sich auch die Wissenschaft den „Zigeunern" zunehmend unter rassischen Deutungsmustern; die daraus resultierenden Rassenmodelle gingen seit Mitte der dreißiger Jahre immer stärker in die politische und juristische Praxis ein. In den „Nürnberger Gesetzen" vom 15. September 1935 wurden Sinti und Roma zwar noch nicht explizit erwähnt, diese Lücke schlossen aber der Runderlaß des „Reichs- und Preußischen Ministers des Innern über das Verbot von Rassenmischehen" vom 26. November 1935 und die entsprechenden Gesetzeskommentare von Stuckart/Globke.

Doch wer nun als „Zigeuner" definiert werden sollte, war für die Vollzugsbehörden noch immer keineswegs eindeutig. Führend bei der pseudo-wissenschaftlichen Erfassung, Ausforschung und Klassifizierung der Sinti und Roma in Deutschland unter nationalsozialistischen Vorzeichen war der Arzt Dr. Robert Ritter, der Sinti und Roma bereits 1935 „vom sozialen, erbbiologischen und rassischen Standpunkt aus" „ungünstig" erkannt zu haben glaubte und deren Beschränkung „auf sich selbst hinsichtlich zukünftiger Vermischung" forderte.[40] 1934/35 gab Ritter seine Tätigkeit als Oberarzt der Jugendabteilung an der Nervenklinik der Universität Tübingen auf, um sich der Erforschung von „Asozialen", „Vagabunden" und „Zigeunermischlingen" zu widmen. Ein diesbezüglicher Antrag an die Deutsche Forschungsgemeinschaft (DFG) wurde positiv beschieden. Ab 1936 konnte er die Untersuchungen beim Reichsgesundheitsamt in Berlin fortsetzen; seine „Rassenhygienische und bevölkerungsbiologische Forschungsstelle" wurde dort der Abteilung L (Erbmedizin) zugeordnet.

Die Erforschung der Sinti und Roma sah Ritter als Teilproblem der „Asozialen"-Forschung, wobei er einen Zusammenhang von unterstellter Rassenzugehörigkeit und vermeintlicher Asozialität konstruierte. Er schrieb:

„Die Angehörigen und Abkömmlinge derartiger *Mischlingssippschaften*, also diejenigen, deren Eltern und Großeltern ihrerseits schon Mischlinge sind, wurden von uns als *Mischlingszigeuner* (d.h. also Sprößlinge einer Mischlingspopulation) bezeichnet. Da diese Mischlingszigeuner in der Regel, besonders wenn sie auch von einheimischer Seite minderwertiges Erbgut in sich tragen, hochgradig unausgeglichen, charakterlos, unberechenbar, unzuverlässig sowie träge oder unstet und reizbar, kurz gesagt also arbeitsscheu und asozial sind und im Grunde den Kern des zigeunerischen Lumpenproletariats darstellen, so wäre es völlig verfehlt, diese Zigeuner einfach dem Reichsbürgergesetz und dem Blutschutzgesetz entsprechend als deutschblütig zu bewerten."[41]

Zielte die traditionelle Zigeunerpolitik primär auf die Seßhaftmachung der vom Reisegewerbe lebenden Sinti und Roma, so richtete sich Ritters Aufmerksamkeit nun gerade auf die seßhaften, angeblich von „ihrer eigenen Art abgekommenen" Sinti und Roma. Anders als bei den Juden seien auch diejenigen als „Zigeuner" anzusehen, unter deren vier Großeltern zwei „Mischlinge" seien. Seinen Erkenntnissen nach betraf dies über 90 % der Sinti und Roma. Zur Untergliederung der „Mischlinge" wurden auf der Grundlage „genealogischer und erbgeschichtlicher" Untersuchungen Tausende „Gutachtliche Äußerungen" erstellt, in denen Sinti als „Z" („Vollzigeuner"), „ZM +" (Zigeunermischling mit vorwiegend zigeunerischem Blutsanteil), „ZM" (Zigeunermischling mit gleichem zigeunerischen und deutschen Blutsanteil"), „ZM -" (Zigeunermischling mit vorwiegend deutschem Blutsanteil") oder als „NZ" („deutschblütig") klassifiziert wurden. Für die Sinti und Roma aber erachtete Ritter die Anwendung der „Nürnberger Blutschutzgesetze" als nicht ausreichend; vielmehr sei eine „rassenhygienische und kriminalbiologische Lösung der Zigeunerfrage" notwendig. Tatsächlich waren die von Ritter und seinen Mitarbeitern, Eva Justin, Sophie Ehrhardt, Adolf Würth, unterzeichneten gutachterlichen Stellungnahmen für die meisten Sinti im Kontext der zunehmend radikalisierten „Zigeunerpolitik" gleichbedeutend mit einem Todesurteil.

Um seine Hypothese zu belegen, stellte Ritter einen Mitarbeiterkreis zusammen, dem die Aufgabe oblag,

„mittels fliegender Arbeitsgruppen und durch Anwendung besonderer Untersuchungsmethoden die Familien-, Sippen- und Stammesverhältnisse der in Deutschland lebenden Zigeuern so weit zu klären, daß das Zigeunersippenarchiv für das

Gebiet des Altreichs in einem Zeitraum von nur 3 Jahren geschaffen werden konnte."[42]

So arbeiteten beispielsweise Adolph Würth in Baden-Württemberg, Sophie Ehrhardt in Ostpreußen, Ruth Kellermann in Böhmen und Mähren und die wichtigste Mitarbeiterin, Eva Justin, u.a. in der Pfalz, im Rheinland, aber auch mit Sintikindern im Kinderheim der (katholischen) St. Josephspflege in Mulfingen.

Ritters Institut beschränkte sich in bezug auf Sinti und Roma auf das „Altreich". Die Zahl der von Ritter und seinen Mitarbeitern erfaßten Sinti und Roma stieg von 15 000 im März 1942 auf 21 498 im März 1943 und 23 933 im März 1944 an. Die Ergebnisse verfolgten durchaus praktische Absichten. Sie wurden nicht nur in den einschlägigen rassehygienischen Fachpublikationen, sondern auch in berufsgruppenrelevanten Blättern wie „Die Deutsche Polizei" oder „Der Öffentliche Gesundheitsdienst" veröffentlicht und allen Polizeidienststellen zugänglich gemacht. In einem Schreiben Ritters an die Deutsche Forschungsgemeinschaft (DFG) hieß es:

„Die Auskunfterteilung und Begutachtung der Mischlinge an Wehrmachtsstellen (Ausmusterung), Gesundheitsämter (Unfruchtbarmachung, Schwangerschaftsunterbrechung), Standesämter (Ehetauglichkeit) sowie an die Polizeidienststellen nimmt ständig 4–5 Mitarbeiterinnen in Anspruch."[43]

Die Forschungsstelle bediente sich dabei der Informationen der Polizeistellen und lieferte Sinti und Roma an diese aus.

Doch es waren nicht nur Ritter und seine Mitarbeiter, die „Zigeunerforschung" betrieben. Am „Institut für Erb- und Rassenpflege" der Universität Gießen widmete sich Prof. H. W. Kranz, am Hygienischen Institut der westfälischen Wilhelms-Universität in Münster Prof. K. W. Joetten, am Kaiser-Wilhelm-Institut für Anthropologie, menschliche Erblehre und Eugenik in Berlin Prof. O. von Verschuer und am Rassenkundlichen Institut in Königsberg Prof. L. Loeffler ähnlichen Aufgaben.

Ihre „Erkenntnisse" unterschieden sich – obgleich sie Konkurrenten waren – nur unwesentlich. So sahen sowohl Ritter als auch Kranz und Joetten in den „Zigeunermischlingen" das eigentliche Betätigungsfeld. Alle Forschungsansätze legitimierten und beförderten die in den Dienst der NS-Rassenpolitik gestellte „Rassehygiene", und allen lag an einer Umsetzung ihrer Erkenntnisse bei der „Zigeunerbekämpfung".

Darüber hinaus befaßten sich einige weitere Institutionen, das „Ahnenerbe" der SS, die Fürsorge und insbesondere die Kirchen, mit „Zigeunern". Am 13. 2. 1934 öffnete die „Bayrische evangelische Landeskirchenleitung" die Kirchenbücher für rassenkundliche Forschungen, und weitere Landeskirchen folgten diesem Beispiel.[44] 1937 dankte Ritter dem evangelischen Oberkirchenrat in Württemberg, dem erzbischöflichen Ordinariat in Freiburg und dem bischöflichen Ordinariat in Rottenburg für die Unterstützung seiner Arbeit. Am 13. 9. 1940 richtete der Reichsminister für kirchliche Angelegenheiten ein Schreiben an die Kirchenkanzlei der Deutschen Evangelischen Kirche und an den Vorsitzenden der Katholischen Bischofskonferenz, das die Kirchen zur Kooperation mit der Kriminalpolizei und der Ritterschen Forschungsstelle förmlich verpflichtete.[45] In dieser geschäftigen Kooperation zwischen Wissenschaft, Polizei, diversen NS-Institutionen, Politik, Wohlfahrtsämtern und Kirchen spielte die Zusammenarbeit zwischen Ritters Institut und der Polizei zweifelsohne die Hauptrolle.

Die Resultate der Wissenschaft wurden von Politik und Polizei bereitwillig aufgenommen. In den Bestimmungen über die „Reichszentrale zur Bekämpfung des Zigeunerunwesens" vom 16. 5. 1938 war von „rassebiologischen Forschungen" die Rede, deren „Erkenntnisse auszuwerten" seien. Am 8. 12. 1938 gab Himmler einen Runderlaß heraus, demzufolge die „Regelung der Zigeunerfrage aus dem Wesen der Rasse" heraus vorzunehmen sei. Die „Rasse" hatte sich damit gegenüber Sinti und Roma endgültig als das verbindliche Kriterium der staatlichen Politik durchgesetzt.[46]

In den nächsten Jahren erging eine Flut von Erlässen, die die Sinti (bis zur ihrer Deportation) aus dem ohnehin schon eingeschränkten bürgerlichen Leben herauslösten. Am 7. 10. 1939 wurde der Festsetzungserlaß veröffentlicht, der es den Sinti und Roma verbot, ihre Orte zu verlassen, und der ihre vollständige Erfassung vereinfachte. Auf Grund eines Erlasses Himmlers vom 20. 11. 1939 sollten Frauen, die „im begründeten Verdacht des Wahrsagens“ standen, in Konzentrationslager eingeliefert werden. Ein Erlaß des Reichsministers für Wissenschaft, Erziehung und Volksbildung vom 22. 3. 1941 schrieb den Schulverweis für Sintikinder zwingend vor. Am 12. 3. 1942 wurden mit der „Anordnung über die Beschäftigung von Zigeunern“ Sinti den Juden arbeits- und sozialrechtlich gleichgestellt. Da die Sinti über keine eigenen Wohlfahrtseinrichtungen verfügten, standen sie damit sogar sozial schlechter da als die Juden. Am 10. 7. 1942 ordnete das Oberkommando der Wehrmacht an, „Zigeuner“ und „Zigeunermischlinge“ aus „rassenpolitischen“ Gründen aus der Wehrmacht zu entlassen.[47]

Die vollständige Entrechtung der Sinti und Roma war begleitet von Deportationen aus Deutschland und den besetzten Gebieten in die Konzentrationslager. Am 27. 4. 1940 sollten auf Anordnung Himmlers 2500 Sinti und Roma aus Nord-, Süd- und Westdeutschland in das „Generalgouvernement“ Polen deportiert werden. Tatsächlich wurden etwa 2800 Sinti und Roma aus den Regionen Hamburg/Bremen, der Pfalz und Stuttgart dorthin verbracht und ihrem Schicksal überlassen oder in Gettos (Warschau, Lodz, Radom), Lager und Konzentrationslager (Belsec, Kielce, Mnichov) gesperrt.

Welche wissenschaftlichen Verrenkungen Ritter und seine Mitarbeiter unternehmen mußten, um ihren theoretischen Ansatz aufrechterhalten zu können, wird am Beispiel ostpreußischer Sinti deutlich. Unter ihnen gab es zahlreiche Familien, die seit Generationen von Landwirtschaft, Pferdehandel, Fabrikarbeit und in einvernehmlichem Verhältnis mit ihren Nachbarn lebten.

Bereits 1938 waren viele Sinti in Zusammenhang mit der Aktion „Arbeitsscheu Reich“ nach Sachsenhausen, Oranienburg und Dachau verschleppt worden. 1940 sollten die übrigen Sinti ebenfalls ins „Generalgouvernement“ verbracht werden, doch wurde die Deportation zunächst ausgesetzt. Statt dessen schlug das Reichssicherheitshauptamt in Berlin vor, ein neues „Zigeunerlager" am Stadtrand von Königsberg einzurichten.[48]

Paul Dambrowski, ein Sinto aus Goldap/Ostpreußen, der, 1934 geboren, die NS-Verfolgung als Kind erlebte, erinnert sich der zunehmenden Ausgrenzung:

„Die älteste Schwester ging dann in die Schule. Dann gab es unter den Nazis die HJ Jungs. Die haben die älteste Tochter sehr angeschimpft. Gehört hier nicht in die Schule ... Den Eltern und uns Kindern tat es leid, wenn die Schwester manchmal früher aus der Schule kam oder es hieß, sie braucht nicht mehr kommen in die Schule. Dann war das nicht mehr angenehm. Und somit kam der Bruder wieder nicht zur Schule ... und ich auch nicht."[49]

Als die Ausgrenzung aus der Gesellschaft zunahm, begannen die Sinti ihre Identität zu verleugnen:

„Wir waren mehr bei den Großeltern. Vater war sehr viel arbeiten ..., nach der Zeit, wo das Gewerbe eingezogen wurde. Da war mehr der Großvater zu Haus, weil er Landwirtschaft noch betrieben hat. So im Pferdegeschäft durfte er auch nicht mehr sein. ... Und durfte nicht auffallen. Sehen lassen durften wir uns als Kinder auch nicht, ja nicht zu weit vom Hof. Da hieß es nicht mehr auffallen. Und dann auch kein Romanes sprechen, damit die Nachbarn ...; das sollte nicht auffallen, daß wir Cinti sind. Die Sprache wurde schon verheimlicht. Wenn jemand kam, nur deutsch gesprochen mit uns. Weshalb und wieso haben wir damals nicht verstanden, heute wohl. Nur das nötigste untereinander, die Großeltern, die Eltern haben dann gesprochen in unserer Sprache, Romanes, sonst alles Deutsch."[50]

Aber auch die Selbstverleugnung konnte die Sintifamilien nicht schützen. Robert Ritter und Sophie Ehrhardt hatten sich ihrer schon angenommen. Ritter konnte den Widerspruch zwischen der Lebensweise der Sinti-Landwirte in Ostpreußen und seinem rassehygienischen Erklärungsmodell nicht lösen. Er versuchte, sie in seine Konstruktion von „Zigeunermischling" zu zwängen, indem er sie zu einem „durch vorder- und innerasiatische Einschläge" geprägten „Typus" erklärte, der wohl einen anderen Weg zurückgelegt habe, als die in „Mittel- und Westeuropa lebenden Zigeuner". Da die ostpreußischen Sinti aber in Ritters Verständnis ihre Arbeitsethik nicht aus sich selbst heraus entwickelt haben konnten, mußten sie „im Laufe vieler Jahrhunderte auch das Blut seßhafter, arbeitsamer Menschen aufgenommen" haben. Falls dieses Erklärungsmodell nicht überzeugte, vermutete er, von ihrer Lebensweise ausgehend, daß sie eigentlich keine richtigen „Zigeuner" seien. Er bezeichnete sie „trotz ihrer Eigenart und ihrer fremdrassigen Erscheinung" als „wenig ‚echt'".[51]

Seine Mitarbeiterin Sophie Ehrhardt löste den Widerspruch zwischen Konstruktion und Realität, indem sie die Theorie mit nichtssagenden Meßergebnissen untermauerte. Wie „polizeiliche und eigene Erkundungen ergaben", stellten die „schätzungsweise 2000 Zigeuner" in Ostpreußen ein „Gemisch" dar, wobei „ihre ursprünglichsten Rassenbestandteile (...) den untersten Schichten der indischen Bevölkerung entstammen" dürften. Die Sinti in Ostpreußen zeigten „alle Übergänge von der indid-orientalisch-innerasiatischen bis zur vorwiegend europäischen Mischung". Nur das „vorderasiatische Rassenelement", befand Ehrhardt im Widerspruch zu Ritter, „fehlt jedoch nahezu ganz". Unabhängig von den Ergebnissen standen ihre Schlußfolgerungen schon vorher fest:

„Die Zigeuner sind ein primitives Volk, primitiv in ihrem Handeln und in ihrem Streben."[52]

Wichtig war, daß ihre Tätigkeit die genealogische Erfassung der Sinti-Familien in Ostpreußen in Zusammenarbeit mit den Polizeistellen ermöglichte und damit die Voraussetzungen für die Deportation schuf.

Die vom Reichssicherheitshauptamt (RSHA) vorgeschlagene Verschleppung dieser Sinti in ein Lager bei Königsberg wurde nicht ausgeführt, obwohl es ein Lager dort gab. Statt dessen wurden sie in ein ehemaliges Zuchthaus in Bialystok gebracht, das nun als Konzentrationslager diente. Paul Dambrowski berichtete über den Beginn der Deportation folgendes:

„Und dann gabs das mit den Nazis, mit den schwarzen Wagen, die davor kamen. Hat der Großvater die Tore schnell zugemacht. Das war für uns alles neu. Und dann kam einer von der Kripo. Dieser Roman; ich glaube, spät abends, das ging schon in die Nacht rein. Wir wohnten von der Stadt fünf Kilometer. Kam der mit dem Fahrrad und hat die Eltern gewarnt. Genau dürfte er nicht sprechen.... Die Mutter sagte immer ‚Herr Roman, helfen sie uns. Sie bekommen auch ein Schwein von uns' ... ‚Seht zu, daß ihr wegkommt. Wenn der Transport im Januar geht, daß ihr gar nicht mehr in der Stadt seid. Verschwindet.' ... Der Moser, der war ja ganz schlimm. Der wollte seine Stadt total, alle, hieß es, zur Umsiedlung. Und der hat dann wieder die Eltern eingeschüchtert ...“[53]

Ein Teil der Sinti wurde im Januar 1942 nach Bialystok gebracht. Die Menschen erkrankten an Typhus. Viele Kinder und Erwachsene starben. Amanda Dambrowski, die Mutter von Paul, erinnerte sich an den Tod ihrer kleinen Tochter Inge:

„Sie brachten uns Suppe, darin waren verschimmelte Pilze. Meine Kinder wurden furchtbar krank. Sie bekamen Durchfall. Löcher fielen in den Körper unter den Armen und in den Leisten. An der Schulter und im Gesicht war es am schlimmsten. Inge, die drei Jahre alt war, starb. Sie wollte so gerne eine Pellkartoffel essen, ich konnte ihr keine geben – wie hat sie darum gebettelt. Ich habe den Schließer angefleht, ihr eine Pellkartoffel zu besorgen, sie hat keine bekommen. In eine weiße Decke habe ich sie dann eingewickelt. Ein Sinto und Schüpke haben sie unter Bewachung in die Leichenhalle gebracht. Eine Sintiza hat gebetet und geweint. Ich selbst konnte weder das eine, noch das andere. Ich war wie aus Stein.“[54]

Kurze Zeit später wurden die Schwiegereltern und weitere Verwandte ebenfalls nach Bialystok eingeliefert.

Außer den Sinti und Roma wurden in Bialystok aber auch Juden eingesperrt. Amanda Dambrowski erzählte:

„Nachts hörten wir Gesang. Andacht wurde gehalten. Es waren Juden. Alle drei Wochen hörten wir Lastwagen. Sie wurden abgeholt.“[55]

Die Juden wurden erschossen. Als sich im Sommer 1942 eine Delegation der Gestapo aus Berlin in Bialystok aufhielt, setzte die Schwiegermutter von Amanda Dambrowski ein Gespräch durch. Sie wies darauf hin, daß ihre Familie immer Landwirtschaft getrieben hätte, daß ihr Mann im Ersten Weltkrieg gedient und einen Orden dafür erhalten habe und daß nichts gegen sie vorläge. Einen Monat später wurde diese eine Familie Dambrowski aus dem Lager entlassen und konnte nach Goldap zurückkehren, nachdem sich die Nachbarn auf eine Anfrage der Gestapo dafür eingesetzt hatten. Allerdings mußten die Familienmitglieder sich verpflichten, über das Geschehene zu schweigen – und sie mußten sich sterilisieren lassen. Kurz nach Pfingsten 1943 wurden die Männer zur Organisation Todt nach Frankreich befohlen. Zwischen August 1943 und 1944 flüchteten Dambrowskis mit den übrigen Ostpreußen über Berlin und Friedland nach Ostfriesland, wo sie seither leben.

Alle übrigen Familienangehörigen und zahlreiche weitere Sinti aus Ostpreußen blieben in Bialystok. Sie starben dort oder wurden nach Auschwitz deportiert. Für den 23. März 1943 wurde dort die Ankunft von 1700 „Zigeunern" aus der Region Bialystok vermerkt. Sie waren mit Flecktyphus infiziert, wurden nicht registriert und wenige Tage später vergast.[56] Es ist ungeklärt, ob es sich bei diesen Menschen um die Sinti aus Ostpreußen und/oder um polnische Roma handelte. Nachweislich aber wurden viele ostpreußische Sinti am 16. April 1944 in Auschwitz eingeliefert.[57]

Zu den wenigen Überlebenden der ostpreußischen Sinti gehörte Amanda F., geb. 1921. Ihre Mutter starb in Bialystok. Sie selbst wurde mit Vater und Schwester von dort nach Brest-Litowsk und anschließend nach Auschwitz verschleppt. Ihr Vater und ihre Schwester mit Kindern wurden dort vergast. Über ihr Leid berichtete sie:

„Ach, wissen Sie was, wenn ich davon alles hör. Gucken Sie, meine Schwester, mein Bruder. Meine Schwester hat zwei kleine Jungs gehabt. Kaum in Auschwitz, in Ofen rein. Mein Vater, meine Mutter, die ist an Typhus gestorben, mir im Arm. Im Arm. Und wenn ich dadran denk, dann seh ich sie immer und ich habe das Gefühl, sie liegt hier drin. Darf ich gar nicht denken. Und was glauben Sie, was wir gearbeitet haben, in Auschwitz.

Sone Steine mußten wir schleppen. Und dann inne Sandkuhle mit Loren. ... Und die mußten wir schieben, zwei Mädchen. Und was haben wir zu essen gekriegt? Wasser mit Steckrübe, roh. Ich war in mehreren Lagern. Und dann zuletzt in einer Munitionsfabrik. Und dann haben wir Spritzen gekriegt. Die Ärzte haben da versucht, an uns Häftlinge, mit Spritzen ... Der Körper war geschwollen nach den Spritzen. Und das nehm ich an, dadurch ist der Krebs bei mir gekommen."[58]

Von Auschwitz kam Amanda F. nach Ravensbrück und von dort nach Woltburg in eine Munitionsfabrik. Als die Amerikaner näherrückten, flüchteten die Wachmannschaften mit den Gefangenen. Dabei gelang Amanda F. mit einer Bekannten die Flucht. Sie lebte dann einige Zeit in Würzburg, bis sie durch den Internationalen Suchdienst ihre wenigen überlebenden Verwandten in Ostfriesland wiederfand.

Zwischen dem 5. und 9. 11. 1941 trafen etwa 5000 Sinti und Roma, die überwiegend aus Deutschland und Österreich stammten, im Getto in Lodz ein. Bei den österreichischen Verfolgten handelte es sich in erster Linie um Roma aus dem Burgenland, die bereits im Konzentrationslager Lackenbach gefangengehalten worden waren. In Lodz lebten sie in einem vom übrigen Getto hermetisch abgegrenzten „Zigeunerviertel", das von November 1941 bis Anfang 1942 existierte. Die Toten wurden auf dem jüdischen Friedhof begraben. Am 12. Januar 1942 traf der letzte Transport aus dem Getto Lodz in Chelmno ein. Die etwa 4000 Sinti und Roma, die noch nicht umgekommen waren, wurden dort in Vergasungswagen ermordet.[59]

Am 16. 12. 1942 erging der „Auschwitzerlaß" Himmlers. Die letzten, etwa noch 10 000 in Deutschland lebenden „Zigeunermischlinge, Rom-Zigeuner, nicht-deutschblütigen Angehörigen zigeunerischer Sippen balkanischer Herkunft ..." wurden in den folgenden Monaten nach Auschwitz verschleppt. Auch die wenigen „reinrassigen" Sinti, die Himmler zwecks Forschung von der Deportation zurückstellen wollte, wurden ebenfalls der Vernichtung ausgeliefert. Hinzu kamen Tausende von Roma aus den besetzten Gebieten.[60]

In Auschwitz erhielten sie Nummern und wurden anschließend in das „Zigeunerfamilienlager" im Konzentrations- und Vernichtungslager Auschwitz-Birkenau eingeliefert. Die Unterbringung Tausender von Sinti in Familienzusammenhängen – die jüdischen Familien hingegen wurden auseinandergerissen – war Bestandteil des von der SS erdachten Lagersystems. Der Neid der anderen Häftlinge ob dieser vermeintlich bevorzugten Behandlung führte zu einer verstärkten Isolierung der Sinti und Roma im Lager, und dies wiederum zu einem größeren Mangel an Lebensmitteln und schlechteren hygienischen Bedingungen als in anderen Lagerabschnitten. Die Mehrheit der Sinti und Roma starb deshalb auch durch Krankheit und Auszehrung. 1944 wies das „Zigeunerlager" die höchste Sterblichkeit im ganzen Lagerkomplex auf.[61] Mit der massen- und familienweisen Unterbringung wurde darüber hinaus das Ziel verfolgt, elementare kulturelle Traditionen der Sinti und Roma dauerhaft zu beschädigen und so die psychische Widerstandsfähigkeit der Menschen zu brechen. Ferner hatte sich gezeigt, daß die Trennung der Familienangehörigen einen reibungslosen Ablauf der Deportationen und des Lageralltags behinderte.

Im Mai 1944 trafen auch die Sintikinder aus der katholischen St. Josephspflege in Mulfingen in Auschwitz ein. Sie waren zunächst von der Deportation zurückgestellt worden, um Eva Justin für ihre Dissertation zur Verfügung zu stehen. Nachdem Justin ihre Studie über „Lebensschicksale artfremd erzogener Zigeunerkinder" abgeschlossen hatte, wurden die Kinder am 6. 5. 1944 nach Auschwitz gebracht, wo die Jungen die Häftlingsnummern Z 9873–9892, die Mädchen die Nummern Z 10629–10647 erhielten. Justin wiederholte in ihrer Dissertation anhand absurder Versuche wie „Leistungskartoffelessen" oder „Igelfangen" gängige NS-wissenschaftliche Postulate wie jenes,

„daß durch Umwelteinflüsse, durch Erziehung und durch Strafen das schon vor der Geburt festgelegte Erbschicksal dieser Menschen nicht geändert werden kann."[62]

Als ihre Arbeit im Herbst 1944 veröffentlicht wurde, waren die Kinder bereits tot.[63]

Im Frühjahr 1944 sollten alle im „Zigeunerlager“ lebenden Menschen vergast werden, doch die SS traf auf Widerstand. Der ehemalige Häftling Tadeusz Joachimowski berichtete über den mißlungenen Vernichtungsversuch:

„15. Mai. In der Kommandantur des KL Auschwitz fällt der Beschluß, am nächsten Tag die Bewohner des Zigeunerfamilienlagers BIIe in Birkenau zu liquidieren: In dem Lager BIIe sind etwa 6000 Männer, Frauen und Kinder untergebracht. Der derzeitige Lagerführer des Abschnitts BIIe, Paul Bonigut, ein Gegner dieser Entscheidung, gibt diese Nachricht heimlich an Zigeuner, denen er vertraut, weiter, damit sie sich nicht lebend ausliefern. 16. Mai. Gegen 19 Uhr wird im Zigeuner-Familienlager BIIe in Birkenau eine Lagersperre verkündet. Vor dem Lager fahren Wagen vor, aus denen mit Maschinengewehren bewaffnete SS Männer aussteigen und das Lager einkreisen. Der Leiter der Aktion gibt den Zigeunern den Befehl, die Unterkunftsbaracken zu verlassen. Da sie vorgewarnt sind, verlassen die mit Messern, Spaten, Brecheisen und Steinen bewaffneten Zigeuner die Baracken nicht. Erstaunt begeben sich die SS Männer zum Leiter der Aktion in die Blockführerstube. Nach einer Beratung wird mit einem Pfiff das Signal gegeben, daß die SS Männer der Begleitmannschaften, die die Baracken umstellt haben, sich von ihren Posten zurückziehen sollen. Die SS Männer verlassen das Lager BIIe. Der erste Versuch, die Zigeuner zu liquidieren, ist gescheitert.“[64]

Wenige Tage später brachte die SS 900 Männer in ein anderes Konzentrationslager. 2200 Menschen wurden ins „Stammlager“ verlegt, und am 1. August 1944 kamen die noch arbeitsfähigen Männer und Frauen in das KL Buchenwald.[65]

Die im „Zigeunerlager“ verbliebenen Menschen wurden in der Nacht vom 2. auf den 3. August 1944 ermordet.

Aus den Aussagen ehemaliger Häftlinge ergab sich folgender Ablauf:

„Nach dem Abendappell wird im KL Auschwitz II Lagersperre und im Zigeuner-Familienlager BIIe Blocksperre angeordnet. Das Lager BIIe sowie einige weitere Wohnbaracken, in denen sich noch Zigeuner befinden, werden von bewaffneten SS Männern umstellt."[66]

Um Widerstand auszuschalten, wurden die Menschen mit Hunden aus den Blöcken gejagt. Sie erhielten eine Ration Brot mit Salami, und ihnen wurde mitgeteilt, daß sie in ein anderes Lager gebracht würden:[67]

„In das Lager fahren Lastwagen ein, mit denen 2897 wehrlose Frauen, Männer und Kinder in die Gaskammern im Krematorium gefahren werden. Nach der Vergasung werden die Leichen der Ermordeten in der Grube neben dem Krematorium verbrannt, denn die Krematoriumsöfen sind zu der Zeit nicht in Betrieb."[68]

Am nächsten Tag, so Miklos Nyiszli, – aus Ungarn deportiert und Arzt im „Sonderkommando" – war statt des Lärms aus dem „Zigeunerlager" nur noch das Klappen und Knarren der Fenster und Türen zu hören. Lediglich ein „Zigeuner" überlebte die Mordaktion, weil er sich im Krankenlager befand.

Sinti und Roma aus Deutschland und den besetzten europäischen Ländern wurden in Auschwitz und in *allen* anderen Konzentrationslagern durch Auszehrung, Zwangsarbeit (u.a. für Siemens, Daimler-Benz, AEG, Heinkel, Messerschmitt, BMW, Volkswagen, IG Farben und deren Zulieferbetriebe)[69], durch medizinische Versuche, Erschießungen, Vergasung und andere Formen der Vernichtung ermordet.

b) Die Verfolgung der Roma in Südosteuropa

Jugoslawien

Der Einmarsch der Wehrmacht in Jugoslawien begann am 6. 4. 1941 mit der Bombardierung Belgrads. Dabei wurde auch das Roma-Viertel in Zemun getroffen, und zahlreiche Menschen fanden den Tod. Nach Ende des Einmarsches am 17. 4. 1941 wurde Jugoslawien unter Deutschland, Ungarn, Italien und Bulgarien aufgeteilt. Kroatien einschließlich Bosnien-Herzegowina wurde zum „Unabhängigen Staat Kroatien", blieb aber de facto von Deutschland und Italien besetzt.

Eine einheitliche Verfolgungspolitik gegenüber Juden und Roma hat es im aufgeteilten Jugoslawien nicht gegeben. Während in Kroatien und im deutschen „Militärgebiet Südost" die Verfolgung bis hin zum Genozid systematisch betrieben wurde, kamen die Verfolgungsmaßnahmen gegen Juden und Roma in den unter bulgarischer oder italienischer Besatzung stehenden Territorien nur zögernd in Gang.[70]

In *Kroatien* wurden zwei Wochen nach der Machtübernahme der Ustascha, der Klerikalfaschisten unter dem „Führer" Ante Pavelic und Innenminister Andrija Arturkovic, dem „Himmler des Balkan", die ersten Gesetze zur Ausgrenzung der Juden und Roma aus der Gesellschaft Kroatiens erlassen. In den an die Nürnberger Gesetze angelehnten Gesetzen über „Staatsbürgerschaft", „Rassenzugehörigkeit" und „den Schutz des arischen Blutes und die Ehre des kroatischen Volkes" wurden Ehen zwischen Kroaten und „Nichtariern", zu denen Juden und „Zigeuner" gerechnet wurden, verboten:

„Als Zigeuner in bezug auf dieses Gesetz gilt diejenige Person, welche ihre Herkunft aus zwei oder mehreren Zigeunergenerationen herleitet . . ."[71]

Analog zur Forschungsstelle Robert Ritters beim „Reichssicherheitshauptamt" in Berlin entstand im kroatischen Innenministerium eine „rassisch-politische Institution", an die sich die Behörden bei ungeklärter Klassifizierung wenden konnten.

Am 3. 7. 1941 erging ein Befehl des Innenministeriums an die untergeordneten Verwaltungsbehörden, Namen, Adressen, Berufe und Lebensweise aller im „Unabhängigen Staat Kroatien" lebenden Roma zu sammeln. Am 19. 5. 1942 erließ die „Ustascha"-Regierung einen Befehl an alle „Kreissicherheitsorgane" und militärischen Einheiten, daß „alle Zigeuner auf dem Gebiet sämtlicher Kreise" festzunehmen seien. Das Vermögen der Roma wurde an arme Leute verteilt oder auf den Märkten verkauft und der Erlös den jeweiligen Gemeinden zur Verfügung gestellt. Die Mehrheit der Roma wurde in das Konzentrationslager Jasenovac deportiert und dort umgebracht.[72]

Das Konzentrations- und Vernichtungslager Jasenovac, benannt nach dem gleichnamigen Ort, war ein ausgedehnter Lagerkomplex am sumpfigen Zusammenfluß von Una und Save. Ein Teil des Lagers befand sich auf dem Gelände des Dorfes Ustice und diente zwischen den Frühjahren 1942 und 1945 als „Zigeunerlager“ (ciganski logor). Zeitweilig gab es in Jasenovac auch ein Krematorium.

Die Häftlinge des „Zigeunerlagers“, wie die aller anderen Lagerkomplexe (in der Abteilung III B, der „Ziegelei“, waren Juden untergebracht), wurden durch Krankheiten, Aushungern, Zwangsarbeit, Massenerschießungen und Prügelstrafen zu Tode gebracht. Zudem war das

„System der gegenseitigen Liquidierung der Häftlinge eingeführt worden. Dies galt für Zigeuner und Juden, die in Gruppen ankamen ...“[73] Aus diesen Gruppen wurden einzelne Roma oder Juden herausgegriffen und unter Vortäuschung von Privilegien und Bewachung dazu gebracht, Opfer der jeweils anderen Gruppe umzubringen.

Doch Jasenovac war nur das berüchtigste Lager in Kroatien. Daneben existierten eine Reihe weiterer Lager (Drnje, Jadovno, Slano, Metajna, Loborgrad, Stara Gradiska) und ein Getto für Juden in Tenje bei Osijek. In der Regel wurden die Verfolgten in Kroatien ermordet, doch einzelne wurden auch in deutsche Vernichtungslager transportiert.

Anders als die Nationalsozialisten führten die Ustascha nicht nur einen Ausrottungskrieg gegen „Fremdrassige“, sondern auch gegen „Nicht-Katholische“, vor allem gegen orthodoxe Serben. Würdenträger der katholischen Kirche bis hinein in den Vatikan waren an diesem Vernichtungsfeldzug aktiv beteiligt.

Nach 1945 gelang vielen Verantwortlichen in Kroatien die Flucht. Andrija Arturkovic, zunächst Innen-, später Justizminister und neben Pavelic einer der Hauptverantwortlichen für den Massenmord, wußte bis 1985 erfolgreich seine Abschiebung aus den Vereinigten Staaten zu verhindern. Einem früheren Bekannten, dem er zu dem Posten eines lokalen Polizeichefs verholfen hatte und der im Zusammenhang mit dem Auslieferungsverfahren als Zeuge aussagte, hatte Arturkovic befohlen:

„Bring alle Serben um, jeden einzelnen. Ebenso Juden und Zigeuner . . .“[74]

Die Zahl der Ermordeten kann nur geschätzt werden, da es beispielsweise über die Häftlinge in Jasenovac nur unvollständige Unterlagen gibt. Die meisten Opfer haben die Serben zu beklagen, gefolgt von Juden, Roma und oppositionellen Kroaten. Die jugoslawische Kommission zur Feststellung von Kriegsverbrechen geht von 500 000–600 000 Ermordeten aus, darunter 20 000 Juden.[75] Die Angaben für alle in Jasenovac ermordeten Roma schwanken zwischen 10 000–30 000.

Serbien wurde unter deutsche Verwaltung gestellt und gehörte zum „Militärgebiet Südost“. Mit der „Verordnung betreffend die Juden und Zigeuner“ des Militärbefehlshabers vom 30. 5. 1941 wurden die Verfolgungsmaßnahmen gegen diese beiden Minoritäten eingeleitet. Sie mußten sich in „Judenregister“ und „Zigeunerlisten“ eintragen lassen, wurden aus dem öffentlichen Dienst, aus öffentlichen Einrichtungen und Plätzen verbannt und zur Zwangsarbeit verpflichtet. Ferner schrieb die Verordnung vor:

„§ 18: Zigeuner werden wie Juden behandelt.

§ 19: Zigeuner ist der, der mindestens drei zigeunerische Großeltern hat. Zigeunermischlinge, die mit Zigeunerinnen verheiratet sind, gelten als Zigeuner.

§ 20: Zigeuner werden gesondert registriert.“[77]

Am 10. 10 1941 ordnete General Böhme, der seit September „Bevollmächtigter kommandierender General“ und damit die höchste politische und militärische Instanz in Serbien war, die Verhaftung aller männlichen Juden an. Die Roma wurden gleich behandelt. Sie wurden in die in Serbien errichteten Konzentrationslager (u. a. Crverni Krst in Niš; Topovske šupe und Banjica in Belgrad; Sajmiste, das im Roma-Viertel von Zemun errichtet worden war; Sabac) oder in deutsche Lager verschleppt, erschossen oder zu Zwangsarbeit nach Deutschland deportiert.

Kompetenzverschiebungen zwischen SS und Wehrmacht, die Übernahme der Partisanenbekämpfung durch die Wehrmacht und deren Verknüpfung mit der Verfolgung von Juden und Roma führten dazu, daß die Vernichtung fast vollständig in den Zuständigkeitsbereich der Wehrmacht fiel.

Nach der Ermordung von deutschen Soldaten bei Topola am 2. 10. 1941 erließ General Böhme zwei Tage später den „Sühnebefehl". Als Vergeltung für Angriffe auf Deutsche und „Volksdeutsche" von seiten der Partisanen seien jeweils 100 männliche Kommunisten, Juden, Nationalisten oder Demokraten zu erschießen. Doch bereits am Abend des 2. 10. 1941 war mit der Tötung von Geiseln begonnen worden. Über die Massenerschießung, die in mehreren Etappen bei Pancevo und auf dem Übungsplatz Avala am Stadtrand von Belgrad vollstreckt wurde, liegen verschiedene Berichte vor. Am 9. 10. 1941 berichtete der Chef der Sicherheitspolizei und des Sicherheitsdienstes:

„Als Vergeltung für die vor einigen Tagen erschossenen 21 deutschen Soldaten werden 2100 Juden und Zigeuner exekutiert. Die Exekution wurde von der Wehrmacht durchgeführt. Aufgabe des Sicherheitsdienstes ist es lediglich, die Geiseln zur Verfügung zu stellen. 805 Juden und Zigeuner kommen aus dem Lager in Sabac; der Rest aus dem Durchgangslager für Juden in Belgrad."[78]

Kurz darauf, zwischen dem 27. und 30. 10. 1941, wurden erneut 2200 Geiseln, Juden und Roma aus dem „Gefangenenlager Belgrad",[79] bei Pancevo als Vergeltung für einen Überfall auf deutsche Soldaten bei Valjevo erschossen.[80] Möglicherweise über eine dieser Hinrichtungen berichtet N., der heute in Köln lebt:

„Als ich neun Monate alt war, ist mein Vater erschossen worden im Apfelweg, das ist 15 km von Pancevo entfernt. Viele Roma sind dort erschossen worden. Sie wurden in einer Reihe aufgestellt und erschossen. Dann sind sie in ein Massengrab geworfen worden, man weiß nicht genau, wo. Dieser Apfelweg ist bekannt, dort sind viele umgekommen. Heute gibt es dort ein Denkmal zur Erinnerung an die vielen Hinrichtungen. Die Namen der Erschossenen sind überliefert."[81]

Am 20. 10. 1941 wurden alle Männer über 16 Jahre aus den Roma-Vierteln Stocni Trg/Niš, Beogradska Mahala, Stabol Kopija, Cajr und Ramdz festgenommen, um ebenfalls für Geiselerschießungen bereitgehalten zu werden. Frauen und Kinder wurden in das Konzentrationslager Sajmiste in Belgrad verschleppt, wo sie im Frühjahr 1942 in einem eigens aus Deutschland gelieferten Vergasungswagen ermordet wurden.

Doch die Wehrmacht richtete auch Massaker unter der Zivilbevölkerung an, die selbst durch den „Sühnebefehl" nicht mehr gedeckt waren. In Kraljevo wurden im Oktober 1941 4000 bis 5000 Menschen getötet. Ebenfalls einige tausend Menschen wurden am 20. und 21. 10. 1941 in Kragujevac ermordet. Unter ihnen befanden sich auch zahlreiche Roma. Überlebende des Massakers berichteten:

„Einige Freiwillige unter Führung von I. R. Zila Zdravkoveca haben sich zur Aufgabe gemacht, alle Zigeuner einzusammeln. Unter den Zigeunern waren vier Greise, welche nicht bewegungsfähig waren. Die Freiwilligen warfen sie wie Säcke auf die Lastwagen."[82]

Ein Rom, der heute in Köln lebt, hat die Massaker von Kragujevac als siebenjähriger Junge miterlebt:

„In Kragujevac sind 700 Roma-Kinder aus einer Schule, aus einem Gymnasium, ermordet worden. Es gab zwei Schulen, aus beiden Schulen wurden die Kinder erschossen ... Ein kleiner Platz in Kragujevac heißt Sumarice. Dort wurden an einem Tag Männer, Frauen und Kinder erschossen, auch Roma."[83]

Bei dem Massenmord in Kragujevac wurden außerdem 200 Roma umgebracht, die sich zur Zeit der Exekution zufällig in der Stadt aufhielten.[84]

Die Verknüpfung von Partisanenbekämpfung und der Ermordung von Juden und Roma beschleunigte den Vernichtungsprozeß erheblich und erreichte ihren Höhepunkt im Herbst 1941 während der Dienstzeit von General Böhme in Serbien.

Noch bevor am 16. 12. 1942 in Deutschland der „Auschwitzerlaß" gegen die Sinti und Roma erging, berichtete der Chef der Militärverwaltung, Staatsrat Harald Turner, seinem neuen Vorgesetzten Löhr am 30. 8. 1942:

„Im Interesse der Befriedung wurde durch deutsche Verwaltung zunächst der Einfluß der Juden auf die Öffentlichkeit und die serbische Verwaltung und Wirtschaftsführung ausgeschaltet und die Judenfrage ebenso wie die Zigeunerfrage völlig liquidiert. (Serbien einziges Land, in dem Judenfrage und Zigeunerfrage gelöst.)“[85]

Rumänien

Die in den zwanziger Jahren gegründete faschistische Organisation „Schwert des Erzengel Michael/Eiserne Garde“, auch „Legionäre“ genannt, gewann in Rumänien zunehmend an politischem und gesellschaftlichem Einfluß, bis sie schließlich Ende der dreißiger Jahre in der Regierung vertreten war. Sie pflegte enge Verbindungen zur SS und machte den biologisch begründeten Antisemitismus, der von Politik und Wissenschaft aufgegriffen wurde, in Rumänien populär.

Unter Regierungschef Ion Gigurtu wurde am 8. 8. 1940 per Erlaß eine „Judendefinition“ veröffentlicht:

„Folgende Personen werden im Sinne dieses Erlasses, der die Bedeutung eines Gesetzes hat, als Juden angesehen: Individuen mosaischer Religionszugehörigkeit, diejenigen, deren Eltern mosaischen Glaubens sind, Christen, deren Eltern mosaischen Glaubens sind und nicht getauft wurden ...“[86]

Zudem wurden alle Menschen, die aus „Mischehen“ stammten, als „Atheisten jüdischen Blutes als Juden im Sinne dieses Erlasses ...“[87] betrachtet. Die Organisation des Staates habe von nun an nach dem „Gesetz des Blutes“ zu erfolgen, hieß es in den Ausführungen zu diesem Erlaß. Ehen zwischen Rumänen und Juden wurden unter Bezug auf die Nürnberger Gesetze von 1935 verboten. Zudem mußten sich alle Menschen mit einem jüdischen Elternteil bis zum 20. 2. 1942 bei der „Judenzentrale“ registrieren lassen.[88] Eine im März und April 1941 mit Unterstützung des deutschen Bevölkerungswissenschaftlers Burgdörfer durchgeführte Volkszählung wies „Juden“ und „Zigeuner“ gesondert aus.[89]

Die praktische Umsetzung der Rassentheorien im täglichen Leben wurde mit der „Rumänisierung“ in die Wege geleitet, ein der „Arisierung“ vergleichbarer Vorgang, der sich in erster Linie gegen Juden richtete und auf ihre Entfernung aus Wirtschaft,

Verwaltung, freien Berufen etc. abzielte. Die auf dem Lande lebenden Juden wurden am 5. 10. 1940, die in der Stadt lebenden im März 1941 enteignet. Ihr Grundbesitz ging an den rumänischen Staat. Betroffen waren aber auch andere Nationalitäten wie Ungarn, Griechen, Armenier, Roma und Ukrainer.

Auch nach der Machtübernahme von Marschall Antonescu und der Entfernung der „Legionäre" aus der Regierung bestand der rassenhygienische Ansatz fort. Am 8. 7. 1941 hielt Antonescu eine Rede, in der er die „Ausmerzung" der nationalen Minderheiten forderte. Die faschistische Zeitung „Eroica" befand, daß die „Zigeunerfrage von gleicher Bedeutung wie die Judenfrage" sei und daß deshalb „die Zigeuner ... aus allen Bereichen des gesellschaftlichen Lebens im Staat beseitigt werden" müßten. Sie empfahl die Einweisung aller vom Reisegewerbe lebenden Roma in ein Arbeitslager.[90]

Bereits vor Beginn der systematischen Deportationen waren etwa 150 000 Juden (und wohl auch Roma) in der nördlichen Bukowina und in Bessarabien während des Krieges mit der Sowjetunion von Sowjets und Rumänen umgebracht oder von Sowjets verschleppt worden, oder sie hatten das Land mit den sowjetischen Truppen verlassen. Zudem war es 1940/41 zu großen Pogromen gegen Juden gekommen (z.B. in Bukarest 1940 und in Iasi 1941). Nach der Niederlage Rumäniens und dem Verlust der Nordbukowina, Bessarabiens und schließlich Nordsiebenbürgens durch den Wiener Schiedsspruch 1940 trat das Land dem Drei-Mächte-Pakt bei.

Nach der Rückeroberung der Bukowina, Bessarabiens und der Eroberung Transnistriens bis hin nach Odessa begannen die systematischen Deportationen. In den folgenden Jahren wurden etwa 160 000 Juden und zwischen 26 000 und 36 000 Roma (1941/42) aus der nördlichen Bukowina und aus Bessarabien nach Transnistrien deportiert und zusammen mit den dort lebenden Juden und Roma in Gettos, Lagern und Konzentrationslagern durch Unterernährung, Krankheiten, Erschießungen, Verbrennung oder Zwangsarbeit getötet.

So wurden auf Anweisung des Präfekten des Departments Golta, Leutnant Modest Isopescu, zwischen dem 21. und

29. 12. 1941 48 000 jüdische Gefangene des Lagers Bogdanovska ermordet; 5000 Menschen wurden lebendig verbrannt und 43 000 erschossen. Genauso erging es 6000 bis 8000 Roma, die ebenfalls auf Isopescus Befehl hin ermordet wurden.[91] Sämtliche (seßhaften) Roma von Buda-Ursari sperrte man 1942 in Nikolaev in ein Lager.[92]

Die Vernichtung der Juden und Roma in dem unter rumänischer Verwaltung stehenden Transnistrien wurde von rumänischen Behörden mit deutscher Hilfe durchgeführt. So wurden Juden der Organisation Todt zur Zwangsarbeit oder den deutschen Dienststellen zur Ermordung durch die SS übergeben.

In den nördlichen und östlichen Landesteilen, der Bukowina, Bessarabien, Transnistrien und in dem nach dem Wiener Schiedsspruch an Ungarn abgetretenen Nordsiebenbürgen wurden Juden und Roma systematisch verfolgt; in Innerrumänien (mit Ausnahme Bukarests) hingegen blieben insbesondere die Juden aus wirtschaftlichen sowie innen- und außenpolitischen Gründen von systematischer Verfolgung verschont, waren jedoch der Enteignung und weiteren diskriminierenden Maßnahmen ausgesetzt; sie verließen zu Zehntausenden das Land. Unter den Roma in Innerrumänien waren es in erster Linie die vom Reisegewerbe lebenden „Kortorara" („Zeltzigeuner"), die zusammengetrieben und nach Transnistrien deportiert wurden.[93]

Wie zur nachträglichen Rechtfertigung der bereits erfolgten Vernichtung der Roma und zur Erinnerung an die vermeintlich noch zu erledigende Aufgabe im Landesinnern lesen sich die 1944 in seinem Buch „Tigani din Romania" unterbreiteten Vorschläge von Ion Chelcea. Ihm zufolge sollten die von ihrer Musik lebenden Roma bis „zu einem gewissen Grad" von der Deportation verschont bleiben, da sie im Dorfleben unersetzlich seien. Demgegenüber aber

„sind die nomadischen Zigeuner nicht zu assimilieren. Und selbst wenn, nur Gott weiß wie, Assimilierung erlangt werden könnte, würde dies die Zusammensetzung des rumänischen Blutes erheblich stören. Deswegen sind wir für die völlige Segregation der nomadischen Zigeuner. Ein Teil von ihnen muß nichtsdestoweniger in einem Naturreservat behalten werden, so daß das Land eine seltene Spezies behält. Der Rest zählt nicht. Sie müssen vom Leben unseres Landes völlig getrennt werden. In unseren Tagen könnten sie irgendwo nach Transnistrien oder jenseits des Bug geschafft werden ... Der Ballast, die Mehrheit der ungehobelten Zigeuner, der in den Dörfern und vor allem in den Städten lebt, wird in einer peripheren Region unseres Landes zu kolonisieren sein, jenseits des Dnjestr, sterilisiert, wenn nötig, sodaß sie sich nicht fortpflanzen und die Qualität in den Herzen unserer Bevölkerung abwürgen können. Vergessen wir nicht, daß der Bastard der minderwertigen Nation ähnelt."[94]

Im Laufe des nach 1945 gegen ihn geführten Prozesses übernahm Antonescu die Verantwortung für die Deportation von 26 000 Roma nach Transnistrien mit folgender Begründung:

„Da Herr Alexeanu Arbeiter in Transnistrien brauchte, habe ich gesagt: Deportiert sie nach Transnistrien; es ist meine Entscheidung."[95]

Die nach Kriegsende vom Volksgerichtshof eingesetzte Kommission zur Untersuchung der Kriegsverbrechen stellte in bezug auf Roma fest:

„Zehntausende von wehrlosen Zigeunern wurden in Transnistrien zusammengetrieben. Über die Hälfte litt an Typhus. Beispiellose Terrorakte wurden von der Gendarmerie verübt; das Leben jedes Zigeuners war bedroht, die Folterungen grausam. Die kommandierenden Offiziere lebten in sexueller Zügellosigkeit mit schönen Zigeunerinnen und unterhielten persönliche Harems. Annähernd 36 000 Zigeuner fielen dem faschistischen Antonescu-Regime zum Opfer."[96]

3. „Die Prüfung der Wiedergutmachungsberechtigung der Zigeuner und Zigeuner-Mischlinge ..." – Sinti und Roma im Schatten des Nationalsozialismus

Nach der Befreiung aus den Konzentrationslagern machten sich die Überlebenden auf die Suche nach ihren Angehörigen. Sie hatten durch die Verfolgung fast immer schwere körperliche und psychische Schäden davongetragen. Die wesentliche soziale Organisationsform der Sinti und Roma, die in den großfamiliären Zusammenhang eingebettete Kleinfamilie, war teilweise oder vollständig zerstört und die über die Generationenkette vermittelte Weitergabe kulturellen Wissens weitgehend unterbrochen worden. Der Versuch vieler Sinti, aber auch von Roma in den ehemaligen besetzten Gebieten, wirtschaftlich wieder auf die Beine zu kommen, mißlang.

In Deutschland lag eine wesentliche Ursache für dieses Scheitern in der personellen Kontinuität und dem Fortwirken tradierter Vorurteile – und der NS-Ideologie – in den Amtsstuben der Länder und der Kommunen. Derselbe Bürgermeister von Gräfenhausen und Eußerthal in der Pfalz beispielsweise, der sich schon aktiv an der Deportation der Sinti beteiligt hatte, schrieb 1952 an den Landrat des Kreises Bad Bergzabern:

„Ich bin strikt dagegen, daß die Zigeuner wieder in Dorfesnähe angesiedelt werden, es würden die gleichen Zustände wie vor 1939 entstehen. Die Bürger meiner Gemeinde müssen hart um ihr Brot kämpfen, und die Zigeuner wollen sich auf Kosten anderer ernähren; da muß man wahrhaft die Humanität ausschalten ... Abschließend möchte ich nochmals betonen, daß ich eine Niederlassung der Zigeuner im Hahnenbachtal und in Dorfesnähe nicht dulde und dies mit allen Mitteln, die mir zur Verfügung stehen, zu verhindern suche.“[97]

Schon 400 Jahre zuvor hat Aventin mit diesem „Schmarotzer“-Klischee operiert; es hat seine Wirksamkeit nie verloren und blieb die gesamte Wiederaufbauphase hindurch bis Ende der siebziger Jahre in deutschen Behörden lebendig. An vielen Orten wurden Sinti in den verkommenen Notquartieren der Flüchtlinge belassen, lange nachdem diese ausgezogen waren; an wieder anderen Orten siedelte man sie gleich am Stadtrand an. So entstanden in zahlreichen Kommunen kleine „Zigeunersiedlungen“. Die Wohnungen, Häuschen oder Hütten lagen am Stadt- oder Ortsrand oder wie in Annweiler-Eußerthal und Gräfenhausen in der Pfalz mitten im Wald. Sie waren viel zu klein, von schlechtester Qualität und völlig unzulänglich (ohne

Strom- oder Wasseranschluß) ausgestattet. Ein Entkommen aus diesen Lebensbedingungen war – wenn überhaupt – nur im Einzelfall und unter Verleugnung der Identität möglich.

Mehr noch als elende Wohnbedingungen aber quälte die Sinti, daß es keine staatliche Anerkennung der an ihnen begangenen Verbrechen gab, daß die Täter nicht zur Verantwortung gezogen wurden und sich Strukturen administrativer Ausgrenzung ungebrochen über 1945 hinaus erhalten konnten. Besonders deutlich wird dies an der Arbeit von Polizei und Wissenschaft nach 1945.

Während der NS-Zeit war beispielsweise Joseph Eichberger in der „Zigeunerleitstelle" im „Reichssicherheitshauptamt" (RSHA) in Berlin zuständig für die Deportation von Sinti und Roma. Nach 1945 wurde er Leiter der „Zigeuner"-Abteilung beim Landeskriminalamt Bayern in München. Von dort war die seit 1899 tätige „Zigeunerpolizeistelle" 1938 ins RSHA nach Berlin umgezogen, doch für die Deportation der Sinti aus Bayern war diese Abteilung weiterhin zuständig geblieben. Nun führte sie ihre Tätigkeit in derselben personellen Besetzung (Hans Eller, Georg Geyer und August Wutz) weiter. Leo Karsten, ebenfalls Mitarbeiter bei der „Zigeunerleitstelle", ging nach Karlsruhe und weitere Mitarbeiter nach Dortmund und Bonn. Sie alle nahmen nicht nur Bestände aus dem während der NS-Zeit angelegten Aktenmaterial über Sinti und Roma in ihre Dienststellen mit, sondern führten die polizeiliche Sonder-(!) Erfassung der überlebenden Sinti und Roma weiter. Gegen einzelne Polizisten eingeleitete Verfahren wurden in der Regel eingestellt, die Verbrechen waren verjährt oder die Täter mittlerweile verstorben.

Die Aufhebung der Gesetze der Weimarer Republik und der NS-Zeit durch die Alliierten hatte der Polizei die Rechtsgrundlage für ein solches Vorgehen entzogen. Durch Einflußnahme im Bayerischen Landtag gelang es den Beamten jedoch, die rechtliche Ausgrenzung der Sinti und Roma wiederaufzunehmen. Mit Zustimmung aller Parteien wurde am 22. 12. 1953 die „Bayerische Landfahrerordnung" erlassen, die an das „Bayerische Gesetz zur Bekämpfung von Zigeunern, Landfahrern und Arbeitsscheuen" von 1926 anknüpfte. Die „Landfahrerordnung" verbot das Reisen. Wer es dennoch praktizieren wollte, brauchte ein befürwortendes Gutachten vom Landeskriminalamt. Als „Landfahrer" galt, „wer aus eingewurzeltem Hang zum Umherziehen oder aus eingewurzelter Abneigung gegen eine Seßhaftmachung" unterwegs war.[98]

Für die in der NS-Zeit ausgebildeten Polizisten und deren Schüler war klar, daß nur „Zigeuner" einen „eingewurzelten", also rassisch bedingten und vermeintlich unveränderlichen Hang zum Umherziehen haben konnten. Der Begriff „Landfahrer" war für die Polizei eindeutig mit der Zugehörigkeit zu Sinti und Roma besetzt.

Für die wenigen Sinti, die überhaupt noch für einige Monate im Jahr auf Reise gingen, bedeutete dies unzählige Schikanen, mit denen ihnen eine Wiederkehr an den Ort verleidet werden sollte. Franz Wirbel erinnerte sich 1981:

„Mit älteren Polizisten ist es weniger schwierig, als mit junden, die frisch gedrillt von der Polizeischule kamen. Wenn in den siebziger Jahren ein Platz, auf dem Sinti-Familien mit ihren Angehörigen standen, von der Polizei umstellt wurde, hatten sie ihre Maschinenpistolen dabei, dressierte Schäferhunde, und dann das hämische Lachen dazu, das war gang und gäbe."[99]

Entsprechend der bis 1970 gültigen „Landfahrerordnung" wurde auch in anderen Bundesländern verfahren. Im Saarland erging 1948 eine „Polizeiverordnung zur Bekämpfung der Zigeunerplage", die bis 1970 gültig war. Ein 1956 in den hessischen Landtag gebrachter Gesetzesentwurf der CDU über eine „Landfahrerordnung" wurde aber mit den Stimmen der SPD wegen Gefahr der Diskriminierung der Betroffenen abgelehnt. Das aus dem Jahr 1929 stammende „Gesetz zur Bekämpfung des Zigeunerunwesens" galt aber bis 1957. Die württembergische „Verfügung des Ministeriums des Innern betreffend das Verbot des Zusammenreisens von Zigeunern in Horden vom 22. 1. 1905" und die badische „Verordnung über das Umherziehen von Zigeunern, Zigeunermischlingen und nach Zigeunerart wandernde Personen vom 11. 1. 39" waren bis Ende 1976 gültig.[100]

Doch auch nach der stillschweigenden Abschaffung der Sondergesetze und Verordnungen der Nachkriegszeit wurde auf anderen Wegen die Sonderbehandlung weiterführt. So fand beispielsweise am 18. 4. 1975 in Frankfurt ein Treffen zwischen Vertretern verschiedener städtischer Ämter, der Schutzpolizei, der Kriminalpolizei, des Polizeipräsidiums Frankfurt und der Polizei- und Ordnungsbehörde statt, in dem Maßnahmen beschlossen wurden, „um den Aufenthalt von Zigeunern im Stadtgebiet Frankfurt am Main in Zukunft unter allen Umständen zu verhindern".[101] In anderen Städten wurden ebenfalls „Strategiepapiere" mit demselben Ziel entworfen.

Wie stark biologistisches Gedankengut aus der NS-Zeit in polizeilichen Kreisen verbreitet war, geht aus den Veröffentlichungen über Sinti und Roma hervor. So schrieb der Kriminal-Obermeister Hans Bodlée, Leiter einer Sonderkommission für „diebische Landfahrer" in Düsseldorf, 1962 folgendes:

„Bei der zur Beobachtung zur Verfügung stehenden Personengruppe handelt es sich um ... Zigeunermischlinge mit Elternteilen deutschblütiger, jüdischer, aber auch kombinierter Zusammensetzung, letztlich also Mischvolk aus drei Blutstämmen, bei denen – biologisch unterstellbar – ein Konzentrat negativer Erbmasse zu verzeichnen sein dürfte (Verschlagenheit, Hinterhältigkeit, Brutalität, Trunksucht, Selbstmordneigung usw.)."[102]

Auch in polizeilichen Lehrbüchern wurden Auffassungen vertreten, die dem selektiven und in der Tradition der Rassenhygiene stehenden Bild der Polizei, nicht aber der Realität entsprachen. Nach Polizeisicht lehnten Sinti und Roma einen „festen Wohnsitz" ab, seien „arbeitsscheu" und hätten „einen Hang zum ungebundenen Wanderleben".[103] Daß die Mehrheit der Sinti seßhaft lebte, wurde ignoriert.

Generell herrschte bei der Polizei eine „Haltung des prinzipiellen Verdachts", derzufolge alle Sinti und Roma als potentielle Straftäter galten. In der polizeilichen Verwaltung implizierte dies die möglichst umfangreiche Erfassung der Sinti und Roma bis hin zur Registrierung des „ZN-Zigeunernamens" oder der KZ-Häftlingsnummer. Bis Ende der siebziger Jahre wurde die „Landfahrerkontrollmeldung" über die Landeskriminalämter an die „Landfahrerzentrale“ in München weitergegeben, die über eine bundesweite „Zigeunerkartei“ verfügte. Zuständig vor Ort für die Erfassung der Daten und weiterer Maßnahmen war ein „Zigeunersachbearbeiter“, zuständig bei den Landeskriminalämtern war die „Landfahrerstelle“. Zur Informationsverteilung wurden Merkblätter zur „Kontrolle der Landfahrer“ und Anweisungen der LKAs in Landes- und Bundeskriminalblättern veröffentlicht. Nach 1981 kam es unter dem Druck öffentlicher Proteste gegen diese Sondererfassung zur Änderung des Sprachgebrauchs. Aus „Landfahrern“ und „Zigeunern“ wurden die „HWAO“ (häufig wechselnder Aufenthaltsort)- und „TWE“(Tageswohnungseinbruch)-Täterkreise. Auch im Verwaltungsweg kam es zu leichten Änderungen. Statt an die „Landfahrerzentrale“ in München wurden die Daten nun über die LKAs an das Bundeskriminalamt weitergeleitet. Dort entstand eine bundesweite KFZ- und Personenkartei, bei den LKAs entstanden „TWE“-Karteien. Informationen wurden über Fernschreiben, Anweisungen und Sonderausgaben des Bundeskriminalblattes distribuiert. Ende der achtziger Jahre kam es erneut zu einigen Veränderungen.

Die auf den prinzipiellen Verdacht zugeschnittene Wahrnehmung der Sinti und Roma hatte in der polizeilichen Alltagsarbeit in der Regel den Einsatz unverhältnismäßiger Mittel zur Folge. So tauchten bis Mitte der neunziger Jahre auf Standplätzen, auf denen sich deutsche Sinti oder ausländische Roma aufhielten, oder auch in den Wohnungen verdächtiger Sinti und Roma ganze Einsatzkommandos auf. Die anschließenden Ermittlungen dienten sowohl der Strafverfolgung einer verdächtigen Person als auch der Überwachung der gesamten Gruppe. So wurden Kinder und das gesamte Umfeld auch dann erkennungsdienstlich behandelt, wenn kein konkreter Verdacht vorlag. Die erkennungsdienstliche Behandlung gilt aber als schwerer Eingriff in die Persönlichkeitsrechte. Ein Polizist berichete gleichwohl:

„Bei der ersten Festnahme, egal wo sie passiert, wird eine ED Behandlung gemacht, um das Kind in die Sammlungen beim BKA/LKA aufzunehmen.“[104]

Wer polizeilich erfaßt worden war, galt als tatverdächtig. Die erkennungsdienstliche Behandlung wird regelmäßig bei ausländischen Roma durchgeführt; aber auch zahlreiche deutsche Sinti und Roma, an einigen Orten sogar alle ansässigen Sinti, sind selbst ohne Vergehen erfaßt worden. Vor allem bei Festnahmen ausländischer Roma-Kinder kommt es zu Verstößen. Die Arbeit eines Kollegen beschrieb ein Polizist folgendermaßen:

„Zum Beispiel hat er letztens den Flur voller Kinder gehabt. Die hat die Streife im Vorfeld kassiert. Und zwar in ganz X. Da waren noch nicht mal Straftaten bekannt. ‚Diese Art der prophylaktischen Sistierung ist viel häufiger als die Festnahme mit Hand und Fuß.' Man hat dann die Kinder über die EDV registriert."[105]

Da bei der Festnahme das Alter und damit die Strafmündigkeit der Kinder oft strittig war, ließ man teilweise auf richterlichen Beschluß Altersgutachten anfertigen. Altersgutachten wurden sowohl von Kindern, die erkennbar jünger als 14 Jahre waren, erstellt als auch – sozusagen prophylaktisch – von Kindern, die bereits gespeichert waren, gegen die aber nichts vorlag. Tatverdacht war also keine Voraussetzung der Röntgenuntersuchungen in der Gerichtsmedizin zur Bestimmung des Alters. Seit 1982 werden diese Altersgutachten beim BKA gesammelt.[106]

Gegenüber deutschen Sinti und Roma und in den vergangenen Jahren insbesondere auch gegen ausländische Roma ergreift die Polizei bis heute sowohl präventive als auch in weitem Umfang repressive Maßnahmen.

Auch die an der Verfolgung der Sinti und Roma beteiligten Wissenschaftler konnten ihre berufliche Karriere fast immer ungehindert fortsetzen, und ihre Thesen blieben bis in die siebziger Jahre unwidersprochen. Als die Rote Armee vorrückte, verteilte Robert Ritter 1943 die Untersuchungsergebnisse seiner Forschungsstelle über ganz Deutschland. 1944 wurde Ritter noch Leiter des Reichsgesundheitsamtes. Im weiteren Verlauf des Jahres zog er in die Nähe von Reutlingen um; Eva Justin begleitete ihn. Am 1. 12. 1947 wurde Ritter von der Stadt Frankfurt zum Leiter der Fürsorgestelle für Gemüts- und Nervenkranke und der Jugendpsychiatrie berufen. Eva Justin, die die Entnazifizierung als „nicht betroffen" überstanden hatte, erhielt am 1. 3. 1948 in seiner Abteilung eine Stelle als „Kriminalpsychologin". Ein gegen Ritter 1948 eingeleitetes Verfahren wegen Beteiligung an der Deportation von Sinti und Roma wurde 1950 eingestellt. Er starb 1951. Ein gegen Justin eingeleitetes Verfahren wegen Freiheitsberaubung im Amt und schwerer Körperverletzung wurde 1960 eingestellt.

Sophie Ehrhardt, die eine Ausbildung bei den führenden Rassenhygienikern des Dritten Reiches, Theodor Mollison und Hans F. K. Günther („Rassengünther"), erhalten hatte, war zwischen 1939 und 1942 in der „Rassenhygienischen Forschungsstelle" als wissenschaftliche Hilfskraft tätig. Anschließend arbeitete sie an der Universität Tübingen. Robert Ritter brachte am dortigen Anthropologischen Institut kurz nach 1945 sein „Anthropologisches Material" unter. Ehrhardt arbeitete mit diesem „Material" weiter und habilitierte sich 1949 mit einer Arbeit über „Morphologisch-genetische Untersuchungen an Hautleistensystemen der Hand". 1958 wurde sie Professorin für Anthropologie in Tübingen. 1969 veröffentlichte sie noch einen Aufsatz über „Zigeunerschädel" und 1974 einen weiteren über „Handfurchen bei Zigeunern". 1980 gab sie die Institutsleitung ab. Der neue Leiter lehnte die Arbeit mit NS-Material ab, worauf Ehrhardt es an die Universität Mainz brachte. Bis heute ist ungeklärt, ob und in welcher Form sie sich daran beteiligt hat, belastende Akten aus der Forschungsstelle beseitigen zu lassen.

1961 eröffnete die Staatsanwaltschaft in Köln Ermittlungsverfahren gegen zahlreiche ehemalige Mitarbeiter des „Reichssicherheitshauptamtes" und der „Rassenhygienischen Forschungsstelle", darunter gegen Sophie Ehrhardt und Adolf Würth. Die Verfahren gegen Ehrhardt und Würth wurden 1963 eingestellt. 1981 erstattete der „Verband deutscher Sinti" Strafanzeige wegen Mordes und Beihilfe zum Mord gegen Ehrhardt und Würth. 1985 wurde auch dieses Verfahren endgültig eingestellt. Ein 1984 gegen Ruth Kellermann eingeleitetes Verfahren wurde 1989 eingestellt. Brigitte Richter, die 1940 in der „Rassenhygienischen Forschungsstelle“ gearbeitet hatte, promovierte 1958 in Göttingen bei dem Professor für Ethnologie Hans Plischke über „Kinderleben bei den australischen Eingeborenen vornehmlich den Kimberleystämmen“. In dem der Dissertation anliegenden Lebenslauf schreibt sie, zwischen 1935 und 1957 als wissenschaftliche Hilfskraft, Fürsorgerin und Kindertherapeutin tätig gewesen zu sein. Später arbeitete Richter in Göttingen als Kinderärztin.

In den deutschen Behörden und in der Wissenschaft der Nachkriegszeit fanden sich zahlreiche Sympathisanten der NS-Theorien. Der bekannteste unter ihnen war der nach 1945 zum „Fachmann“ aufgestiegene Hermann Arnold. Für Arnold war das

„Umherziehen der Zigeuner im Verband der natürlichen Familie oder Sippe ... Ausdruck einer primitiven sammelnden Wirtschaftsweise (Wildbeuter, Finder).“[107]

Er bezeichnete Sinti und Roma als „Nomaden“, deren „soziale Organisation auf sehr bescheidenem Niveau“ stehe und die vom „Sozialprodukt der Bauern“ lebten. Wie die NS-Rassenforscher unterschied er zwischen „Mischlingen“ und „Stammeszigeunern“.

Arnold bemühte sich daher wiederholt um die Rehabilitierung von Ritter und Justin. Sie seien „Kinder ihrer Zeit“ und keine „Schreibtischtäter“ gewesen. Ritters Tätigkeit habe keinen rassistischen, sondern einen „eugenischen“ Charakter gehabt. Darüber hinaus behauptete Arnold:

„Die ‚Zigeunerfrage‘ war für Ritter lediglich Teil einer darwinistisch konzipierten Kriminalpolitik.“[108]

Neben anderen Ungereimtheiten kann Arnolds Interpretation indessen nicht erklären, warum dann alle Sinti und Roma erfaßt werden mußten und warum „Mischlinge“ generell als „kriminell und psychopathisch“ eingestuft wurden. Nicht zuletzt hielt Ritter selbst die „Zigeunerfrage“ auch für eine Rassenfrage.

Nach dem Tod Ritters übernahm Arnold von Eva Justin dessen Nachlaß und führte dessen Tradition fort. Unwidersprochen konnte er 1962 in der „Zeitschrift für Ethnologie“

Ritters rassistischen Erklärungsansatz mit demselben Sprachgebrauch weiterführen. Seine Schlußfolgerung lautete, daß Sinti und Roma „Bastarde" seien, die wie alle „primitiven Menschen" eine Neigung zu „magischem Denken" hätten.[109]

Bis Ende der siebziger Jahre gehörte Arnold dem gelegentlich tagenden „Sachverständigenrat für Zigeunerfragen" beim Bundesministerium für Jugend und Familie an, er war Berater des „Deutschen Vereins für Öffentliche und Private Fürsorge" und der „Caritas" in „Zigeunerfragen". Sein biologistischer Erklärungsansatz blieb in diesen Kreisen viele Jahre unwidersprochen. Die langjährigen Mitarbeiter der „Katholischen Zigeuner- und Nomadenseelsorge" Silvia Sobeck (Köln) und Pfarrer Achim Muth (Hildesheim) äußerten sich entsprechend. Die Sozialarbeiterin Sobeck meinte, daß „Zigeuner" in ihrer „Persönlichkeitsstruktur nicht zwischen dem ‚Ich' und dem ‚Wir'" unterscheiden können und „vom Wesen her wie Kinder konzipiert" seien.[110] Auch Muth unterstellte den Sinti und Roma kollektiv eine „erst beginnende Ich-Entwicklung und Selbsterfahrung", „nicht systematisierte Bewußtseinsinhalte" und „mythisch-magische" Bezüge zur Umwelt.[111] Der rassistische Diskurs wurde, von wenigen Ausnahmen abgesehen, bis in die siebziger Jahre fortgeführt.[112]

Die Sinti blieben eingekreist von alten Tätern und neuen Apologeten bei Polizei, Wissenschaft und Wohlfahrtsverbänden. Ihre Versuche, sich Gehör zu verschaffen, scheiterten, und es wurde ihnen nach 1945 erneut viel Leid zugefügt.

Bei Entscheidungen über die Anträge der Verfolgten auf Entschädigung zogen die Gerichte ehemalige Mitarbeiter der „Zigeunerleitstelle" beim Reichssicherheitshauptamt und der „Rassenhygienischen Forschungsstelle" beim Reichsgesundheitsamt zu Rate. Die nun als Gutachter bestellten Täter leugneten natürlich die entschädigungswürdige Verfolgung der Sinti und Roma aus rassischen Gründen, schützten sich somit vor Strafverfolgung und gaben den Behörden entsprechende Argumentationsmuster an die Hand. Der Innenminister von Baden-Württemberg veröffentlichte am 22. Februar 1950 einen Runderlaß folgenden Inhalts:

„Die Prüfung der Wiedergutmachungsberechtigung der Zigeuner und Zigeuner-Mischlinge (sic!) nach den Vorschriften des Entschädigungsgesetzes hat zu dem Ergebnis geführt, daß der genannte Personenkreis überwiegend nicht aus rassischen Gründen, sondern wegen seiner asozialen und kriminellen Haltung verfolgt und inhaftiert worden ist. Aus diesen Gründen ordnen wir hiermit an, daß Wiedergutmachungsanträge von Zigeunern und Zigeunermischlingen zunächst dem Landesamt für Kriminalerkennungsdienst in Stuttgart zur Überprüfung zugeleitet werden. Das Landesamt Stuttgart wird seine Ermittlungen in Zusammenarbeit mit dem Zentralamt für Kriminalidentifizierung und Polizeistatistik in München (= „Landfahrerzentrale", K. R.) und der Kriminalhauptstelle, Landfahrerzentrale der Landespolizei in Karlsruhe durchführen."[113]

1956 erließ der Bundesgerichtshof ein Urteil, demzufolge „Zigeuner" erst ab dem Jahr 1943, also mit Umsetzung des „Auschwitzerlasses" als Verfolgte aus rassischen Gründen anzusehen seien. Erst 1963 wurde dieses Urteil revidiert. Der Bundesgerichtshof stellte nun eine Verfolgung von Sinti und Roma aus rassischen Gründen seit 1938, also seit dem Erlaß Himmlers über die „Lösung der Zigeunerfrage aus dem Wesen der Rasse heraus", fest. 1963 aber waren viele Antragsberechtigte bereits gestorben, andere mochten sich nicht noch einmal den bürokratischen Mühlen und den Erinnerungen aussetzen oder haben auch nie von der geänderten Rechtsprechung erfahren. Am 31. Dezember 1969 lief die Antragsfrist ab.

Um dieses offensichtliche Unrecht, das vielen Sinti und Roma im Rahmen der Wiedergutmachungsregelung zugefügt wurde, zu lindern, erließ die Bundesregierung 1981 neue Richtlinien zur „Abgeltung von Härten in Einzelfällen für Verfolgte nicht-jüdischer Herkunft". Antragsberechtigt waren aber nur diejenigen, die noch nie einen Wiedergutmachungsantrag gestellt hatten. Solche Sinti und Roma, deren Anträge unter der alten Rechtsprechung abgelehnt worden waren, hatten keinen Anspruch auf die ohnehin geringe Höchstsumme von DM 5000 oder auf eine niedrige Rente.

Durch Klageverfahren, Lobbyarbeit und öffentliche Kundgebungen, beispielsweise vor dem Gebäude des für die Verwaltung des „Wiedergutmachungsdispositionsfonds" zuständigen Regierungspräsidenten in Köln im März 1985, konnte am begangenen Unrecht zwar einiges korrigiert werden. Letztendlich schuf aber auch diese „Regelung", die zur Beseitigung von Härten gedacht war, für Sinti und Roma weiteres Leid.

Auf Initiative des Zentralrats deutscher Sinti und Roma wurde eine Vielzahl von unerledigten oder unter der alten Rechtsprechung abgelehnten Entschädigungsverfahren in den vergangenen Jahren wiederaufgenommen. Durch Verhandlungen mit den Landesentschädigungsämtern erhielten einige hundert Sinti schließlich doch noch – über 40 Jahre nach Ende des Dritten Reiches – Nachzahlungen und/oder laufende Renten.

Obwohl letztlich die Mehrheit der Sinti und Roma in Deutschland eine Form der Entschädigung erhielt, empfanden viele den Umgang mit ihrem Schicksal durch deutsche Behörden als „zweite Verfolgung". Nie entschädigt wurden die überlebenden Roma aus den besetzten Ländern und Satellitenstaaten, die mit einheimischer und deutscher Beteiligung zur Zwangsarbeit und in Konzentrationslager verschleppt wurden und/oder die Massenerschießungen überlebten.

Der rassistische Diskurs über Sinti und Roma, die Verleugnung ihrer Verfolgung und die behördliche Ausgrenzung dauerten bis in die siebziger Jahre an. Langsam führten dann Generationenwechsel und der gesellschaftliche und politische Wandel zu ansatzweisen Verbesserungen in der behördlichen Wahrnehmung von Sinti und Roma. Arnold war nicht länger Berater des Bundesministeriums für Jugend, Familie und Gesundheit, in dessen Zuständigkeit Sinti und Roma auf Bundesebene eher sporadisch fielen. Das Ministerium gab – unter dem Eindruck der erwachenden Bürgerrechtsbewegung – Untersuchungen über Sinti und Roma in der Bundesrepublik in Auftrag, die auch dem kulturellen Aspekt gerecht werden sollten.[114]

Ganz anders sah die Situation der Sinti in der ehemaligen Deutschen Demokratischen Republik (DDR) aus. Nach dem Krieg lebten dort nur noch etwa 300 Sinti, von denen wiederum einige noch während der fünfziger Jahre die ehemalige Ostzone verließen. Anders als die Sorben waren sie nicht als Minderheit anerkannt. Der Druck des sozialistischen Alltags und die Unmöglichkeit, ihre Lebensform frei zu pflegen, geschweige denn sich zu organisieren oder ihre Interessen wahrzunehmen, gefährdete ihre kulturelle Existenz. Der einzige positive Unterschied zur Bundesrepublik lag allerdings darin, daß ab Mitte der sechziger Jahre alle Sinti als Verfolgte des Naziregimes anerkannt waren und Verfolgtenrenten bezogen. In der Öffentlichkeit und in den offiziellen Gedenkstätten der ehemaligen DDR war der an ihnen begangene Völkermord jedoch kein Thema. Erst in der zweiten Hälfte der achtziger Jahre konnte der Schriftsteller und langjährige Helfer der Sinti in der ehemaligen DDR, Reimar Gilsenbach, gegen alle Widrigkeiten und mit Unterstützung des Pfarrers der evangelischen Kirche Berlin-Marzahn den ab 1936 in Marzahn inhaftierten und 1943 schließlich nach Auschwitz deportierten Berliner Sinti einen Gedenkstein setzen.[115]

4. „... daß wir ein Volk sind." – Die Bürgerrechtsbewegung der deutschen Sinti und Roma

Seit der Staat Ende des 15. Jahrhunderts die Definitionsmacht über Sinti und Roma an sich gezogen und die jeweilige Politik gegen diese Minderheit bis zum Genozid während der NS-Zeit institutionalisiert hatte, standen die „Zigeuner" ohne Lobby da. Diese Situation setzte sich auch nach 1945 fort, als Sinti und Roma mit dem durch die Verfolgung verursachten Leid, mit der Verarmung und der neuerlichen Ausgrenzung aus der auf Schuldverdrängung und wirtschaftlichen Aufstieg orientierten bundesdeutschen Gesellschaft allein gelassen wurden.

Dabei unternahmen Sinti und Roma bereits in den fünfziger Jahren erste Versuche, ihre Interessen zu artikulieren. 1956 gründeten Oskar und Vinzenz Rose den „Verband rassisch Verfolgter nicht-jüdischen Glaubens". Ihr Hauptanliegen war die Entschädigung der Überlebenden der NS-Verfolgung. Doch auch der Abbau alltäglicher Diskriminierung und die schulische, berufliche und siedlungsgeographische Integration gehörten zu den Zielen des Verbandes. 1971 konstituierte sich das „Zentralkomitee der Sinti Westdeutschlands" unter Vinzenz Rose. Nachdem 1972 in Heidelberg der Sinto Anton Lehmann von einem Polizisten erschossen worden war, nahmen zahlreiche Sinti an einer Demonstration teil. Im Anschluß daran konstituierte sich das „Zentralkomitee" als „Verband deutscher Sinti" neu. Sein Tätigkeitsfeld blieb im wesentlichen dasselbe. 1974 ließ Vinzenz Rose aus privaten Mitteln und unter den damaligen schwierigen Umständen ein Mahnmal zur Erinnerung an die ermordeten Sinti und Roma in Auschwitz-Birkenau errichten. Damals entwickelte sich auch eine Zusammenarbeit zwischen dem Verband und der katholischen „Zigeuner- und Nomadenseelsorge".

Während bei den deutschen Sinti das Unrecht im Rahmen der Wiedergutmachung in erster Linie ursächlich für die Verbandsgründung war, standen bei den wenigen damals in Deutschland lebenden Roma die ungeklärte Staatsangehörigkeit und der unsichere Aufenthaltsstatus im Vordergrund. Unter den in den fünfziger Jahren aus Polen eingewanderten Roma stellte sich um 1959 ein Angehöriger der Familie Kwiek als Sprecher vor. Er entstammte derselben Kalderash-Familie, die bereits in den dreißiger Jahren in Polen die „Zigeunerkönige" stellten. Mittels dieser Einrichtung, die nur unter den Kalderash-Roma bestand, sollte das Verhältnis zwischen diesen Roma und staatlichen Behörden geregelt werden. Jener griff nun auf diese alte Tradition zurück, um auf die Probleme der jetzt in Deutschland lebenden Roma aufmerksam zu machen. Doch im bundesdeutschen Kontext erwies sich dieser Entschluß als abträglich, wurde doch das Königtum von der Presse, aber auch von manchen Roma ins Operettenhafte übersteigert. In Hamburg entstand 1968 eine „Internationale Zigeunerrechtskommission" unter Rudolf Karway, die ebenfalls für Roma mit ungeklärtem Aufenthaltsstatus tätig war.

Den Durchbruch erzielten die Sinti und Roma jedoch erst, als die Öffentlichkeit für Bürger- und Minderheitenfragen empfänglicher geworden war und sie die Unterstützung der damals ebenfalls noch kleinen Gesellschaft für bedrohte Völker, einer Menschenrechtsorganisation für ethnische Minderheiten, erhielten. Durch eine Reihe von gemeinsamen und vom Verband deutscher Sinti selbst durchgeführten Aktionen, bahnbrechende Publikationen[116] und eine intensive Öffentlichkeitsarbeit gelang es in kurzer Zeit, das jahrzehntelang verdrängte Schicksal der Sinti und Roma in Deutschland ins öffentliche Bewußtsein zu rücken.

Den Anfängen dieser Emanzipationsbestrebungen wurden vor allem von zwei Seiten Widerstände in den Weg gelegt, die vorgaben, ein Interesse an den Sinti zu haben. Zum einen von der katholischen Kirche und ihrer „Zigeuner- und Nomadenseelsorge", die von einigen Sinti unterstützt wurde. Zwar hatten die Mitarbeiter der „Zigeuner- und Nomadenseelsorge" einzelnen Sinti geholfen, doch sie hatten auch mit ihrer unkritischen Haltung gegenüber Arnold und den NS-Forschern und mit ihrer paternalistischen Arbeitsstruktur jegliche Emanzipation und Selbstvertretung von Sinti unterdrückt. Nun befürchteten sie, durch die Selbstorganisation der Sinti ihre Klientel zu verlieren.

Zum anderen wurden der Verband deutscher Sinti und die ihn unterstützende Gesellschaft für bedrohte Völker von dem an der Universität Gießen angebundenen Projekt „Tsiganologie" heftig bekämpft. So behauptete der Ethnologe Bernhard Streck, daß es während des Nationalsozialismus „kein eigenständiges" Genozidprogramm an „Zigeunern" gegeben habe. Diese seien „gleichsam dazwischengeschoben (worden), aber nicht, weil sie Zigeuner waren, sondern aus hygienischen oder lagertechnischen Gründen." Auschwitz sei nicht „Kernstück eines genocidalen Programms" gewesen. Erst das Jahr 1942 habe die „rassistische Wende der bis dato wesentlich kriminalpräventiven Zigeunerpolitik" gebracht.[117] Streck leugnete – wie zuvor Arnold und Döring – trotz der damals bekannten diesbezüglichen Erkenntnisse die früheren Etappen der rassisch begründeten Verfolgung und Vernichtung. Selbst der Bundesgerichtshof hatte sich ja 1963 genötigt gesehen, seine Rechtsprechung dahingehend zu ändern, daß die Verfolgung ab 1938 als rassische einzustufen sei.

Für die Sinti waren die Thesen Strecks die „alte Ideologie" der „neuen Generation".[118] Sie, die ja vor allem mit der Forderung nach Anerkennung des Völkermords und nach Entschädigung an die Öffentlichkeit getreten waren, sahen in den Streckschen Thesen Argumentationshilfen für Ideologen im rechten Lager.

Der Gesellschaft für bedrohte Völker warf Streck vor, sie betreibe „Verstaatlichung nichtstaatlicher Gesellschaften" und „Eingriffe in die Autonomie des Subjektes". Die Sinti hätten „die Folgen des GfbV Aktionismus" zu tragen.[119] Das hatten sie zweifelsohne, allerdings nicht im Sinne von Streck, der wie andere Mitarbeiter des Projektes schon bald in der „Zigeunerszene" keine nennenswerte Rolle mehr spielte. Vielmehr gründeten die Sinti zwischen Ende der siebziger und Anfang der achtziger Jahre zahlreiche unabhängige Ortsverbände und/oder Landesverbände des Verbandes deutscher Sinti. Die noch 1979 eingeforderte Einsicht, „daß wir ein Volk sind"[120], setzte sich durch. Der in der Anfangszeit gelegentlich erhobene Einwand, ein Familienverband zu sein, verstummte zunehmend. Der Verband deutscher Sinti hatte sich zur politischen Interessenvertretung entwickelt. 1982 schlossen sich die Landesverbände und unabhängigen Ortsverbände im Dachverband Zentralrat deutscher Sinti und Roma mit Sitz in Heidelberg zusammen, der seither als Institution vom Bundesministerium für Jugend, Frauen und Familie finanziert wird. Die Landesverbände werden als Projekte der Landesministerien gefördert.

Zu den wichtigsten Etappen auf dem Weg zur politischen Anerkennung gehörten ein Empfang beim damaligen Bundespräsidenten Karl Carstens und bei Bundeskanzler Helmut Schmidt 1982, der ausdrücklich die Verfolgung aus rassischen Gründen anerkannte und diese Verbrechen als Völkermord bezeichnete. Der damalige Oppositionsführer Helmut Kohl schloß sich anläßlich eines Gesprächs 1982 ebenfalls dieser Einschätzung an. Die von der SPD/FDP-Koalition 1982 und von den GRÜNEN im Dezember 1984 eingebrachten großen Anfragen insbesondere zur Sozial- und Ausbildungssituation, zur Wiedergutmachung und zur Sondererfassung der Sinti und Roma in Deutschland wurden dann allerdings nur unbefriedigend von der CDU/CSU- und FDP-Regierung beantwortet. Mit der Bundestagsdebatte am 7. 11. 1985, der noch ein Empfang beim damaligen Bundespräsidenten Richard von Weizsäcker voranging, erreichten die Bemühungen um politische Anerkennung einen Höhepunkt.

Auch mit den beiden großen Kirchen, die jahrzehntelang zum Völkermord an Sinti und Roma geschwiegen hatten, ist ein – von beiden Seiten – schwieriger Dialog in Gang gekommen. So war der Zentralrat deutscher Sinti und Roma nach anfänglichen Kämpfen von 1979 bis einschließlich 1991 auf allen Deutschen Evangelischen Kirchentagen mit großem Stand und Großveranstaltung vertreten. Es gab Gespräche mit diversen Landesbischöfen. Evangelische Akademien und das Diakonische Werk nahmen sich der Sinti und Roma an. 1981 richteten die Evangelischen Kirchen Deutschlands (EKD) einen Gesprächskreis zu Sinti und Roma ein, aus dem später eine der EKD direkt zugeordnete Kommission wurde. Auf Grund der personellen Zusammensetzung lehnte der Zentralrat deutscher Sinti und Roma die Mitarbeit jedoch ab. Die Ergebnisse der Arbeit der Kommission und der Auseinandersetzung der Evangelischen Kirche mit der Geschichte der Sinti und Roma wurden in der 1991 veröffentlichten Studie „Sinti und Roma" niedergelegt.[121]

Während es bis Ende der siebziger Jahre praktisch gar kein Verhältnis zwischen Evangelischer Kirche und den Sinti gab, galt es bei der Katholischen Kirche, tradierte Denk- und paternalistische Betreuungsstrukturen, die insbesondere durch die „Zigeuner- und Nomadenseelsorge" mit Sitz in Köln verkörpert wurden, zu durchbrechen. Nach heftigen Auseinandersetzungen mit der „Seelsorge" und Gesprächen mit Kardinälen, dem Präsidenten, Diözesan- und Ortsverbänden des deutschen

Caritas-Verbandes und mit der katholischen Bischofskonferenz Anfang der achtziger Jahre begann auch in dieser Institution ein Umdenken. 1986 erhielt der Zentralrat deutscher Sinti und Roma eine Privataudienz beim Papst.[122]

Auch zu jüdischen Persönlichkeiten und zum Zentralrat der Juden baute der Zentralrat deutscher Sinti und Roma Beziehungen auf. Während zahlreiche andere jüdische Persönlichkeiten die Verfolgung der Sinti und Roma als Bestandteil des Holocaust sehen, betrachtet der Zentralrat der Juden unter dem ehemaligen Vorsitzenden Heinz Galinski und seinem jetzigen Vorsitzenden Ignatz Bubis den Holocaust als ein jüdisches Schicksal, erkennt aber gleichzeitig die Verfolgung der Sinti und Roma an. Diese Ambivalenz setzte sich in der Diskussion um ein Holocaust-Denkmal in Berlin fort. Bubis lehnte eine Einbeziehung der Sinti in das geplante Denkmal ab, sprach sich aber gleichzeitig für die Errichtung eines den Sinti und Roma gewidmeten Denkmals aus. Darüber hinaus unterstützte der Zentralrat der Juden den Zentralrat deutscher Sinti und Roma bei anderen wichtigen Themen wie der fortdauernden Diskriminierung in den Medien.

Derzeitige Schwerpunkte der Arbeit des Zentralrates sind auch weiterhin die Aufklärung über die Verbrechen des Nationalsozialismus und die Strafverfolgung noch lebender Täter, die Durchsetzung von Entschädigungszahlungen für die noch lebenden Verfolgten, Unterstützung vom Familien bei sozialen Belangen und im Umgang mit Behörden, Kampf gegen Diskriminierung, insbesondere in den Medien, und gegen polizeiliche Übergriffe auf deutsche Sinti.

Seit der deutschen Wende wurde darüber hinaus die Forderung nach Anerkennung der Sinti und Roma als „deutsche Volksgruppe“ in den Vordergrund der politischen Arbeit des Zentralrats deutscher Sinti und Roma gerückt. Später wurde dieser Begriff, der die jahrhundertelange Zugehörigkeit zum deutschen Kultur- und Sprachraum unterstreichen sollte, aber eine deutliche Abgrenzung zu den Roma aus Ost- und Südosteuropa schuf, zugunsten des weniger „tümelnden“ und juristisch präziseren Begriffs der „ethnischen“ bzw. „nationalen

Minderheit“ aufgegeben. Dabei strebt der Zentralrat die Anerkennung im Rahmen allgemeiner nationaler und internationaler Minderheitenrechtsabkommen an. In der neuen gesamtdeutschen Verfassung sollte für die alteingesessenen Minderheiten der Sorben, Dänen, Sinti und Roma ein Minderheitenschutz verankert werden. Ein solcher Minderheitenschutz ist für die Dänen in der Landesverfassung von Schleswig-Holstein und für die Sorben in den Verfassungen von Brandenburg und Sachsen niedergelegt. Auf Bundesebene scheiterte trotz zahlreicher Befürworter dieses Vorhaben. Ein expliziter Minderheitenschutz wurde nicht verankert. Die Mehrheit der Verfassungskommission hielt das allgemeine Diskriminierungsverbot aus rassischen, religiösen oder anderen Gründen für ausreichend. Von seiten des Verbandes wurde dies als „Politik der Verweigerung und Ausgrenzung“[123] bewertet.

Seit 1987 ist dem Zentralrat deutscher Sinti und Roma ein Kultur- und Dokumentationszentrum angegliedert. Es wird seit 1989 ebenfalls vom Ministerium für Jugend, Frauen und Familie gefördert. Seine Aufgabe liegt vorwiegend im bildungspolitischen Bereich für Sinti und Nicht-Sinti, es soll über Geschichte und Kultur mit Ausstellungen, Tagungen, Publikationen etc. informieren.[124]

Vor allem im Rahmen dieses Zentrums und einiger Landesverbände ist eine jüngere Generation nachgewachsen, die mit den Auswirkungen der Verfolgung ihrer Eltern und der alltäglichen Diskriminierung groß geworden sind und die diese spezifische Lebensrealität auch vermitteln können.

Die Leistung des Zentralrates (und seiner frühen Bündnispartner) lag darin, der interessierten Öffentlichkeit ein anderes, bisher wenig bekanntes Bild vom Leben der Sinti vermittelt und bis zu einem gewissen Grad die jahrhundertelange Definitionsmacht des Staates über Sinti und Roma durchbrochen zu haben. Es ist dem Zentralrat auch gelungen, in weiten Kreisen Solidarität für die Anliegen dieser Minderheit herzustellen. Nur teilweise überzeugend war der Verband jedoch, sich selbst als zuverlässiger Partner bei politischen Aufgaben zu präsentieren.

So wurden zahlreiche frühere Bündnispartner dem Verband durch den Mangel einer von Sachlichkeit gekennzeichneten langfristigen Bündnispolitik entfremdet. Darüber hinaus wurde der Rückzug aus der jahrelangen öffentlichen Diskussion um Roma aus Südosteuropa seit Mitte der achtziger Jahre von Gesprächspartnern in Politik, Kirche und anderen gesellschaftlichen Gruppen kritisiert. Zwar haben sich nicht alle im Zentralrat zusammengeschlossenen Sinti an diesen Kurs gehalten, doch wurde er offiziell nicht korrigiert. Der Zentralrat empfahl das ohnehin gängige Verfahren, nämlich über Anliegen der Roma im Rahmen der Einzelfallprüfungen des Asylrechts zu entscheiden. Die Forderung nach einer aus der historischen Verpflichtung erwachsenden politischen Regelung, die er für die Sinti geltend machte, wurde in bezug auf die Roma nicht erhoben. So steht der Zentralrat deutscher Sinti und Roma mit seinen zahlreichen Landesverbänden, die wohl die einzigen derart institutionalisierten Verbände in Europa sind, sowohl im bundespolitischen als auch im internationalen Spektrum sehr viel schwächer da, als es den Anliegen der Sinti und Roma angemessen wäre.

Seit Mitte der achtziger Jahre begannen sich die Roma außerhalb des Zentralrates und wegen dessen zunehmender Einengung seines Tätigkeitsfeldes auf die deutschen Sinti selbst zu organisieren. Zu nennen sind hier auf Grund ihrer kontinuierlichen Arbeit insbesondere die Rom Union Frankfurt, der Rom e.V. in Köln und die Rom und Cinti Union Roma National Congress in Hamburg. Sie alle arbeiten in erster Linie mit den Roma-Flüchtlingen. In der Regel arbeiten deutsche, staatenlose oder eingebürgerte Roma, die vor Jahrzehnten als „Gastarbeiter“ nach Deutschland gekommen sind, in den Verbänden mit betroffenen Roma aus dem ehemaligen Jugoslawien und einigen Deutschen zusammen. Ihr wesentliches Aufgabengebiet sahen sie in politischen Regelungen für Roma, in der Motivation der Roma zur Selbstvertretung ihrer Anliegen und in der Aufklärung über deren Lebensbedingungen. Über Verhandlungslösungen oder mit öffentlichkeitswirksamen und zum Teil heftigen Aktionen versuchten sie Abschiebungen in das ehemalige Jugoslawien (Serbien und Mazedonien) zu verhindern. Durchsetzen konnten sie ein Aufenthaltsrecht für eine begrenzte Anzahl Roma. 1993 unternahmen diese drei Roma-Verbände und der Verband deutscher Sinti in Schleswig-Holstein, der auch Mitgliedsverband des Zentralrats deutscher Sinti und Roma ist, einen Versuch der Einigung und der langfristigen Koordinierung ihres Vorgehens in der „Ständigen Konferenz der Roma-Verbände". Bis heute treffen sich die Verbände unter wechselndem Vorsitz regelmäßig. Der Rom e.V. hat einige Publikationen zur Geschichte der Sinti und Roma in und um Köln veröffentlicht und gibt seit zwei Jahren auf deutsch und Romanes die Zeitschrift „Yekh Chib" heraus, die Rom und Cinti Union/Roma National Congress versendet in unregelmäßigen Abständen ein englischsprachiges Mitteilungsblatt mit romaspezifischen Meldungen.

5. „... in den Wohnblocks von Baia Mare verschwinden." – Migration und Flucht von Roma aus Südosteuropa

Zuwanderungen und Flucht von Sinti und Roma aus ost- und insbesondere aus südosteuropäischen Ländern nach Deutschland und in andere westeuropäische Länder erfolgen seit dem 15. Jahrhundert. Während aus historischen Berichten die spezifische Gruppenzugehörigkeit oder Nationalität oft nicht eindeutig hervorgeht, läßt sich auf Grund der neuzeitlichen Verwaltungsstrukturen und der Reglementierung der „Zigeunerpolitik" für die Zeit ab Mitte des 19. Jahrhunderts die Zuwanderung ausländischer Roma deutlicher abgrenzen. Etwa seit dieser Zeit wurde die Zuwanderung oder Flucht von Romagruppen aus Bosnien, Bulgarien, Ungarn, Rumänien, der Slowakei und Polen registriert. Über ihre Fluchtmotive ist bisher nur wenig bekannt. Doch es kann angenommen werden, daß es verschiedene Ursachen gab: Kriege (russisch-türkischer Krieg 1877/78 und die Balkankriege 1912/13); Menschenrechtsverletzungen und Diskriminierungen von Roma, Aufhebung der Sklaverei in den altrumänischen Fürstentümern Moldau und Walachei 1855/56;[125] wirtschaftliche Gründe (Anwerbung von ‚Fremdarbeitern' aus Polen); kulturelle Gründe (damals lebten noch mehr Roma vom Reisegewerbe: Kesselflicker aus der Slowakei, Bärenführer aus Bosnien). Die Zahl der ausländischen Roma war vergleichsweise gering. Für sie galt generell die Ausweisung, doch gelang es einer Reihe Familien aus Ungarn, ihren Aufenthalt in Deutschland dauerhaft zu legalisieren. Viele deutsche Roma führen ihre Herkunft auf diese um die Jahrhundertwende eingewanderten Romungri zurück.

Mit Beginn des Ersten Weltkrieges nahm die Zahl der ausländischen Roma ab; gleichwohl gelang einigen ausländischen Roma bis in die zweite Hälfte der dreißiger Jahre die Einreise. Erst nach Ende des Zweiten Weltkrieges wanderten wieder verstärkt Roma nach Deutschland ein. Dies waren Anfang der fünfziger Jahre nur Roma aus Polen. Sie zogen zu Verwandten, die hier bereits im Ruhrgebiet lebten. Roma wurden aber auch zwangsweise aus Polen abgeschoben, indem sie an die Transporte deutscher Aussiedler angehängt wurden. Auch diese Roma leben heute überwiegend im Ruhrgebiet, in anderen Teilen Nordrhein-Westfalens und in Berlin.

Die aktuelle Migrations- und Fluchtbewegung wird in erster Linie von Roma aus dem ehemaligen Jugoslawien, aus Rumänien und Bulgarien getragen. Am Beispiel des ehemaligen Jugoslawien und am Beispiel Rumäniens soll auf die Ursachen dieser Zuwanderungsbewegung in den „Wendeländern" eingegangen werden.

a) Jugoslawien

In den siebziger Jahren zogen viele Roma aus dem ehemaligen Jugoslawien im Zuge der Anwerbung von „Gastarbeitern" nach Deutschland und Österreich. Sie stammten insbesondere aus Mazedonien und Serbien, zum kleinen Teil auch aus Bosnien, und gehörten unterschiedlichen Gruppen der Roma an. Hier arbeiten sie überwiegend als Arbeiter und Angestellte in Firmen und Fabriken, als Gewerbetreibende oder als Gastwirte; die Frauen sind beispielsweise als Putzfrauen oder als Arbeiterinnen in Firmen und Fabriken oder als Krankenschwestern beschäftigt. Zehntausende von Roma aus dem ehemaligen Jugoslawien leben heute in zweiter und dritter Generation (unerkannt) als Arbeitsmigranten in Italien, Deutschland, Belgien und anderen westeuropäischen Ländern.

Die Abwanderung von Roma aus dem ehemaligen Jugoslawien verlief jedoch nicht nur in geregelten Bahnen. Seit den siebziger Jahren trafen auch verstärkt Roma ein, die heute unter dem Begriff „heimatlos" oder „de facto staatenlos" subsumiert werden. Zwar verfügten einzelne noch über jugoslawische Pässe oder Geburtsurkunden, doch hatten sie Jugoslawien schon Jahre zuvor verlassen. Zunächst lebten sie für einige Monate des Jahres vom grenzüberschreitenden Handel zwischen Italien, Österreich und Jugoslawien (Kleidung, Uhren, Kaffee etc.); danach ließen sich einzelne Familien ganz in Italien nieder; als zunehmend mehr Familien nachzogen und die Konkurrenz und behördlicher Druck zunahmen, wichen einzelne Familien nach Frankreich, schließlich nach Belgien, in die Bundesrepublik und die Niederlande aus. Hier lebten sie zum Teil unter schlimmen Lebensumständen an Müllkippen der Großstädte und ständig von Abschiebung bedroht. Die Kinder waren in verschiedenen westeuropäischen Ländern geboren und verfügten günstigstenfalls über eine Geburtsurkunde. Sie kamen in Gruppen zwischen 50 und 200 Personen in kaputten Autos mit oder ohne Anhänger.[126] Bekannt wurden die Grenzzwischenfälle an der niederländisch-deutschen Grenze, als sich beide Länder 1977 eine Gruppe von Roma gegenseitig zuschoben. 1979 strandete eine Gruppe von Roma in Darmstadt; 1980 trafen etwa 90 Roma, darunter 50 Kinder, in Bonn ein; im Herbst 1986 kamen etwa 200–300 Roma nach Köln. Zum Teil wurden sie in Notquartieren untergebracht, zum Teil ließ man sie wochenlang, wie in Köln, ohne Minimalversorgung am Stadtrand ausharren, um sie so zur Weiterreise zu nötigen. Nur in Köln konnten die widerstreitenden Interessen – Suche nach Bleiberecht auf seiten der Roma und Politik der Vertreibung auf seiten der Stadt – zugunsten der

Roma gelöst werden. Doch dies gelang nur durch einen jahrelangen Kampf von Unterstützergruppen und einen bis weit in das evangelische und katholische bürgerliche Spektrum reichenden Kreis an engagierten Sympathisanten.

Seit Mitte der achtziger Jahre ist ein Zuzug von Roma direkt aus Jugoslawien zu verzeichnen; sie stellten Anträge auf Asyl, nach deren fast regelmäßiger Ablehnung sie abgeschoben wurden. Auf Grund des damals noch gültigen humaneren Ausländergesetzes oder auf Grund von politisch-humanitären Entscheidungen der Kommunen konnte eine Reihe von Familien dennoch ihren Aufenthalt in Deutschland dauerhaft legalisieren.

Die Ursachen für die Abwanderung von Roma aus dem ehemaligen Jugoslawien reichten von wirtschaftlicher Verelendung über Diskriminierung bis zu schweren Menschenrechtsverletzungen. Bei der Mehrheit der Antragsteller sind diese Aspekte eng miteinander verknüpft. Diese Situation hat sich historisch entwickelt, doch angesichts der von Deutschen und kollaborierenden Serben, Kroaten und zum Teil Bulgaren begangenen Verbrechen während des Zweiten Weltkriegs trägt auch der deutsche Staat eine Mitverantwortung. Über den Zusammenhang zwischen Verfolgung und wirtschaftlicher Verelendung berichtet Frau S., die heute in Köln lebt:

„Ich bin in Petrovac na Mlavi/Serbien geboren. Wir arbeiteten als Kupferschmiede und konnten uns von dieser Arbeit gut ernähren. Ich war damals 17 Jahre alt, als die Faschisten unser Dorf stürmten. Das ganz Dorf geriet in Panik. Meine fünf Onkel mit Frauen und Kindern wurden brutal erschossen und in den Fluß Sagobiza geworfen. Der Sohn meines Bruders wurde bis zum Hals in Sand vergraben. Drei Tage lang mußte er diese Quälerei aushalten, bis ihm dann der Kopf abgeschlagen wurde. In dem Dorf, wo wir lebten, wohnten drei Romafamilien. Insgesamt wurden 18 Roma brutal ermordet. Außer meinem Mann, meinem Schwiegervater und mir. Wir hatten großes Glück. Bei all dieser Panik fanden wir eine Möglichkeit zu fliehen. Wir flüchteten nach Sofia/Bulgarien. Dort sind wir bettelnd von Dorf zu Dorf gegangen. Wir hörten in Bulgarien von Flüchtlingen dann die Nachricht, daß alle Zigeuner im Dorf Rinaglava ermordet wurden. Bis 1945 hielten wir uns in Bulgarien auf. Als Tito-Partisanen Pirot aus bulgarischer Besetzung befreiten, zogen wir mit den Partisanen nach Niš. In unserem Dorf war alles vernichtet, unsere Familienmitglieder waren alle umgebracht worden, unser Hab und Gut war zerstört, selbst unser Werkzeug war nicht mehr da, weil es für die Munition verbraucht worden war. Es blieb uns nichts anderes übrig, als weiterzuwandern und zu betteln. Und dieses Leben führe ich bis zum heutigen Tage."[127]

Die verfolgungsbedingte Verelendung wurde durch tiefgreifende wirtschaftliche Veränderungen in Jugoslawien verschärft. Der Wandel von einer überwiegend agrarischen Gesellschaft, in der Roma mit ihren Handwerken benötigt wurden, zu einer zunehmend von industrieller Produktion bestimmten Gesellschaft, entzog ab den fünfziger Jahren zahlreichen Familien die herkömmlichen Lebensgrundlagen.

Die politischen Entwicklungen in Jugoslawien nach 1945 konnten die benachteiligte Situation und Verelendung der Roma nicht ausgleichen. Es wurden zwar zahlreiche Roma für ihre Tätigkeiten bei den Partisanen geehrt, und es wurde der ermordeten Roma genauso gedacht wie der (von Kroaten ermordeten) Serben und der von Deutschen und Serben ermordeten Juden; doch in der neuen Gesellschaftsordnung blieben Roma kollektiv benachteiligt. Anders als bei den staatstragenden Nationen (Slowenen, Kroaten, Serben, Montenegriner, Mazedonen und ab 1974 Muslime) oder bei den Nationalitäten (Albaner, Bulgaren, Tschechen, Slowaken, Ukrainer, Ungarn, Italiener, Rumänen, Ruthenen, Türken) blieb der Rechtsstatus der Roma trotz zahlreicher Verfassungsreformen in den Bundes- und den Republiksverfassungen im wesentlichen ungeklärt. In den Verfassungen einiger Republiken (Serbien und Mazedonien) und autonomer Provinzen wurden sie als „ethnische Gruppe" definiert. Durch diese Kategorisierung blieb den Roma allerdings der verfassungsrechtliche und einklagbare Anspruch auf kollektive Rechte, wie muttersprachlichen Unterricht, finanzielle Unterstützung für Kulturausübung, ein eigenes Medienwesen, Sendezeiten in Radio und Fernsehen und anderes mehr versagt. Lediglich die mazedonische Verfassung schrieb ab 1974 die Rechtsangleichung für Roma an die Rechte der Nationalitäten vor. Doch letztendlich blieben Roma verfassungsrechtlich diskriminiert.

Diese Benachteiligung wog umso schwerer, als sie dazu diente, die ohnehin bestehende soziale Benachteiligung weiterzuführen und zu verfestigen. Die Romasiedlungen (in Jugoslawien Mahalas genannt) liegen außerhalb der Ortschaften oder an den Rändern großer Städte; sie sind, wie beispielsweise in Niš, auf Stadtplänen nicht verzeichnet. Ihre Größe schwankt zwischen einer kleinen Zahl und bis zu mehreren zehntausend (Niš etwa 5000, Skopje etwa 30 000) Menschen. Untersuchungen, die während der siebziger und Anfang der achtziger Jahre durchgeführt wurden, belegen, daß die Lebensbedingungen einer unverhältnismäßig hohen Zahl Roma von extrem schlechten Wohnverhältnissen, Armut, hoher Krankheitsrate, fehlender Ausbildung und hoher Arbeitslosigkeit gekennzeichnet sind.

In vielen Roma-Vierteln (Mahalas) gibt es bis heute keinerlei Kanalisation und nur ansatzweise Elektrizität. Die Hütten bestehen oftmals nur aus einem einzigen Wohn- und Schlafraum für viele Menschen. In Mazedonien wurde 1983 eine durchschnittliche Wohnfläche von 3 qm pro Person in allen Romavierteln errechnet.[128] Doch auch außerhalb der Viertel leben viele Roma unter erbärmlichen Verhältnissen in ausrangierten Bussen, in selbstgebastelten Hütten am Wald- oder Stadtrand oder an Straßenkreuzungen.

Ungesunde Lebensverhältnisse und Armut sind die Ursache zahlreicher Erkrankungen. Unterernährung, Vitaminmangel, Lungenkrankheiten, Hautinfektionen, Knochenkrankheiten und Alkoholismus sind weit verbreitet. In einigen Gegenden liegt die durchschnittliche Lebenserwartung zwischen 29 und 33 Jahren, und an vielen Orten gibt es kaum Menschen über 55 Jahre. Die durchschnittliche Säuglingssterblichkeit lag an einigen Orten zwischen 1961 und 1982 unverändert bei 50 %.[129]

Die schulische und berufliche Ausbildungssituation der Roma ist in allen Republiken des ehemaligen Jugoslawien unzulänglich. 50 bis 60 % haben keine abgeschlossene Grundschulausbildung (Klassen 1–8). Allerdings schwankte die Zahl der eingeschulten Kinder von Ort zu Ort zwischen 35 und 95 %. 47 % der Roma in Mazedonien besaßen 1981 keine oder nur eine unvollständige Grundschulausbildung; folglich blieb ein erheblicher Anteil der Roma An- oder Halbalphabeten (jugoslawischer Durchschnitt 1981: 9,5 %).[130]

Die fehlende schulische Ausbildung trug zum Ausschluß aus dem staatlichen Arbeitsmarkt bei, denn wer keine abgeschlossene Grundschulausbildung nachweisen konnte, wurde nicht über das Arbeitsamt vermittelt. So blieb vielen Roma nur die Gelegenheits- oder Saisonarbeit und der Kleinhandel.

Wer nicht über das staatliche Arbeitsamt registriert war, dem blieb auch die staatliche Gesundheitsfürsorge verschlossen. Eine private Krankenversicherung war für die meisten Roma unerschwinglich. Eine ohnehin schon unverhältnismäßig stark von Krankheiten betroffene Bevölkerungsgruppe verblieb somit in weiten Teilen auch außerhalb des Gesundheitssystems.

Zwar gab es einzelne Siedlungs-, Kultur- und Schulprojekte, doch blieben dies kurzfristige (Einzelfall-)Förderungen. Auch gelang zahlreichen Roma durchaus ein individueller sozialer Aufstieg. Letztendlich aber haben Roma nie „positive Diskriminierung“ in Form längerfristiger struktureller Hilfen – wie benachteiligte Regionen oder Nationalitäten (z.B. Kosovo-Albaner, Mazedonien oder Westmazedonien/Albaner) – erfahren.

Der Kreislauf aus Armut, fehlender Bildung, Arbeitslosigkeit und Ausgrenzung war vielerorts verbunden mit konkreten Menschenrechtsverletzungen. Diese wurden in der Regel auf der unteren Verwaltungsebene, insbesondere von Ortspolizisten, verübt, ohne daß die Täter mit strafrechtlichen Konsequenzen zu rechnen hatten. Die Polizei blieb oft untätig, wenn Roma Anzeige erstatteten, oder sie wurde selbst zum Täter, indem sie willkürliche Verhaftungen vornahm, die Ware von

Kleingewerbetreibenden zerstörte, Gewalt gegen Verhaftete und gegen Frauen ausübte, nächtliche Razzien durchführte, Familienangehörige bespitzelte und bedrohte oder reisende Roma vertrieb.

Auch Roma, deren Asylanträge abgelehnt und die ins ehemalige Jugoslawien abgeschoben worden waren, wurden vielerorts Opfer von polizeilicher Gewalt. Ihnen wurden zudem aufgrund des § 43,5 (Beschädigung internationaler und anderer Interessen Jugoslawiens im Ausland) des „Gesetzes über Reiseausweise der Staatsbürger der Sozialistischen Föderativen Republik Jugoslawien“ vom 27. 6. 1979 die Pässe entzogen.[131]

Exemplarisch für die Erfahrungen der Betroffenen steht die Schilderung von Peter Stojko aus Serbien, der 1990 einen ersten Asylantrag stellte und acht Monate später freiwillig zurückkehrte. Nach seiner erneuten Flucht berichtete er im April 1991 in Berlin:

„Ein Monat, nachdem ich wieder zu Hause war, hat mich jemand angezeigt. Ich weiß nicht, wer. Drei Monate hat die Polizei mich geschlagen . . . Die Polizei ist zu meinem Haus gekommen. Paß und Dokumente haben sie eingezogen, dann haben sie mich festgenommen und auf der Wache geschlagen. Ich habe mir einen Rechtsanwalt genommen. Der hat mit anderer Polizei geredet. Nach drei Monaten haben sie mich rausgelassen, und zwei Tage später bin ich wieder geflohen. Jetzt suchen sie nach mir. Immer gehen sie zu meiner Mutter und fragen, wo ich bin.

(Interviewer:) Während ihrer Haftzeit, war da ein Richter bei Ihnen?

Nein. Sie haben mich jeden Tag abgeholt und zur Wache geschleppt, abends zwischen 21–22 Uhr. Bis zwischen 24 und 1 Uhr haben sie mich geprügelt und dann rausgelassen. Dann mußte ich 12 km nach Hause gehen. Jeden Tag. Andere Leute, Frauen, Kinder, alle haben es gesehen. Dann habe ich mein Haus verkauft und mir einen Anwalt genommen, damit ich keine Prügel mehr kriege. Später mußte ich einen Zettel unterschreiben, daß ich nicht wieder nach Berlin gehe. Den habe ich unterschrieben. Zwei Tage nachdem ich den Paß wiederhatte, bin ich mit meiner Familie wieder weg.

Wenn ich jetzt zu Hause anrufe, sagt meine Mutter, daß sie nach mir suchen. Zwei Brüdern haben sie die Pässe abgenommen. Jeden zweiten Tag holt die Miliz sie ab; und sie kriegen Prügel wie ich."[132]

Von ähnlichen Erfahrungen, wonach unmäßige Gewalt und Sippenhaft gegen zurückgekehrte Asylbewerber praktiziert wurden, berichten Roma vor allem aus Serbien und Mazedonien. Dies veranlaßte sie – soweit sie konnten –, das Land erneut zu verlassen.

Am 2. 2. 91 wurde in Kikinda in der Wojvodina/Serbien der vierzehnjährige Rom Joca Miskov bei einem Verhör durch einen Kopfschuß getötet. Nach Angaben eines Mitarbeiters des Zentrums für Sozialarbeit sei Gewalt auch gegen Kinder durchaus üblich. „Die Polizisten schlagen die Kinder, und zwar heftig", sagte er in Zusammenhang mit dem Tod des jungen Rom.[133]

Polizeiliche Gewalt gegen Roma ist weit verbreitet. Sie ist das Ergebnis einer in allen Lebensbereichen gewohnheitsmäßigen Bereitschaft zur Diskriminierung von Roma. Aus Angst vor weiteren Repressalien und ohne Geld für juristischen Beistand wehren die meisten Roma sich nicht gegen diese Vergehen.

Seit Mitte der achtziger Jahre gerieten Roma zunehmend zwischen die Fronten der Nationalitäten. Als „ethnische Gruppe" ohne eigenstaatlichen Schutz wurden sie Opfer der gegen die (albanischen) Minderheiten gerichteten staatlichen Maßnahmen, aber auch von Manipulationen aller größeren Nationen und Nationalitäten im Kampf um Bevölkerungsanteile, territoriale, politische und kulturelle Ansprüche.

So wurden in der zweiten Hälfte der achtziger Jahre im Westen Mazedoniens lebende (z.T. albanisierte) Roma Opfer antialbanischer Maßnahmen der früheren mazedonischen Regierung: Schließung albanisch-sprachiger Schulen, Abriß der traditionellen Mauern um albanische Häuser und Gehöfte, Demonstrationsverbot, gewaltsame Auflösung von Demonstrationen und Verhaftung von Demonstranten.

Zur gleichen Zeit wurden auch Roma aus Skopje, die dem

Derwisch-Orden angehörten, von der mazedonischen Polizei mit der Begründung schikaniert, sie würden albanische Interessen unterstützen. Ihre religiösen Versammlungen wurden wiederholt von der Polizei überfallen, aufgelöst und die Teilnehmer verhaftet. Sie wurden ohne Wasser oder Nahrung inhaftiert und nach einiger Zeit wieder freigelassen. Diese Vorgänge wiederholten sich mehrfach, bis die betroffenen Familien sich zur Flucht entschlossen. Der Asylantrag einer der Familien, die heute in Bremen leben, wurde 1987 vom Bundesamt für die Anerkennung ausländischer Flüchtlinge anerkannt; die Anträge der anderen Familien wurden hingegen vom Verwaltungsgericht Bremen abgelehnt.

Auch im Kosovo waren Roma von der Verfolgung der Albaner durch den serbischen Staat betroffen. Diesen Sachverhalt bestätigte die Bundesregierung in ihrer Antwort vom 19. 4. 1991 nach einer kleinen Anfrage der Abgeordneten Jelpke und der PDS/Linke Liste über die Bleiberechtsregelungen für „heimatlose" Roma-Flüchtlinge in der Bundesrepublik:

„Die anhaltenden Repressionen im jugoslawischen Kosovo richten sich gegen die dort lebenden Albaner: Unter der dadurch hervorgerufenen Atmosphäre allgemeiner Spannung und Unsicherheit leiden auch andere dort lebende Bevölkerungsgruppen wie die Roma."[134]

Im Zusammenhang mit der Unterdrückung der Albaner ist auch der starke Bevölkerungsanstieg der Roma in Serbien nach der Volkszählung von 1981 zu sehen. Serbische Propaganda verkündete, daß Albaner im Kosovo nicht nur die dort lebenden Serben, sondern auch andere Minderheiten wie Roma, Türken oder Mazedonen unterdrückten, indem sie sie nötigten, sich als Albaner zu bekennen. Mit der so erlangten demographischen Stärke wiederum begründeten die Albaner dann ihre politischen Ansprüche. Tatsächlich wurden Roma sowohl von serbischer als auch albanischer Seite instrumentalisiert.

Nach der Entstehung der jugoslawischen Nachfolgestaaten gestaltete sich die Lage der Roma sehr unterschiedlich. In der Verfassung *Serbiens* werden Roma erneut nur als „ethnische Gruppe" erwähnt. Seit 1991 haben weitere Zehntausende Roma wegen fehlender bürgerlicher Freiheiten, der katastrophalen Wirtschaftslage, auf Grund von Vertreibung und wegen der Einberufungen zum Kriegsdienst Serbien verlassen. So floh der Vorsitzende der Internationalen Roma-Organisation und ehemalige Kulturredakteur bei der überregionalen Tageszeitung „Politika", Rajko Djuric, 1991 aus Belgrad; er ist mittlerweile als Asylberechtigter in der Bundesrepublik anerkannt. Zahlreiche Roma und Serben aus Serbien haben sich der Einberufung zur Grundausbildung (in der Kriegssituation) und der Einberufung zum Kriegsdienst entzogen. Hierauf stehen Haftstrafen zwischen zehn und zwanzig Jahren. Als besonders schwerwiegend sehen serbische Behörden die Flucht zwischen dem November 1991 und Mai 1992, also während des Krieges gegen Kroatien an. Damals gab es ein generelles Ausreiseverbot aus dem Land. Im August 1994 wurden aus Zrenjanin/Wojvodina zahlreiche Roma durch die Zerstörung eines Teils ihrer Häuser wegen angeblich „unhygienischen Lebenswandels" vertrieben. Doch so „unhygienisch" kann ihr Lebenswandel nicht gewesen sein, denn anschließend wurden serbische Flüchtlinge aus der Krajina und aus Bosnien in den nicht zerstörten Häusern einquartiert.[135] Vermutlich steht die Vertreibung in einem größeren Kontext „ethnischer Säuberungen" innerhalb Serbiens. Der Architekturprofessor Vladimir Macura weist darauf hin, daß ausweislich der Planungsunterlagen der Stadt Belgrad die Roma-Viertel „niederzureißen" oder „zu entfernen" seien.[136] Sollte darüber hinaus das Embargo gegen Serbien aufgehoben werden, so wird dort ein verschärfter Modernisierungprozeß einsetzen, vom dem einige Roma profitieren werden, der die Mehrheit aber als Verlierer zurücklassen wird.

Die meisten Roma, die in den vergangenen Jahren aus dem ehemaligen Jugoslawien in die Bundesrepublik und in andere westeuropäische Länder geflohen sind, kamen jedoch als Kriegsflüchtlinge aus *Bosnien*. Viele derjenigen Roma, die schon Verwandte in Deutschland hatten – beispielsweise Roma aus dem mittlerweile serbisch kontrollierten Bijelina –, konnten sich zu einem frühen Zeitpunkt nach Berlin retten. Nach Großbritannien hingegen sind die Angehörigen einer spezifischen Romagemeinschaft, der Serbaya Kalderash Roma, geflohen. Diese schätzungsweise 1500 Menschen umfassende Gruppe lebte überwiegend in Banja Luka, aber auch in Sarajevo und anderen Städten. Sie hatten schon vor der Flucht aus Bosnien eine spezifische Migrationsgeschichte.

Nach Aufhebung der Sklaverei in Altrumänien Mitte des 19. Jahrhunderts waren die Vorfahren nach Serbien ausgewandert. Dort blieben sie arm, und die alteingesessenen Roma sahen auf sie herab. Dies mag ihre weitere Abwanderung nach Bosnien zwischen 1919 und 1939 begünstigt haben. Dort blieben sie Anhänger der orthodoxen Religion und galten als Anhängsel der serbischen Einwanderung. Nach dem Ende des Zweiten Weltkriegs begann sich ihre wirtschaftliche Situation zu verbessern, weil sie als „Gastarbeiter" in Deutschland arbeiteten. Mit dem verdienten Geld unterstützten sie ihre zurückgebliebenen Familien und bauten sich Häuser und eigene Betriebe in den Heimatorten auf.

Mit Kriegsbeginn machten die Serben ihnen klar, daß sie nicht als richtige Serben angesehen waren; zum einen, weil sie Roma waren, und zum anderen, weil einige Männer muslimische (xoraxane) Frauen geheiratet hatten. Während die ersten Familien einen Teil ihres Vermögens nach Großbritannien bringen konnten, wo sie politisches Asyl beantragten, verloren die Spätergekommenen ihr gesamtes Vermögen. Im Herbst 1992 nahmen Serben in Banja Luka einige Frauen und Kinder als Geiseln, um die Männer als Zwangsarbeiter für Kriegsdienste heranzuziehen. In Sarajevo hingegen erhielten die Männer die Einberufung in die bosnische Armee – um dann möglicherweise auf ihre Verwandten in Banja Luka schießen zu müssen. Ihnen wurde gleichzeitig bedeutet, daß sie auf Grund ihrer überwiegend orthodoxen Religionszugehörigkeit als unzuverlässig eingestuft wurden. Die Männer entzogen sich dem Kriegsdienst und flüchteten aus Bosnien. Etwa 500 Menschen, also etwa ein Drittel der Serbaya Kalderash Roma, leben heute in London.[137]

Die übrigen Angehörigen der Serbaya Kalderash sowie die Mehrheit der Roma aus Bosnien, die überwiegend Moslems sind, sind seit Kriegsbeginn Mitte 1992 vor Kampfhandlungen und „ethnischen Säuberungen" geflohen oder in diesen umgekommen.

Lediglich in *Mazedonien* haben die politischen Veränderungen nicht nur negative Konsequenzen mit sich gebracht. Zu den herausragenden positiven Aspekten gehört die namentliche Erwähnung der Roma zusammen mit anderen Minderheiten in der Präambel der Verfassung von 1991, die ihnen und den anderen Minderheiten ein gleichberechtigtes Zusammenleben mit den Mazedonen in einem mazedonischen Nationalstaat garantiert. Die Roma sind mit einem Vertreter im Parlament und mit zwei Mitgliedern in der Minderheitenkommission vertreten, und ihnen steht eine wöchentliche halbstündige Fernsehsendung auf Romanes zur Verfügung.

Zu den besorgniserregenden Entwicklungen gehören jedoch auch hier die weitere Verschlechterung der sozialen und wirtschaftlichen Lage der Roma und ihre fortgesetzte Abdrängung im Zuge siedlungsgeographischer Flurbereinigung. Exemplarisch ist das Schicksal von etwa 400 Roma am Stadtrand von Skopje, die wie so viele Roma in halblegalen Siedlungen leben. Sie wurden vor sieben Jahren aus ihrer ursprünglichen Siedlung Dratcero vertrieben, nachdem sich die Besucher eines nahegelegenen Friedhofs und die Arbeiter einer Holzfabrik über den Anblick der Elendssiedlung beschwert hatten. Zunächst sollten sie weit außerhalb der Stadt ohne Verkehrsanbindung neu angesiedelt werden. Doch einige Familien wehrten sich und bauten im drei Kilometer entfernten Selo Batinci illegal Hütten. Daraufhin versprach die Stadt den noch in Dratcero verbliebenen Familien je zwei Räume ebenfalls in Selo Batinci. Nachdem die Familien der Zwangsumsiedlung zugestimmt hatten, erhielt jede nur noch einen Raum, wobei alle Räume aneinandergebaut sind. Bis heute ist die Siedlung nur geduldet. Heute leben dort jeweils 6–15 Personen in einem 4 m breiten und 4,5 m langen Raum. Kanalisation gibt es nicht; eine Wasserpumpe, aus der zwischen 12 und 17 Uhr kein Wasser fließt und die im Winter zugefroren ist, liegt 40 Meter entfernt. Nur einige Roma haben Gelegenheitsarbeit, die übrigen sind arbeitslos. Wer keine achtjährige Schulausbildung hat (und sich damit offiziell arbeitslos melden kann) oder wer nie in einem staatlichen Betrieb gearbeitet hat, dem ist der Zugang zur staatlichen Krankenversicherung verschlossen. Sozialhilfe erhalten nur alleinstehende Alte und alleinerziehende Mütter mit Kindern unter drei Jahren. Die nächste Schule liegt in Dratcero. Die Kinder gehen die drei Kilometer zu Fuß, doch mittlerweile werden sie wohl ganz wegbleiben, da seit 1994 das Schulmaterial aus eigener Tasche bezahlt werden muß und diese Kosten das monatliche Einkommen einer Familie bei weitem übersteigen. Sechsmal am Tag fährt ein Bus in die Stadt, doch die Bewohner gehen zu Fuß, weil sie sich den Fahrpreis von umgerechnet drei Mark nicht leisten können.

Auch aus Selo Batinci werden die Roma vermutlich bald wieder weichen müssen. In den vergangenen Jahren haben dort zahlreiche Arbeitsmigranten ihre Häuser gebaut. Sollten sie tatsächlich zurückkehren, werden auch sie die Elendssiedlung nicht dulden.

Als problematisch erweist sich darüber hinaus das neue Staatsangehörigkeitsgesetz. Wer den Nachweis einer fünfzehnjährigen Wohnsitznahme in Mazedonien nicht erbringen kann, wird nicht als Staatsangehöriger anerkannt. Er ist dann de facto staatenlos und hat keinerlei Anrecht auf Versorgung mit Wohnraum, staatliche Leistungen oder Arbeit. Betroffen von dem Gesetz ist auch eine wachsende Zahl von Asylbewerbern, deren alte jugoslawische Pässe abgelaufen sind. Sie sind zur Ausreise aufgefordert, ihnen wird aber die Anerkennung als mazedonische Staatsangehörige und die Ausstellung von Pässen verweigert.

Während es in Mazedonien auf höherer politischer und Verwaltungsebene durchaus Ansätze gibt, die Roma als konstitutiven Bevölkerungsanteil zu integrieren, haben sich diese Fortschritte auf der unteren Verwaltungsebene noch nicht durchgesetzt. Diskriminierung und polizeiliche Gewalt wirken vor allem durch personelle Kontinuität fort.[138]

b) Rumänien

In der zweiten Hälfte der achtziger Jahre gelang einigen Roma-Familien die Flucht aus dem Rumänien Ceausescus. Sie hatten ein Land verlassen, in dem für fast alle Staatsbürger unerträgliche Zustände herrschten, das aber Roma 45 Jahre lang jegliche positive Anerkennung oder Minderheitenrechte verwehrte, sie wirtschaftlich und sozial an den Rand drängte und sie gleichzeitig zur Zielscheibe von Menschenrechtsverletzungen machte. Nach ihrer Ankunft in der Bundesrepublik ließen sich die Familien aus der rumänischen Staatsangehörigkeit entlassen; da sie nun Staatenlose waren und aus einem Ostblockland stammten, wurden sie nicht abgeschoben.

Die große Fluchtwelle aus Rumänien setzte allerdings erst nach dem Ende der Ceausescu-Diktatur ein, das sich für Roma als zweischneidig erwies. Wie alle Staatsbürger gelangten sie in den Genuß bürgerlicher Freiheiten: sie können ihre eigenen Verbände gründen, ihre Meinung frei äußern, Zeitungen herausgeben, ihre Kultur öffentlich präsentieren. Sie haben eine wöchentliche Fernsehsendung auf einem Kanal mit begrenzter Reichweite, einen Abgeordneten im Parlament und einen Sitz im Rat für nationale Minderheiten. Doch ihre wirtschaftliche Lage hat sich weiter verschlechtert, die Minderheitenrechte sind unzulänglich geschützt, und die Menschenrechtsverletzungen haben eine neue Qualität angenommen.

Von den wirtschaftlichen Umstrukturierungen und Rationalisierungen waren die Roma als ohnehin unterprivilegierte Minderheit am stärksten betroffen. In Industrie und Landwirtschaft wurden sie als erste entlassen; gleichzeitig sind sie die Letzten, die wieder neue Stellen erhalten. Dabei war es nicht nur die unzulängliche Qualifikation als Angelernte, die zum Verlust des Arbeitsplatzes führte, sondern auch der nach dem Tod Ceausescus sich öffentlich artikulierende Nationalismus breiter Bevölkerungsschichten. So berichtete beispielsweise ein Asylbewerber, daß er mit dem Argument „Arbeit ist für Rumänen, nicht für Zigeuner" gleichsam zum rechtlosen Ausländer gemacht und aus seiner Arbeitsstelle herausgedrängt wurde. Von diesem vermeintlichen Vorrecht ethnischer Rumänen auf Arbeit waren auch qualifizierte Arbeitnehmer betroffen.

Der Anstieg der Arbeitslosigkeit unter den Roma verlief geradezu dramatisch. Allein in der Landwirtschaft waren 50 % der Roma tätig, die in einem saisonalen oder ganzjährigen Arbeitsverhältnis standen. Sie arbeiteten dort als Viehzüchter, in Anbau und Ernte von Getreide, Obst, Gemüse, Wein, Reis oder in der Bewässerung. Die (Re-)Privatisierung der Landwirtschaft und die teilweise Auflösung der Staatsbetriebe ab 1990 entzog vielen von ihnen die Lebensgrundlage. Dieser Prozeß wird durch die 1995 fortgesetzte Privatisierung weiterer agrarischer und insbesondere industrieller Staatsbetriebe noch verschärft.

Einen Einblick in die schlechte sozio-ökonomische Situation der Roma in Rumänien gibt eine 1993 veröffentlichte Untersuchung. Demnach ist die durchschnittliche Familie mit 6,6 Personen und einer Geburtenrate von 3,5 Kindern mehr als doppelt so groß wie eine Familie der Mehrheitsbevölkerung. Folglich müssen sich mehr als doppelt so viele Personen, nämlich durchschnittlich 3.3, einen Raum teilen. 58 % der Männer und 86 % der Frauen haben keine Berufsausbildung. 19 % der Männer und 27 % der Frauen sind Analphabeten. Nur 4,5 % der Erwachsenen haben ein Gymnasium oder eine Hochschule besucht. 51,3 % der Kinder gehen regelmäßig zur Schule. 80,9 % der Roma leben am Existenzminimum, während es bei der Mehrheitsbevölkerung 42 % sind.

Die Autoren der Studie gehen davon aus, daß sich die Situation der Roma weiter verschlechtern wird, weil traditionelle oder marginale Erwerbsmöglichkeiten (Schmied, Löffelmacher, Flaschensammeln, Altkleiderhandel, Verkauf von Federn, Beeren, gerösteten Sonnenblumenkernen etc.) keine Zukunft haben, weil weitere Rationalisierungen zu erwarten sind und auch weil die nach der Wende zunächst einträglichen Nischen (Handel und Schwarzarbeit im Ausland) durch gesetzliche Regelungen eingeschränkt wurden. Sie befürchten, daß die Kriminalität unter jungen Roma zunehmen wird und für einen großen Teil der Roma nur noch „Nischen absoluter Armut“ übrig bleiben werden.[139]

Der plötzliche Verlust des Arbeitsplatzes, fortdauernde Arbeitslosigkeit, Reisefreiheit und die Hoffnung auf ein besseres Leben waren 1990 die Hauptursachen, die Roma in den Westen trieben. Die Mehrheit wollte kein politisches Asyl beantragen. Sie wollten arbeiten, um sich von ihrem Einkommen nach der Rückkehr nach Rumänien eine neue Existenz aufzubauen. Als sie erfuhren, daß es hierfür keine rechtlichen Möglichkeiten gab, stellten sie Anträge auf Asyl.

Doch in zunehmendem Maße waren es waren nicht nur wirtschaftliche Gründe, die viele Roma aus dem Land trieben. Personelle Kontinuität bei den Behörden, eine extrem rassistische Berichterstattung in Printmedien und Fernsehen, Gewalt von Polizisten an Roma, fehlende Sicherstellung der Minderheitenrechte und das Aufbrechen lang unterdrückter Konflikte führten zur Gefährdung und Verunsicherung vieler Roma.

Insbesondere die über 30 Pogrome zwischen 1990 und Anfang 1995 und die fehlende staatliche Reaktion machen das gegen Roma gerichtete Gewaltpotential deutlich. Diese Pogrome, die überwiegend in ländlichen Regionen stattfanden und bei denen zahlreiche Menschen ums Leben kamen, liefen immer wieder nach demselben Muster ab: nach dem Vergehen eines Rom gegen einen Angehörigen der Mehrheitsbevölkerung heizte sich die Stimmung der Bewohner der jeweiligen Orte (überwiegend Rumänen, aber auch Ungarn) gegen Roma auf. Die Bürger reagierten mit kollektiver Schuldzuweisung und mit Selbstjustiz. Sie bewaffneten sich spontan oder auch in geplanten Aktionen mit Fackeln, Schlagstöcken und -ringen, Knallkörpern, Mistgabeln und Traktoren und zogen in die segregierten Wohnviertel der Roma. Dort zündeten sie die Häuser an und attackierten die Bewohner mit dem Ziel, sie dauerhaft aus dem Ort zu vertreiben.

So lebten beispielsweise bis zum 13. 8. 1991 etwa 212 Roma, 23 Familien mit 156 Kindern, am Ortsrand von Valenii Lapusului, einem 50 km von Baia Mare im Nordwesten Rumäniens gelegenen Ort, und in der nahegelegenen Romasiedlung Ponorita. Auslöser für den Pogrom war die Vergewaltigung eines rumänischen Mädchens durch einen Rom am Morgen des Tages. Doch mit dem abendlichen Pogrom, bei dem alle Hütten bis auf die Grundmauern zerstört und niedergebrannt wurden, sollte nicht nur dieses Verbrechen eigenhändig bestraft werden. Vielmehr entlud sich der geballte Zorn von Jahrzehnten auf die Roma.

Ihnen wurde vorgeworfen, daß aus den zwei Familien, denen man 1939 gestattet hatte, sich am Dorfrand niederzulassen, mittlerweile 200 Personen geworden waren. Ferner neideten es die Bewohner den Roma, daß diese unter Ceausescu praktisch als Selbständige arbeiten konnten: die Roma arbeiteten als Saisonarbeiter auf den Kolchosen und stellten Ziegel her, die sie auf den Märkten der Umgebung verkauften. Des weiteren warf man ihnen vor, „immer geklaut" zu haben. Während Diebstahl in den Staatsbetrieben unter Ceausescu ein weitverbreitetes Delikt war, das von Rumänen genauso wie von Roma begangen wurde, änderte sich dies mit der Landreform von 1990. Die Bewohner von Valenii, überwiegend Bauern, erhielten ihr Land zurück; die Roma wurden arbeitslos. Diebstahl wurde nun in Ermangelung des einenden Feindbildes Ceausescus als Vergehen eines „Zigeuners" gegen einen Rumänen, also nationalistisch interpretiert. Die Ausgrenzung und der Haß auf die Roma mündeten in die Forderung, daß die Roma doch
„... in den Wohnblocks von Baia Mare verschwinden" sollten – für Bauern eine tödliche Vision.[140]

Ein weiterer schwerer Pogrom ereignete sich am 20./21. 9. 1993 in Hadareni. Nach einem Streit zwischen zwei Romabrüdern und einem Rumänen, bei dem einer der Roma verletzt und der Rumäne getötet wurde, flüchteten sich die Brüder in das Haus eines dritten Rom. Etwa hundert Rumänen und Ungarn rotteten sich vor diesem Haus zusammen und zündeten es an. Als die zwei Brüder aus dem Haus liefen, wurden sie von der Polizei festgenommen. Die aufgebrachten Menschen ergriffen die Verhafteten und prügelten sie zu Tode. Der dritte Rom, dessen Haus angezündet worden war, verbrannte. Kurz darauf trafen weitere Polizisten im Ort ein, versäumten es aber, die Roma zu schützen. Zwölf weitere Häuser wurden angezündet, vier geplündert und etwa 170 Roma aus dem Ort vertrieben.[141]

Der erste Pogrom von 1995 ereignete sich am 7./8. 1. 1995 in Bacu. Er unterschied sich insofern von den vorherigen, als ihm noch nicht einmal die Straftat eines Rom vorausging. Zwei Rumänen schossen mit ihren Jagdgewehren auf ihre Nachbarn, eine Roma-Familie. Zwei Familienangehörige wurden schwer verletzt. In der Nacht wurden die Häuser der Roma, die seit langem in Bacu ansässig sind, niedergebrannt.

Vielerorts fanden die Angriffe mit aktiver oder passiver Unterstützung von Funktionsträgern staatlicher oder kirchlicher Einrichtungen statt: Bürgermeister oder auch Polizisten beteiligten sich oder sahen tatenlos zu; Priester beteiligten sich, oder es wurden die Kirchenglocken als Zeichen zum Angriff geläutet. Die Pogrome wurden von den Behörden in Bukarest gebilligt, die Schuld an den Vorgängen ausschließlich den Roma zugeschoben. Sie hätten „provokatives Verhalten" und ihren „offensichtlichen, mit illegalen Methoden erworbenen Wohlstand" gezeigt. Darüber hinaus wurden die Übergriffe als „lokal" und „sozial" charakterisiert. Verlauf und Häufigkeit der Pogrome sprechen aber eher für ein „durchgängiges Muster ethnischer Konflikte" und ein strukturelles Problem der rumänischen Gesellschaft.[142]

Der Rechtfertigung durch die Politik entspricht die Untätigkeit bzw. Einseitigkeit der Justiz. Während die Täter auf seiten der Roma zügig verurteilt wurden, ist bis 1995 – über fünf Jahre nach den ersten Pogromen – kein einziger Täter auf seiten der Rumänen oder Ungarn verurteilt worden.

Funktionsträger des rumänischen Staates haben sich an schweren Menschenrechtsverletzungen gegen Roma beteiligt oder sie geschehen lassen. Die zentralen Behörden rechtfertigen diese Verbrechen, und die Justiz bleibt untätig. Wie wenig der Regierung an einer Anerkennung der Roma liegt, wird auch an einer im April 1995 ergriffenen Maßnahme deutlich. Im Stil faschistischer und sozialistischer Geheimpolitik wies sie in einem vom Außenministerium ausgearbeiteten und vom Ministerpräsidenten abgesegneten Papier die Ministerien an, den Begriff Roma wieder durch den Begriff „tigani" zu ersetzen; Roma würde international zu Verwechslungen mit Romania (Rumänien) führen. Die staatlich verordnete Verwendung des Begriffs „Zigeuner" wurde von den Roma als neue Qualität in den Angriffen auf ihre ethnische Identität gewertet.[143]

Entgegen der in der Bundesrepublik weitverbreiteten Einschätzung können Roma aus Rumänien nicht prinzipiell mit staatlichem Schutz rechnen. Auf europäischer Ebene sind die unzulänglichen demokratischen Entwicklungen auch in verschiedenen Instanzen angesprochen worden. Der Europarat rügte beispielsweise 1993 während der Aufnahmeverhandlungen mit Rumänien generell die fehlenden Minderheitenrechte, fehlende rechtsstaatliche Garantien, Verwaltungswillkür und das unzulänglich funktionierende Justizsystem.

Die Ursachen für Abwanderung und Flucht von Roma aus ost- und insbesondere aus südosteuropäischen Ländern sind also nicht in der immer wieder unterstellten „nomadischen" Kultur und schon gar nicht – wie auch heute immer wieder behauptet – in einem vermeintlich rassisch bedingten „Wandertrieb" zu suchen; vielmehr liegen die Ursachen in den wirtschaftlichen, sozialen und politischen Verhältnissen der Herkunftsländer: im ehemaligen Jugoslawien sind derzeit kriegsbedingter wirtschaftlicher Niedergang, Menschenrechtsverletzungen (Serbien) und Krieg (Bosnien) die wesentlichen Fluchtgründe der Roma. In den Wendeländern Rumänien, Bulgarien und Mazedonien ist eine weitere Abdrängung unverhältnismäßig vieler Roma in die Armut abzusehen. Der schon während des Sozialismus festzustellende soziale Schichtungsprozeß entlang ethnischer Grenzen wird damit auf lange Sicht festgeschrieben. Dieser Prozeß wird durch Nationalismus, diffamierende Berichterstattung und Äußerungen politischer Funktionsträger, durch fehlende Minderheitenrechte und das Ausbleiben angemessener staatlicher Reaktionen auf Menschenrechtsverletzungen verschärft.

IV. Die Lage der Sinti und Roma nach den politischen Wenden von 1989/90

1. „... Nomadenleben in der Großfamilie" – Die Aktualisierung der „Zigeunerbilder" im deutschen Einigungsprozeß

Nach dem Ende der Teilung Europas setzte eine starke Zuwanderungs- und Fluchtbewegung von Ost nach West ein. Auf Grund der vergleichsweise hohen Flüchtlingszahlen und der deutschen Vereinigungskrise gewannen Themen wie Asyl und Ausländer unverhältnismäßig viel Aufmerksamkeit. Innerhalb dieses Zusammenhanges wurde den „Zigeunern" eine spezifische Position zugewiesen, die im folgenden eingehender untersucht werden soll.

Unter allen Zuwanderer- und Flüchtlingsgruppen waren die Roma die einzige Bevölkerungsgruppe, die auf eine über Jahrhunderte überlieferte Wahrnehmungsstruktur traf. Diese Wahrnehmungsstruktur wurde bereits seit Ende der siebziger Jahre, als vereinzelt kleine Gruppen „heimatloser" Roma in verschiedenen Städten der Bundesrepublik eintrafen, lokal wiederbelebt und um aktuelle Aspekte angereichert.

An dieser Stelle soll kurz auf die Funktion der Lokalpresse bei der Fortschreibung des tradierten „Zigeunerbildes" während der achtziger Jahre eingegangen werden. Die Autoren einer von der Deutschen Forschungsgemeinschaft (DFG) geförderten Untersuchung werteten die Berichterstattung in Dortmund (1. 7. 1982–30. 6. 1984), Darmstadt (1. 6. 1979–31. 12. 1984) und Köln (1. 8. 1986–31. 8. 1987) zu Zeiten heftiger öffentlicher Diskussionen um Roma aus; zum Vergleich zogen sie noch die Berichterstattung in Mainz/Wiesbaden (1. 9. 1987–20. 9. 1991) heran, wo es keine vergleichbaren Diskussionen gab. Sie kamen zu dem Ergebnis, daß die

Berichterstattung in der Lokalpresse unabhängig von der Anwesenheit der Roma einen „neo-rassistischen" Charakter hat. Dieser zeichnet sich dadurch aus, daß das Verhalten von Sinti und Roma mit deren Zugehörigkeit zu einer bestimmten Kultur erklärt wird. Die Analyse der Artikel zeigte, daß Sinti und Roma in der Lokalpresse fast ausschließlich im Zusammenhang mit Kriminalität (60 %) und Konflikten (37 %) thematisiert werden. Ihre auffällig häufige Erwähnung im Zusammenhang mit Instanzen der sozialen Kontrolle läßt sie als Problem der öffentlichen Ordnung erscheinen. Verstärkt wird dieser Eindruck dadurch, daß Sinti und Roma nahezu ausschließlich (92 %) als familiäres oder kulturelles Kollektiv vorgestellt werden. Das in der Lokalpresse verbreitete Bild beschreibt Sinti und Roma also in erster Linie als kriminelles Kollektiv auf der Grundlage einer vermeintlich statischen kulturellen Zugehörigkeit. Die Zuordnung von Vergehen und Verhalten erfolgt unter Verletzung des Presserechts entweder durch die direkte Benennung der ethnischen Zugehörigkeit oder indirekt durch die Verknüpfung mit allgemeingültigen Versatzstücken wie „bunte Röcke", „Landfahrer", „jugoslawische Großfamilie".[1]

Im Zuge der verstärkten Zuwanderung von Menschen aus Ost- und Südosteuropa, darunter zahlreichen Roma, nach den politischen Wenden 1989/90 häuften sich die neo-rassistischen Berichte. Exemplarisch für die Lokalberichterstattung sei ein besonders bösartiger Artikel vorgestellt, der in der Hochphase der Auseinandersetzungen in Lebach/Saarland im August 1990 unter der Überschrift „Nomadenleben in der Großfamilie" in der „Saarbrücker Zeitung" und im „Pfälzischen Merkur" erschien: Darin heißt es unter anderem:

„Die Zigeuner in Rumänien leben in Großfamilien, die manchmal einige hundert Mitglieder zählen. Das Oberhaupt der Familie hat das absolute Sagen. Ein wenig Mafia, ein wenig indisches Kastentum. Das (sic! K. R.), was in Lebach untergebracht ist, gehört der untersten Stufe an. Ein Familienoberhaupt würde im dicken Mercedes vor einem Nobelhotel vorfahren."[2]

Diesem jahrhundertealten Bild von der kulturellen Fremdheit und der am unteren Ende anzusiedelnden sozialen Gruppe wird darüber hinaus ein von der indischen Vergangenheit bis heute andauernder, „ewiger" Kollektivcharakter unterstellt:

„Die Zigeuner haben oft ihren Lebensraum, kaum ihren Lebensstil gewechselt."[3]

Der Unterschied in der Berichterstattung nach den Wenden lag jedoch darin, daß sich über die lokalen und regionalen Printmedien hinaus nun auch die überregionalen Tages- und Wochenzeitungen in langen Beiträgen den Sinti und Roma widmeten und sie in den Kontext der Diskussion um das Asylrecht stellten. Dabei konnten verschiedene Beiträge zum Thema innerhalb eines Blattes sehr unterschiedlicher Qualität sein. Der Autor des ersten umfangreichen und informativen Beitrags des „Spiegel" zu Geschichte der Sinti und Roma und deren Lage nach den politischen Wenden konnte nicht umhin, seinen Text durch die Bilder von den „umherziehenden" und „dunkelhäutigen Nomaden", die in kriminalistischen „Nacht- und Nebelaktionen" der „verschlafenen Stadt Hagen" vor die Tür gekippt wurden, zu diskreditieren. Es war jedoch vor allem das Titelbild, das wieder bedrohliche „Zigeuner"massen suggerierte und unter dem Titel „Asyl in Deutschland? – DIE ZIGEUNER" eine abschlägige Antwort geradezu provozierte.[4] Die „Frankfurter Allgemeine Zeitung" suggerierte ebenfalls eine Bedrohung durch die „Zigeuner", denn

„Europa hat noch nie gewußt, wie es seiner Zigeuner Herr werden sollte."[5]

Und der „Stern" sprach von dem „einzigen Nomadenvolk vor der eigenen Haustür" und zeichnete fälschlich und pseudowissenschaftlich ein Bild der Beschränktheit von Sinti und Roma, die zwar ein Wort für „jetzt", aber angeblich keines für „morgen" hätten.[6]

In den Jahren zwischen dem Mauerfall 1989/90 und dem Inkrafttreten des neuen Asylgesetzes im Juli 1993 wurde durch die Häufung und die Vernetzung lokaler, regionaler und überregionaler Berichte gleichsam ein Netz aus Negativberichterstattungen über die Deutschen in Ost und West gelegt und der

Mythos „Zigeuner“ im gesamten Land wiederbelebt. Die Bilder trugen sowohl zur Eskalation konfliktgeladener lokaler Situationen als auch zur Bestätigung eines vorurteilsbeladenen Wissensstandes bei denjenigen Lesern bei, die weder von Konflikten noch von konkreten negativen Erfahrungen mit Roma betroffen waren.

Während die Autoren der genannten Studie für die achtziger Jahre in erster Linie Polizei und Presse als informationsproduzierende Akteure ausmachen konnten, ist für den entscheidenden Zeitraum von Anfang 1990 bis zum Inkrafttreten des neuen Asylgesetzes 1993 zudem eine deutliche Zunahme an Äußerungen politischer Funktionsträger über Sinti und Roma zu verzeichnen.

Auch hierzu einige Beispiele. Im August 1990 lebten in der Aufnahmestelle für Aussiedler und Asylbewerber in dem 22 000 Einwohner zählenden Ort Lebach/Saarland etwa 2276 Ausländer, darunter 1280 Roma überwiegend rumänischer, aber auch jugoslawischer Staatsangehörigkeit. Während alle anderen Flüchtlingsgruppen weiterverteilt wurden, sollten lediglich die Roma auf Anweisung der Landesregierung in Lebach bleiben. Dolmetscher fehlten; Toilettenwagen wurden zu spät angeliefert; die Müllabfuhr zu spät auf den gestiegenen Entsorgungsbedarf umgestellt. Den Roma wurde folglich vorgeworfen, dreckig zu sein. Gesundheitsschädliche Bakterien im Freibad wurden den Roma angelastet und eine von ihnen ausgehende „Seuchengefahr“ unterstellt. Auch der Vorwurf der Kriminalität blieb nicht aus, obwohl die Polizeistatistik trotz einer im Vergleich zum ersten Halbjahr zehnmal höheren Anzahl asylsuchender Roma keinen Anstieg der Wohnungseinbrüche verzeichnete; 150 eingeleitete Ermittlungsverfahren bezogen sich auf kleinere Ladendiebstähle.[7]

Der Bürgermeister sprach von „Zigeunerlager“. Was darunter zu verstehen war, klärte der Rat in einer am 3. 8. 1990 veröffentlichten Resolution folgenden Inhalts:

„Die Lebacher Bevölkerung hat in den über 30 Jahren seit Bestehen der Landesaufnahmestelle Verständnis, Aufnahmebereitschaft und Fremdenfreundlichkeit bewiesen. Insbesondere das asoziale, unzivilisierte und kriminelle Verhalten einer auf weit über 1000 Personen angewachsenen Gruppe von Zigeunern rumänischer Herkunft hat dazu geführt, daß die Geduld der Lebacher Bevölkerung derzeit permanent überstrapaziert wird. Als gewählte Vertreter dieser Lebacher Bevölkerung sind wir nicht bereit, solche Mißstände länger hinzunehmen."[8]

In einem demokratischen Abstimmungsverfahren haben die Volksvertreter in einem Lokalparlament eine gesamte Bevölkerungsgruppe als Gegenbild zur bürgerlichen Gesellschaft aufgebaut und (vor-)verurteilt, ohne daß es eine Gegenstimme gegeben hätte.

Unter dem Druck von außen, nach der Umstellung der Sozialhilfe von Geld- auf Sachleistungen nur für die Roma und nach einem Streit zwischen Roma aus Rumänien und dem ehemaligen Jugoslawien über die Ursachen der Feindseligkeit verließen die Roma Lebach.

Der Innenminister des Landes rechtfertigte im nachhinein das Vorgehen, obwohl es – anders als behauptet – „keine Beutezüge, keine Angriffe gegen die Polizei, keine Gewalt gegen Bürger, keine unsittliche Belästigung" von seiten der Roma gegeben habe.[9]

Administratives Versagen und öffentliche Diffamierung der Roma durch politische Funktionsträger waren aber auch an anderen Orten zu finden. Der Rostocker Oberbürgermeister befand im August 1992, daß „mit den Sinti und Roma ... keine Kommune fertig" werde,[10] und der Innenminister von Mecklenburg-Vorpommern sprach nach den Ausschreitungen in Rostock-Lichtenhagen auf einer Pressekonferenz von dem „Nomadenvolk", das „nun mal nicht seßhaft" sei. Der Generalsekretär der CDU von Nordrhein-Westfalen konstatierte gar eine „Vergiftung des öffentlichen Klimas durch die Sinti und Roma".[11]

Welche „Zigeuner-Hysterie"[12] teilweise im Land herrschte, machen die Vorfälle von Goldberg in Mecklenburg-Vorpommern im Oktober 1992 noch einmal deutlich. Damals war für ein halbes Jahr eine Aufnahmestelle für Asylbewerber zwei Kilometer außerhalb des Ortes eingerichtet worden. Als die

Bewohner erfuhren, daß in den ehemaligen NVA-Kasernen auch „Zigeuner" untergebracht werden sollten, formierte sich über zwei Wochen lang der Widerstand mit dem Bürgermeister an der Spitze, um dies zu verhindern. Man fürchtete um begonnene touristische Projekte, sah bereits „alle beklaut", sprach von Menschen „wie Heuschrecken", die „nicht zu integrieren" seien. Als dann die 104 rumänischen Roma mit Bussen nach Goldberg gebracht wurden, blockierten Bewohner und Bürgermeister die Zufahrtsstraße. Von Bürgern wurden Äußerungen wie

„Da kommen die Schweine. Los, hol die Kalaschnikow"[13]

vernommen. Obwohl die Bewohner der ehemaligen DDR bis Anfang 1990 – von Ausnahmen abgesehen – über keinerlei Erfahrungen mit Sinti und Roma verfügten, lehnten viele diese von vornherein ab. Überlieferte latente Vorurteile wurden durch die medial vermittelten Bilder und Informationen aus zweiter Hand belebt. Nach der Entdeckung der „Zigeuner" rückten die zuvor am untersten Rand eingeordneten Schwarzen, Vietnamesen oder Asylbewerber eine Stufe nach oben. In der Hierarchie standen die Roma – die ja auch Asylbewerber waren – nun ganz unten. Eine Goldbergerin sprach aus, was viele dachten:

„Wenn sie uns Asylbewerber gebracht hätten und nicht auch noch diese Menschengruppe. ... sie können sie nicht dazu kriegen, sich vernünftig bei uns zu bewegen."[14]

Die Ablehnung der Roma ist kein Problem parteipolitischer Zugehörigkeiten oder Sympathien, sondern eng verknüpft mit Entwicklung und Zustand der bürgerlichen Gesellschaft. Auch grüne Politiker und vermeintlich objektive Wissenschaftler transportieren die negativen Bilder fort. Daniel Cohn-Bendit, Vorsteher des Amtes für Multikulturelle Angelegenheiten in Frankfurt, äußerte sich mit seinem Co-Autor Thomas Schmid unter der suggestiven Überschrift „Roma als Nachbarn oder der teure soziale Frieden" folgendermaßen über die Roma:

„Wo Sinti und Roma auftauchen, werden sie in aller Regel schnell zu *troublemakers*, die fast ausschließlich als Last und Zumutung erscheinen und die in der Tat insofern asozial, oder genauer nicht-sozial sind, als sie nicht erkennen lassen, daß sie zu der Gesellschaft, in der sie leben, Zugang finden wollen.... Es stoßen hier nun mal zwei Lebenswelten aufeinander, die zumindest auf lange Zeit hin nicht zusammenpassen werden."[15]

Da ist selbst der Vordenker der multikulturellen Gesellschaft auf seinen zum kollektiven Wissensbestand gehörenden Vorurteilen ausgerutscht; denn wie sonst könnte er die tradierten Bilder von der angeblichen Unsozialität, Integrationsunwilligkeit und Unvereinbarkeit der Kulturen derart undifferenziert weitergeben?

Zeitgleich mit dem Inkrafttreten des deutsch-rumänischen Rückführungsabkommens 1992 legte Wolf Oschlies vom Bundesinstitut für ostwissenschaftliche Studien in Köln eine Untersuchung über Roma in Rumänien vor. Aus dieser schlechten Auswertung von Sekundärliteratur seien zwei Passagen kurz zitiert. In der Vorbemerkung heißt es:

„Ein Problem sind diese Menschen gewiß – arme, unterprivilegierte und wenig zivilisierte Neuankömmlinge, deren Sehnsucht nach etwas materiellem Wohlstand zwar verständlich, deren Begehren nach ‚politischem Asyl' aber zu hundert Prozent unbegründet ist."[16]

Das angebliche Fehlen asylrelevanter Gefahren wird von Oschlies, aber auch von weiteren Autoren nicht anhand einer Untersuchung der staatlichen Politik belegt, sondern implizit mit einem herablassenden „Zigeunerbild" begründet. Ebenfalls in der Vorbemerkung schreibt er, daß sich bei Roma

„nur ... archaische Lebens- und Subsistenzformen – Nomadentum und ‚Nischenwirtschaft' – bis zur Gegenwart erhalten haben."[17]

Mit einer derartigen Argumentation werden die Roma fälschlicherweise wegen ihres angeblich rückständigen Lebenswandels als des staatlichen Interesses unwürdige Bevölkerungsgruppe dargestellt; damit wird nicht nur die Ausgrenzung dieser Minderheit, sondern auch die Leugnung tatsächlicher Menschenrechtsverletzungen fortgeschrieben; die Staaten werden aus ihrer politischen Verantwortung entlassen.

Es mag dahingestellt sein, ob es sich um eine vom Innenministerium in Auftrag gegebene oder vom Autor selbst erstellte Studie handelt. Im damaligen Kontext der Diskussion um „Zigeuner", das Asylrecht und das deutsch-rumänische Rückführungsabkommen konnte der Text nur als Gefälligkeitsgutachten gelesen werden. Nach heftigen Protesten wurde der weitere Vertrieb der Studie eingestellt. 1993 erschien eine überarbeitete Fassung.

Die „Romaphobie"[18], die im Zuge der deutschen Vereinigung und der verstärkten Zuwanderung ausbrach, entfaltete ihre Wirkung auf mehreren Ebenen. Auf einer Veranstaltung in Goldberg Mitte Oktober 1992, auf der über die Zuweisung der Roma diskutiert wurde und an der auch der Innenminister von Mecklenburg-Vorpommern teilnahm, stemmte sich lediglich eine einzige Teilnehmerin gegen die Welle der Ablehnung. Sie stellte die Frage, was aus den Flüchtlingen aus der ehemaligen DDR in Prag geworden wäre, wenn sich die Tschechen (oder Ungarn, K. R.) damals so wie die Deutschen jetzt verhalten hätten; und sie verwies darauf, daß unter den Menschen, die damals die DDR verließen, doch nicht nur anerkannte politische Flüchtlinge, sondern auch Menschen mit unterschiedlichen Fluchtmotivationen gewesen seien. Sie wurde niedergeschrien.[19] Indem die vermeintlichen oder tatsächlichen moralisch verwerflichen Begleitumstände der eigenen extremen Fluchtsituation („illegal", optisch auffällig, dreckig, gelegentlich fragwürdiges Sozialverhalten) auf die Roma übertragen wurden, konnten sie durch deren Ausgrenzung aus dem eigenen Leben verbannt werden.

Doch neben den hier keineswegs erschöpfend erörterten sozial-psychologischen Funktionen hat das negative Bild auch indirekte gesellschaftliche Stabilisierungswirkungen. Die Betonung der angeblichen kulturellen Rückständigkeit der Sinti und Roma mit ihren negativ definierten wirtschaftlichen (Nischenwirtschaft, Bettelei) und sozialen (Großfamilie) Aspekten läßt den epochalen technologischen Wandel zur Informations- und Multimediagesellschaft mit seinen sozialen und arbeitsmarktpolitischen Begleiterscheinungen als uneingeschränkt positiv, fortschrittlich und notwendig erscheinen. Dahinter steht implizit die Drohung mit der Ausgrenzung derjenigen, die aus dieser Ordnung herausfallen.

Darüber hinaus bot sich die Stigmatisierung der Roma zu innenpolitischen Zwecken an. Sie dienten als Hebel, mit dem an der damaligen Fassung des Grundrechts auf Asyl auch bei seinen Befürwortern Zweifel geweckt werden konnten; es kam zur Verfassungsänderung, und die Rückführungsverträge wurden durchgesetzt. Das erste dieser Rückführungsabkommen wurde im Herbst 1992 mit Rumänien abgeschlossen. Seinen Initiatoren kam die weitverbreitete Ablehnung der Roma/Rumänen sehr entgegen, so daß es praktisch ohne Widerstand in Kraft trat und die Tür für weitere vergleichbare Abkommen mit Kroatien, Bulgarien und Vietnam öffnete. Die Roma wurden in dieser hitzigen Phase als „Testgruppe" herangezogen. Das Pilotprojekt des Rückführungsabkommens mit Rumänien zielte somit einerseits auf die Roma und wies andererseits – wie die weiteren Rückführungsabkommen zeigen – auf längerfristig angelegte politische Ziele hin.[20]

Unabhängig von der Anzahl der Roma, deren Sozialverhalten oder tatsächlichen Konfliktsituationen hat der Staat von Beginn der Neuzeit an ein Bild von den kulturell minderwertigen/rückständigen/fremden und sozial unverträglichen „Zigeunern", das um epochenabhängige religiöse oder politische Stigmata ergänzt wurde, verfügbar gehalten. Eine Verdichtung an Äußerungen und Maßnahmen staatlicher Funktionsträger ist insbesondere in den Übergangsphasen deutscher Geschichte (Frühe Neuzeit, Gründung des modernen Nationalstaates 1870/71 und deutsche Vereinigung ab 1989) festzustellen.

Anders als der Antisemitismus, der nach 1945 öffentliches Tabu war, ist das „Zigeuner"-Ressentiment,[21] das eine eigenständige historische Entwicklung aufweist, auch nach 1945 eine Facette und ein integraler Bestandteil der gesellschaftlichen und politischen Kultur in diesem Lande geblieben.

Daß dieses Ressentiment jederzeit mobilisierbar bleiben wird, belegen die Umfrageergebnisse einer im Auftrag des American Jewish Committee von Emnid durchgeführten Untersuchung über gegenwärtige Einstellungen gegenüber Juden und anderen Minoritäten in der Bundesrepublik. Sinti und Roma galten nach Juden, Afrikanern, Polen, Türken, Vietnamesen und Arabern als die am geringsten geschätzte Bevölkerungsgruppe. 68 % der Befragten lehnten „Zigeuner" als Nachbarn ab, und 40 % schätzten ihr Verhalten als provokativ ein.[22]

2. „. . . die ihnen eine gleichberechtigte Teilhabe am gesellschaftlichen Leben ermöglichen" – Selbstvertretung und internationale politische Entwicklungen

Nachdem die Roma in den sozialistischen Ländern jahrzehntelang nur als soziale Randgruppe galten und ihnen die Selbstvertretung ihrer Interessen untersagt war, ermöglichten die politischen Wenden in Ost- und Südosteuropa die Gründung einer Vielzahl von regionalen und überregionalen Verbänden.

Der Anfang der erneuten gesellschaftlichen, kulturellen und politischen Ortsbestimmung in einer sich wandelnden Gesellschaft erwies sich in allen Ländern als schwierig, da die kulturelle und soziale Heterogenität der Roma, die Spannung zwischen demokratischen Prinzipien und traditionellen Autoritäten, parteipolitische Sympathien und persönliche Ambitionen zu heftigen Spannungen zwischen den Verbänden führten. Darüber hinaus gab es teilweise erhebliche politische Widerstände gegen die Organisation der Roma.

Am Beispiel Rumäniens soll dies kurz verdeutlicht werden. Die Krönung von Ion Cioaba aus Sibiu/Hermannstadt, einem der Bulibasa der Kalderash, zum „König der Zigeuner" 1992 und seines Cousins 1993 zum Kaiser fand in den bundesdeutschen Medien rege Berichterstattung; dieser Vorgang verzerrte das Bild der Selbstorganisationen und wurde von anderen Roma heftig kritisiert. Diese bestanden in der Regel aus einem oder mehreren ausgebildeten Initiatoren, um die sich ein nur wenig formalisierter Kreis an Aktivisten und Unterstützern scharte. Das Gegenstück zum eher an herkömmlichen Führungsstrukturen orientierten und mit erheblichem Machtanspruch angetretenen Cioaba ist die Ethnische Föderation der Roma und das ihm angeschlossene Zentrum der Roma für Soziale Intervention und Studien (CRISS); in dem Verband sind überwiegend Roma mit akademischer Ausbildung und Studenten vertreten, die kontinuierliche Aufklärungsarbeit über Menschenrechtsverletzungen und die sozio-ökonomische Lage sowie Lobbyarbeit in Rumänien und bei internationalen Gremien leisten. Für ihre Konzeption, die Verwirklichung der Menschenrechte mit Wirtschaftsförderung vor Ort zu verknüpfen, erhielt die Organisation 1991 den Menschenrechtspreis der Französischen Republik. Der Vorsitzende der Ethnischen Föderation, Nicolae Gheorghe, gehörte außerdem zu den Empfängern des Menschenrechtspreises der Dr.-Bruno-Kreisky-Stiftung 1993.

Doch trotz aller Unterschiedlichkeit zwischen den Verbänden gelang es, Allianzen zu bilden und teilweise ein gemeinsames Vorgehen zu erreichen. Denn die inhaltlichen Forderungen ähnelten sich nicht nur bei den Roma in Rumänien, sondern in allen ost- und südosteuropäischen Ländern: Anerkennung der Roma als Ethnie und als nationale Minderheit, Förderung selbstverwalteter Kulturzentren, Sendezeiten in staatlichem Rundfunk und Fernsehen, Vertretung in den sie betreffenden politischen Gremien. Um diese Ziele zu verwirklichen, leisteten die Roma nicht nur Lobby- und Öffentlichkeitsarbeit, sondern sie schalteten sich auch selbst in die institutionalisierten Prozesse ein. Sie ließen sich als Kandidaten sympathisierender politischer Parteien aufstellen, so daß insbesondere in der tschechischen und slowakischen Republik, aber auch in Ungarn, Bulgarien und in Mazedonien heute Roma in den Parlamenten als gewählte Abgeordnete vertreten sind. Auf Grund einer Quotenregelung, nach der jede Minderheit einen Vertreter im Parlament haben soll, ist auch in Rumänien ein Rom im Parlament. Roma sind auch in den Minderheitengremien der Länder vertreten. Zusätzlich zur Intervention in die nationalen Politiken begannen die Roma alte und neue Kontakte zwischen Ost und West (wieder)herzustellen.

Sie schalteten sich in die Arbeit der Internationalen Roma Union ein, deren Politik stark kulturell und sprachlich ausgerichtet ist. Ferner wurde auf Initiative der Rom und Cinti Union/Hamburg als Reaktion auf die politischen Wenden zunächst EUROM und kurz danach der Roma National Congress (RNC), ein Zusammenschluß von Roma-Verbänden aus ost- und westeuropäischen Länder gegründet. Der Roma National Congress betont seinen politischen Ansatz; eines seiner Ziele ist die Anerkennung der Roma als europäische Minderheit und die Verabschiedung einer „Roma Charta" durch die internationalen Organisationen, also die explizite Festschreibung der Rechte von Roma.

Es waren insbesondere einzelne Roma aus Ost- und Südosteuropa und aus den bundesdeutschen Romaverbänden, die nach den politischen Wenden die Anliegen der Roma in die internationalen Organisationen eingebracht haben. Ein erster Erfolg war die explizite Erwähnung der Roma im Abschlußdokument des Seminars über die menschliche Dimension, einer Sektion der Konferenz über Sicherheit und Zusammenarbeit in Europa (KSZE), im Juni 1990 in Kopenhagen. Dort wurden Roma erstmals in den Zusammenhang von Rassismus und Fremdenfeindlichkeit gestellt. Auf dem Gipfeltreffen der Konferenz über Sicherheit und Zusammenarbeit in Europa in Helsinki 1992 anerkannten die teilnehmenden Staaten eine Verpflichtung gegenüber den Roma. Im Abschlußprotokoll hieß es:

„(Die teilnehmenden Staaten)" (35) unterstreichen in diesem Zusammenhang erneut die Notwendigkeit, angemessene Maßnahmen für die Staatsangehörigen zu ergreifen, die den Roma und anderen Gruppen, die herkömmlich als Zigeuner bezeichnet werden, angehören, und Bedingungen zu schaffen, die ihnen eine gleichberechtigte Teilhabe am gesellschaftlichen Leben ermöglichen. Sie werden eine Zusammenarbeit zu diesem Zweck in Erwägung ziehen."[23]

Der damalige Kommissar der KSZE für nationale Minderheiten legte im September 1993 seinen Abschlußbericht zur

Lage der Roma im KSZE-Gebiet vor und unterstrich erneut die Notwendigkeit der Sicherstellung der Bürgerrechte sowie der Stärkung der demokratischen Einrichtungen und des Rechtssystems in den jeweiligen Ländern. Zudem empfahl er erneut Maßnahmen in den Bereichen Arbeit, Ausbildung, Gesundheit unter Einbeziehung der Roma.[24]

Deutlich geht aus dem Abschlußdokument die Eingrenzung der Aufgabenstellung auf die Staatsbürger hervor; den Roma-Flüchtlingen wurde keine besondere Schutzwürdigkeit zugestanden. Führend bei der Ablehnung war die Bundesrepublik. Auf der Sitzung der Menschenrechtskommission der Vereinten Nationen im März 1992 wandte sich die deutsche Delegation sowohl gegen eine eindeutige Resolution zugunsten der staatsangehörigen Sinti und Roma als auch gegen die Einbeziehung der auf dem Staatsgebiet lebenden Flüchtlinge in den Schutz – und isolierte sich damit.[25] Dafür befaßte sich der Hohe Flüchtlingskommissar der Vereinten Nationen mit der Lage der Roma in Zentral- und Osteuropa und empfahl eine Reihe von kontinuierlichen Maßnahmen für Roma-Flüchtlinge auch dann, wenn der jeweilige Staat eine Verfolgung dieser Roma nicht anerkannte und ihren Schutz ablehnte.[26]

Deutliche Fortschritte machten die Roma zudem auf europäischer Ebene, auf der die EG den Sinti, Roma und Fahrenden auf nicht unumstrittene Weise schon seit Ende der sechziger Jahre Aufmerksamkeit gewidmet hatte. Dort hatten sich verschiedene Abteilungen des Europarates (Ministerkomitee, Parlamentarische Versammlung, Ständige Konferenz für lokale und regionale Autoritäten, Rat für Kulturelle Kooperation) bereits mit den „Zigeunern“ und „Nomaden“ in Resolutionen, Untersuchungsberichten und Lehrerfortbildungsmaßnahmen befaßt. Darüber hinaus war der spanische sozialistische Abgeordnete und Kalo-Rom Juan de Dios Ramirez Heredia jahrelang Abgeordneter des Europäischen Parlaments. Doch von den zahlreichen Empfehlungen dieser Jahre wurden nur wenige umgesetzt. Durch die Aufnahme ost- und südosteuropäischer Länder in den Europarat ist die Zahl der Roma in seinem Wirkungsbereich erheblich angestiegen.

Im Rahmen der Europäischen Kommission fand 1991 eine Tagung zum Thema Roma in Brüssel und 1994 ein Kongreß in Sevilla unter zahlreicher Beteiligung von Roma aus west- und osteuropäischen Ländern statt. Die parlamentarische Versammlung des Europarates verabschiedete im Februar 1993 aufbauend auf einem für die Versammlung erstellten Bericht eine Empfehlung zu Sinti, Roma und Fahrenden. Neben einer Reihe von Handlungsvorschlägen wurde die Position der Sinti, Roma und Fahrenden in der Gesellschaft dahingehend definiert, daß Sinti und Roma nicht länger als sozio-ökonomische Randgruppe, sondern als kulturelle Einheit anzusehen seien. Unter den Minderheiten in Europa nähmen die Sinti und Roma einen besonderen Platz ein, da sie als nicht-territoriale Minderheit nicht in die gängigen Definitionen von territorialer oder sprachlicher Minderheit paßten. Intoleranz und Ausbrüche rassischen und sozialen Hasses hätten die beklagenswerte Lage der Sinti, Roma und Fahrenden verstärkt. Sie bedürften deshalb besonderen Schutzes.[27] Die zum Europarat gehörende „Ständige Konferenz lokaler und regionaler Autoritäten in Europa" befaßte sich ebenso mit Sinti, Roma und Fahrenden.[28] Im September 1994 veranstalteteten der Europarat und das Büro für demokratische Institutionen und Menschenrechte (ODIHR) der Organisation für Sicherheit und Zusammenarbeit in Europa (OSZE) in Warschau ein gemeinsames Seminar zur Lage der Roma. Der Menschenrechtsausschuß des Europäischen Parlaments befaßte sich ebenfalls wiederholt mit der Lage der Roma.[29]

Ergebnis war unter anderem die Einrichtung eines ständigen Kontaktbüros für Sinti und Roma innerhalb der OSZE (Contact Point for Sinti and Roma/ODIHR) in Warschau und eine dem Europäischen Migrationskomitee (CDMG) des Europarates angegliederte Koordinationsstelle).[30] Allerdings sind weder die bedingte Institutionalisierung innerhalb der internationalen Organisationen noch deren Gestattung unter den Sinti und Roma unumstritten.

Dennoch sind diese internationalen Entwicklungen eindeutige Fortschritte auf dem Weg zur Anerkennung der Roma in Europa. Ein Problem, nämlich die Klärung des völkerrechtlichen Status der Roma, ist weiterhin ungelöst. Unumstritten ist, daß die Roma Staatsangehörige der jeweiligen Nationalstaaten sind. In den Abschlußdokumenten wird die Bedeutung dieser nationalstaatlichen Zugehörigkeitsregelung für die Zukunft der Roma unterstrichen. Darüber hinaus aber weisen die Roma auch grenzüberschreitende Zugehörigkeiten auf, die bisher juristisch nicht geklärt sind.

Die Diskussion innerhalb der Roma, in der ganz unterschiedliche Minderheitenpositionen eingefordert werden, spiegelt die Spannung zwischen Staatsangehörigkeit und grenzübergreifender ethnischer Zugehörigkeit, aber auch die Vielfalt nationaler/kultureller Identitäten unter den Roma wider. Während die Sinti jahrelang von sich als „deutscher Volksgruppe" sprachen und erst in letzter Zeit mit dem juristisch konziseren Begriff der „ethnischen Minderheit" operierten, sprachen Roma in Anlehnung an die sozialistische Minderheitenpolitik von sich selbst als „nationale Minderheit". In den vergangenen Jahren wurde darüber hinaus die Idee von der „transnationalen Minderheit" in die Diskussion gebracht; hiermit sollte deutlich gemacht werden, daß Roma in allen europäischen Ländern eine Minderheit ohne Territorium oder Titularnation darstellen. Dieser Idee wiederum wurde von den Sinti, aber auch von einigen anderen Roma heftig widersprochen, da sie Staatsbürger der jeweiligen Länder sind und eine Herauslösung der Roma aus dem nationalstaatlichen Verantwortungsbereich befürchteten. Die Einordnung der Roma als „staatenloses Volk" wurde ebenfalls wiederholt vorgetragen; sie ist insofern unzutreffend, als die absolute Mehrheit der Roma juristisch Staatsangehörige der jeweiligen Länder sind; auch der Hinweis darauf, daß die Roma „staatenlos" oder „de facto" staatenlos seien, weil sie auch als Staatsbürger schutzlos seien, mag zwar politisch richtig sein und dem Selbstverständnis vieler Roma entsprechen, widerspricht aber dem Völkerrecht und dem Selbstverständnis mindestens ebensovieler anderer Roma, die sich als Staatsbürger fühlen.[31]

Eine weitere Klärung des Minderheitenstatus, in der nationalstaatliche und grenzübergreifende Zugehörigkeit zusammengeführt statt gegeneinander ausgespielt werden, erscheint notwendig. Darüber hinaus ist nach Ablauf dieser ersten internationalen Anerkennungsphase, die nach dem Ende der sozialistischen Diktaturen einsetzte, eine zweite Anstrengung der Roma vonnöten, damit die bisherigen Erklärungen und Empfehlungen verbindlicheren Charakter annehmen und auch umgesetzt werden.

Denn trotz aller Absichtserklärungen werden die Position der Roma und die Umsetzung der Minderheitenrechte dieses Volkes in den jeweiligen Staaten allein durch den politischen Zeitgeist und nicht durch zwischenstaatliche Verbindlichkeiten bestimmt. Bis heute sind die seit Jahrhunderten in Deutschland lebenden Sinti – anders als die in den Landesverfassungen anerkannten Sorben oder Dänen – nicht als nationale Minderheit anerkannt[32]; in Serbien gelten Roma als „ethnische Gruppe"; in Mazedonien hingegen werden sie als Bevölkerungsgruppe in der Verfassung anerkannt; Rumänien hingegen möchte die kleinen Fortschritte in der Anerkennung der Roma wieder rückgängig machen.

Doch selbst wenn die Roma sich zu einer weiteren Anstrengung aufraffen, ist erheblicher politischer Widerstand zu befürchten. Die politischen Wenden haben gezeigt, daß die Roma in den Ländern, die in den Europarat aufgenommen worden sind, große Minderheiten mit einer – wenn auch noch zu kleinen, aber dennoch – engagierten Intelligenzija stellen. Abgesehen davon, daß sich kein Staat die Definitionsmacht über ein anderes Volk aus den Händen nehmen läßt, würde sich an dieser Minderheit die Diskussion um „affirmative action", also um gruppenspezifische Fördermaßnahmen zum Ausgleich struktureller Benachteiligung, um die Umsetzung von Minderheiten- und Mitspracherechten neu stellen. In keinem der ost-, südost- oder auch einigen westeuropäischen Staaten wie der Bundesrepublik ist eine solche Diskussion derzeit politisch erwünscht.

Anhang

Anmerkungen

I. Von den ersten Wanderungen der Roma bis zur Gründung des Deutschen Reiches 1870/71

1 Paul Bataillard: Beginning of the Immigration of the Gypsies into Western Europe in the Fifteenth Century, in: Journal of the Gypsy Lore Society, Vol. I No. 4, April 1889. Bataillard stellte seine Hypothese bereits 1849 auf, revidierte sie aber 1875 dahingehend, daß die Vorfahren der Roma ein eigenständiges Volk gewesen und im Laufe der Westwärtsbewegung mit den Jat zusammengegangen seien

2 Um 815 wird Sari ibn al-Hakam, ein Zott, zum Statthalter von Ägypten ernannt.

3 Siehe die unterschiedlichen Interpretationen von M. J. de Goeje: Mémoire Sur Les Migrations des Tsiganes a Travers l'Asie, Leide 1903; G. A. Grierson: Doms, Jats and the Origin of the Gypsies, in: Journal of the Gypsy Lore Society, Vol. I. No. 2, Oct. 1888, S. 71–76; Donald Kenrick: From India to the Mediterranean, Paris 1993; Reimar Gilsenbach: Weltchronik der Zigeuner, Teil I: Von den Anfängen bis 1599, Frankfurt 1994.

4 Siehe Ines Köhler-Zülch: Die Heilige Familie in Ägypten, die verweigerte Herberge und andere Geschichten von ‚Zigeunern': Selbstäußerungen oder Außenbilder, in: Die Sinti/Roma Erzählkunst, hrsg. v. Daniel Strauß, Kultur- und Dokumentationszentrum der deutschen Sinti und Roma, Heidelberg 1992.

5 Ines Köhler-Zülch: a. a. O., S. 36.

6 Donald Kenrick: a. a. O., S. 38.

7 Die unterstellte Zugehörigkeit zu einer niederen oder höheren Kaste wurde von zahlreichen Autoren zu ideologischen Zwecken mißbraucht.

8 G. A. Grierson: a. a. O., S. 71–76; Donald Kenrick: a. a. O., S. 37; Angus Fraser: The Gypsies, Oxford 1995, S. 25/26.

9 Ian Hancock: A Handbook of Vlax-Romani, Columbus 1995, S. 20–24.

10 Rajko Duric: Zigeuner. Ein Volk aus Feuer und Wind, Eltville 1980, S. 7.

11 Siehe z.B. Ein niederrheinischer Bericht über den Orient, Handschrift aus dem Kölner Stadtarchiv, in: Zeitschrift für Philologie (19), Heft 1, 1886.
12 Siehe Rüdiger Vossen: Zigeuner, Frankfurt 1982, S. 20/21.
13 Siehe Reimar Gilsenbach: a.a.O., S. 33.
14 Siehe Reimar Gilsenbach: a.a.O., S. 33.
15 Zit. nach Reimar Gilsenbach: a.a.O., S. 34.
16 Siehe Carl Hopf: Die Einwanderung der Zigeuner, Gotha 1870, S. 16.
17 Zit. nach Rüdiger Vossen: a.a.O., S. 22.
18 Zit. nach Reimar Gilsenbach: a.a.O., S. 103.
19 Zit. nach Rüdiger Vossen: a.a.O., S. 22.
20 Zit. nach Carl Hopf: a.a.O., S. 14
21 Zit. nach Carl Hopf: a.a.O., S. 14/15.
22 Siehe Reimar Gilsenbach: a.a.O., S. 130
23 Siehe Reimar Gilsenbach: a.a.O., S. 37.
24 Siehe Reimar Gilsenbach: a.a.O., S. 40.
25 Franz Remmel: Die Roma Rumäniens, Wien 1993, S. 38.
26 Sam Beck, Nicolae Gheorghe: From Slaves to Nationality. Political Economy and Cultural Interpretation of Gypsy Ethnicity in Romania, Amsterdam 1981; P. N. Painatescu: The Gypsies in Walachia and Moldavia. A Chapter of Economic History, in: Journal of the Gypsy Lore Society, Vol. XX No. 2, April 1941; Mihail Kogalniceanu: Esquisse sur L'Histoire, Les Moeurs et la Langue des Cigains, Berlin 1837.
27 Siehe Reimar Gilsenbach: a.a.O., S. 48 und S. 50.
28 Johannes Stumpf: Schweytzer Chronik 1538, zit. nach der Ausgabe von 1606, wiedergegeben in Reimer Gronemeyer: Zigeuner im Spiegel früher Abhandlungen und Chroniken, Gießen 1987, S. 32/33.
29 Siehe Reimar Gilsenbach: a.a.O., S. 62/63.
30 Siehe Reimar Gilsenbach: a.a.O., S. 63.
31 Zit. nach Reimar Gilsenbach: a.a.O., S. 67.
32 1356 Eroberung Thrakiens; 1366 wird Bulgarien tributpflichtig; 1396 die Walachei wird tributpflichtig; 1389 werden die Südslawen auf dem Amselfeld geschlagen; 1396 Niederlage König Sigismunds; 1453 Einnahme Konstantinopels; 1526 Einnahme Buda und Pests; 1529 stehen die Türken vor Wien.
33 Hans Lewenclaw von Amelbeurn: Neuwe Chronika Türckischer Nation. Frankfurt am Main 1590, S. 118. Über türkische Roma siehe auch: Alexandre G. Paspati: Études Sur les Tchighianes Ou Bohémiens De L'Empire Ottoman, Konstantinopel 1870.
34 Reimar Gilsenbach: a.a.O., S. 45.
35 Siehe Reimer Gronemeyer: a.a.O., S. 16/17.
36 Zit. nach Reimer Gronemeyer: a.a.O., S. 20.
37 Gronemeyer verweist auf Änderungen in späteren Werken des Andreas Presbyter. An eine der Abschriften der „Chronika Pontificum et Impe-

ratorum Romanum" wurde an seine Ausführungen zum Jahr 1424 der Satz „Hec aiebat, se ex Egipto venisse" vermutlich Ende des 15. Jahrhunderts angefügt. Im gleichen Werk wurde zum Jahr 1433 von Andreas selbst folgendes geschrieben: „In diesem Jahr kamen erneut in unsere Gegend diejenigen vom Volk der Ciganorum, gemeinhin Cigäwnär genannt, die sagen, daß sie aus Ägypten kämen."
Dieselbe Angabe zum Jahr 1433 machte Andreas Presbyter in einer weiteren seiner Arbeiten, der „Chronica de principibus terrae Bavavorum". (nach Gronemeyer: a. a. O., S. 20–25) Andreas Presbyter hat später also nicht mehr seiner frühen Information vertraut, sondern ist der gängigen Einschätzung gefolgt.

38 Ines Köhler-Zülch: a. a. O., S. 35ff.

39 Reimar Gilsenbach: a. a. O., S. 75.

40 Zit. nach Reimer Gronemeyers Übersetzung der lateinischen Ausgabe: a. a. O., S. 28.

41 Gronemeyer verweist darauf, daß die 1580 vorgenommene deutsche Übersetzung erheblich von der lateinischen Vorlage abweicht. Sie hebt die Pflicht zur Bestrafung und den angeblichen Zusammenhang zwischen dem Auftauchen der Roma und einem Überfall der Türken hervor. Gronemeyer: a. a. O., S. 29.

42 Reimer Gronemeyer: a. a. O., S. 34/35.

43 Martin Ruch: Zur Wissenschaftsgeschichte der deutschsprachigen „Zigeunerforschung" von den Anfängen bis 1900, Dissertation, Freiburg 1986, S. 56/57.

44 Zit. nach Reimer Gronemeyer: a. a. O., S. 20.

45 Reimar Gilsenbach: a. a. O., S. 84.

46 Reimar Gilsenbach: a. a. O., S. 76.

47 Martin Ruch: a. a. O., S. 49.

48 Martin Ruch: a. a. O., S. 52/53.

49 De literis et lingua Getarum sive Gothorum, zit. nach Reimer Gronemeyer: a. a. O., S. 113–116.

50 Zit. nach Martin Ruch: a. a. O., S. 73.

51 Reichstagsabschied in Ulm, 20. 11. 1529, zit. nach Ruch: a. a. O., S. 52.

52 Zit. nach Gronemeyer: a. a. O., S. 79.

53 Zit. nach Stefan Arend: Zigeuner und Zigeunergesetzgebung in Deutschland im 16. Jahrhundert, in: Tsiganologische Studien, Nr. 2, 1990, S. 71–87.

54 R. A. Scott Macfie: Gypsy Persecutions: A Survey of a Black Chapter in European History, in: Journal of the Gypsy Lore Society, Vol. XXII Nos. 3–4, July–October 1943.

55 Zit. nach Andrea Flaspöhler: „... Genügsam Bekannt, Dass Die Bisherigen Zigeunerjagden von keinem Effect Sind" – Visitationen in Lippe, in: Sinti in der Grafschaft Lippe, Studien zur Geschichte der „Zigeuner", hrsg. v. Karin Bott-Bodenhausen, München 1988, S. 67–93.

56 Andrea Flaspöhler: a. a. O., S. 68.
57 Andrea Flaspöhler: Lebenswege von Sinti, in: a. a. O., S. 206/207.
58 Andrea Flaspöhler: a. a. O., S. 204/205.
59 Dr. Günther: Seßhafte Zigeuner, in: Reichsverwaltungsblatt, Bd. 58, Berlin 1937.
60 Claudia Mayerhofer: Dorfzigeuner, Wien 1983.
61 Siehe Rüdiger Vossen: Zigeuner, Frankfurt 1983, S. 55.
62 Siehe Thomas Fricke: Wie die Zigeunerintegration scheiterte, in: Stuttgarter Zeitung, 12. April 1991.
63 Knut Dohse: Ausländische Arbeitnehmer und bürgerlicher Staat. Genese und Funktion von staatlicher Ausländerpolitik und Ausländerrecht. Vom Kaiserreich bis zur Bundesrepublik Deutschland. Königstein 1981.
64 Niedersächsisches Hauptstaatsarchiv.

II. Grundzüge der Kultur und Sprache von Sinti und Roma

1 Erste Anfänge siehe: Kirsten Martins-Heuß: Zur mythischen Figur des Zigeuners in der deutschen Zigeunerforschung, Frankfurt 1983, und Martin Ruch: a. a. O.
2 Reimer Gronemeyer: Zigeuner in der Sozialpolitik heutiger Leistungsgesellschaften, Gießen 1983, S. 46ff.
3 Reimer Gronemeyer: Unaufgeräumte Hinterzimmer – Ordnungsabsichten sozialistischer Zigeunerpolitik, in: Mark Münzel, Bernhard Streck (Hrsg.): Kumpania und Kontrolle, Gießen 1981, S. 217.
4 Georgia Rakelmann: Zigeuner in der Schule – Regulierung durch Pädagogik, in: Mark Münzel, Bernhard Streck: a. a. O., S. 173.
5 Georgia Rakelmann: a. a. O., S. 169.
6 Georgia Rakelmann: a. a. O., S. 174.
7 Mark Münzel: Zigeuner und Nation, in: Mark Münzel, Bernhard Streck: a. a. O., S. 17.
8 Mark Münzel: a. a O. S. 22.
9 Mark Münzel, Bernhard Streck: a. a. O., S. 7.
10 Vorwort von Romani Rose, in: Kirsten Martins-Heuß, a. a. O., S. 16.
11 Reimer Gronemeyer, Georgia Rakelmann: Rom Zigeuner auf dem Weg in die Postmoderne, in: Roma – das unbekannte Volk, hrsg. v. Mozes F. Heinschink, Ursula Hemetek, Wien 1984, S. 14ff.
12 brawo sinto! Lebensspuren deutscher Zigeuner, hrsg. v. Joachim S. Hohmann, Frankfurt 1984, S. 11, 12 und 22; Zentralrat deutscher Sinti und Roma an die „Frankfurter Rundschau" am 28. November 1984; Joachim S. Hohmann: brawo sinto. Auf den Spuren eines geächteten Buches, Fernwald 1986.
13 Martin Block: Die materielle Kultur der rumänischen Zigeuner, hrsg. v. Joachim S. Hohmann, Frankfurt 1991, S. 18ff.

14 Leonado Piasere: Die Liebeleien der Tziganologen, in: pogrom, Zeitschrift der Gesellschaft für bedrohte Völker, 130. Sinti und Roma in Deutschland und Europa 1987, Göttingen 1987.
15 Martin Block: Zigeuner: Ihr Leben und ihre Seele. Leipzig 1936, S. 1, 126.
16 Martin Block: Die materielle Kultur, a. a. O., S. 214 und 24.
17 Aus dem Nachwort zur Neuauflage der „Zigeunermärchen" 1962, zit. nach Stefan Renner: Zur Problematik von „Zigeunermärchen"-Sammlungen, in: Daniel Strauß: a. a. O., S. 203.
18 Heinrich von Wlislocki: Zur Ethnographie der Zigeuner in Südosteuropa, hrsg. v. Joachim S. Hohmann, Frankfurt 1994, S. 7.
19 Ungarische Statistische Mittheilungen: Ergebnisse der in Ungarn am 31. Jänner 1893 durchgeführten Zigeuner-Conscription, Budapest 1895; nur in einem Bezirk stellten die Kortorara 20 % der Romabevölkerung.
20 Heinrich von Wlislocki: a. a. O., S. 23.
21 siehe Ines Köhler-Zülch, in: Daniel Strauß: a. a. O., S. 68–77.
22 Anthony P. Grant: Plagiarism and Lexical Orphans, in: ed. Yaron Matras: Romani in Contact – The History, Structure and Sociology of a Language, Amsterdam 1995, S. 53 ff.
23 Ines Köhler-Zülch: a. a. O., S. 76–78.
24 Einleitung Hohmann zu Heinrich von Wlislocki: a. a. O., S. 25.
25 Quellen: Angaben von Delegierten auf der 1994 von Europarat und OSZE/Büro für Demokratische Institutionen durchgeführten Tagung zu Roma; Jean-Pierre Liegeois: Gypsies and Travellers, Paris 1994, S. 16.
26 Tihomir R. Gjordjevic: Die Zigeuner in Serbien, 2 Teile, Budapest 1903.
27 Zur Zeit der verstärkten Zuwanderung der Roma aus Südosteuropa waren von Sprechern der Sinti abgrenzende Äußerungen gegen Roma zu hören. Es wurde von „andersgearteter Kultur" gesprochen, von „Bedrohung" der Sinti-Kultur, von „unserem Deutsch-Sein, . . . unserer deutschen Staatsangehörigkeit, unserer deutschen Schulbildung, . . . Zugehörigkeit zu deutschen Sportvereinen, . . . deutsche Volksgruppe." Diese negativen Abgrenzungen wurden nicht von allen Sinti geteilt, blieben aber offizielle Politik.
28 Interview Katrin Reemtsma mit Amanda F. am 13. 2. 93.
29 Andrew Borde: The Fyrst Boke of the Introduction of Knowledge, in: Journal of the Gypsy Lore Society, No. 2, October 1907.
30 Victor Friedman, Robert Dankoff: The Earliest known Text in Balkan (Rumelian) Romani: A Passage from Evliya Celebi: Seyahat-name, in: Journal of the Gypsy Lore Society, Vol. 1 No. 1, 1991.
31 Siehe Siegmund A. Wolff: Großes Wörterbuch der Zigeunersprache Romani, Mannheim 1960.
32 Rüdiger: Von der Sprache und der Herkunft der Zigeuner aus Indien, 1782.

33 Siehe Yaron Matras: Untersuchungen zu Grammatik und Diskurs des Romanes. Dialekt der Kalderaša und Lovara, Wiesbaden 1994.
34 August Friedrich Pott: Die Zigeuner in Europa und Asien, unveränderte Neuauflage, Leipzig 1964, Vorwort. Hervorhebung im Original.
35 Franz von Miklosich: Über die Mundarten und Wanderungen der Zigeuner, 12 Bände von 1872–1880; Yaron Matras: a. a. O., S. 3/4.
36 Die Wortbeispiele Sanskrit, Hindi und Kalderash stammen aus: Angus Fraser: The Gypsies, Oxford 1995, S. 16; die Ergänzungen von der Autorin.
37 Ian Hancock: On the Migration and the Affiliation of the Domba: Iranian Words in Rom, Lom and Dom Gypsy, in: Yaron Matras: Romani in Contact, a. a. O., S. 25ff.
38 Ian Hancock: A Handbook of Vlax-Romani, Columbus 1995, S. 25.
39 Tessa Hofmann: Die Lom (Boscha) Armeniens, in: pogrom, Zeitschrift der Gesellschaft für bedrohte Völker, 130. Sinti und Roma in Deutschland und Europa 1987, Göttingen 1987.
40 Informaciaqo Lil e Rromane Uniaqoro, Zulaj – Demèbra 1993.
41 Krume Kepeski, Saip Jusuf: Romani Gramatika, Skopje 1980.
42 Katrin Reemtsma: Roma in Mazedonien, Menschenrechtsbericht Nr. 14 der Gesellschaft für bedrohte Völker, Göttingen 1995; Victor A. Friedman: Romani Standardization and Status in the Republic of Macedonia, in: Yaron Matras: Romani in Contact, a. a. O., S. 177 ff.
43 Milena Hübschmannova, Margit Reiznerova, Gejza Demeter: Bedrohung und Verlust der eigenständigen Kultur?, in: Die Sinti/Roma Erzählkunst, hrsg. v. Daniel Strauß, a. a. O., S. 153.
44 Alaina Lemon: In Russia, A Community Divided, in: Transition, Vol. 1, No. 4, 1995.
45 Rajko Duric: La Litterature des Roms et Sintis, in: Études Tsiganes, 1991/4, Paris 1991.
46 Grattan Puxon: Roma in Macedonia, in: Journal of the Gypsy Lore Society, Vol. I, 1976; Martine Tassy: Le Poème des Roms de Macédoine, in: Études Tsiganes, 1991/4; Katrin Reemtsma: Roma in Mazedonien, a. a. O.
47 Übersetzung aus: Jerzy Ficowski: Gypsies in Poland, o. D., S. 114 ff.
48 Zit. nach Beate Eder: Geboren bin ich vor Jahrtausenden ... Bilderwelten in der Literatur der Roma und Sinti, Klagenfurt 1993, S. 82.
49 Mateo Maximoff u. a.: Les Ursitory, Paris 1946; Le Prix de la Liberte 1955; La Septième Fille, Romaiville 1982; Verdammt zu leben, Bern 1988.

III. Von der Reichsgründung bis zum Ende der deutschen Teilung

1 Regensburger Tagblatt, 13. Nov. 1899, BayHSTA MInn 66435.
2 Pfälzische Presse, 14. Nov. 1889, BayHSTA MInn 66435; Hervorhebungen im Original.

3 Siehe hierzu auch die Auswertung von Rainer Hehemann: Die „Bekämpfung des Zigeunerunwesens" im Wilhelminischen Deutschland und in der Weimarer Republik, 1871–1933, Dissertation 1987, S. 152–184.

4 Reichsamt des Innern am 1. 7. 1886, zit. nach Rainer Hehemann: a. a. O., S. 247.

5 Zit. nach Rainer Hehemann: a. a. O., S. 249.

6 Nach Zählungen, die die preußische Regierung wohl in den 1880er Jahren vornehmen ließ, lebten 1888 in Preußen 1054 Sinti in festen Siedlungen. Die Zählung enthält offenkundige Lücken, da beispielsweise Berlin nicht angeführt wird; doch selbst wenn man diese offizielle Zahl verdoppelt und ebenso viele reisende Sinti und Roma hinzuzählt, wird deutlich, in welchem Maße eine „Zigeunerplage" konstruiert wurde. Siehe Rudolf von Sowa: Statistical Account of the Gypsies in the German Empire, in: Journal of the Gypsy Lore Society, July 1888, S. 29–33.

7 Landwirtschaftlicher Verein für Rheinpreußen am 7. 1. 1893, zit. nach Rainer Hehemann: a. a. O., S. 203.

8 Verein Rheinisch Westphälischer Pferdehändler am 23. 7. 1925, in: Hehemann: a. a. O., S. 203.

9 Anweisung zur Bekämpfung des Zigeunerunwesens, 17. 2. 1906, StaAH 2265.

10 Bay HSTA MInn 66436.

11 Siehe Wolfgang Günther: Zur preußischen Zigeunerpolitik seit 1871. Eine Untersuchung am Beispiel des Landkreises Neustadt am Rübenberge und der Hauptstadt Hannover, Hannover 1985.

12 Staatsministerium des Innern an das Bezirksamt Rosenheim, München 7. Mai 1907; Bay HSTA MInn 66436.

13 Staatsministerium des Innern an K. Staatsministerium des Koeniglichen Hauses und des Aeußeren, 1. Juli 1907 und 23. Juli 1907, Bay HSTA MF 67414.

14 Koenigl. Bayerisches Staatsministerium des Koeniglichen Hauses und des Aeußeren an K.Regierung von Unterfranken und Aschaffenburg. K. d. I., München, 27. Juli 1907, Bay HSTA MF 67414.

15 Staatsministerium des Innern an K. Regierung von Unterfranken und Aschaffenburg, K. d. Innern, München, 18. September 1907, Bay. HSTA MF 67414.

16 Staatsministerium des Innern an K. Regierung von Unterfranken und Aschaffenburg, Kammer des Innern, München, 10. Oktober 1907, Bay HSTA MF 67414.

17 Antrag Liebermann von Sonnenberg, Dr. Böhme und Genossen. Reichstag 12. Legislaturperiode I. Session 1907, Bay HSTA MWi 839.

18 Reichstag 12. Legislaturperiode II. Session 1909/10.

19 Reichstag 46. Sitzung, 2. März 1910, S. 1647, Bay HSTA MInn 66437.

20 Reichstag 46. Sitzung, 2. März 1910: a. a. O., S. 1648.

21 Reichstag: a. a. O., S. 1650.
22 Reichstag: a. a. O., S. 1653.
23 Denkschrift über die Bekämpfung der Zigeunerplage. Im Auftrage des K. Bayerischen Staatsministeriums des Innern ausgearbeitet von der K. Polizeidirektion München, 1912, S. 7.
24 Denkschrift: a. a. O., S. 11/12.
25 Reichstag: a. a. O., S. 1648.
26 Umlauf-Schreiben Nro. 37 vom 19. 7. 1870 an die Bürgermeister des Bezirks Frankenthal, zit. nach Hehemann: a. a. O., S. 328.
27 Kriegsministerium am 17. 1. 1917, zit. nach Hehemann: a. a. O., S. 328.
28 Preuß. Innenminister am 30. 8. 1916, zit. nach Hehemann: a. a. O., S. 338.
29 zit. nach Michael Krausnick: Da wollten wir frei sein. Eine Sinti-Familie erzählt. Weinheim 1983, S. 20.
30 Bezirksamt Treuschnitz am 13. 3. 1922, zit. nach Hehemann: a. a. O., S. 295.
31 Polizeidirektion München an das Staatsministerium des Innern, 19. Nov. 1922, Bay HSTA MInn 72576.
32 „Gesetz zur Bekämpfung von Zigeunern, Landfahrern und Arbeitsscheuen", in: Gesetz- und Verordnungsblatt für den Freistaat Bayern Nr. 17, München, 22. Juli 1926, Staatsarchiv München.
33 Ute Brucker-Boroujerdi, Wolfgang Wippermann: Das „Zigeunerlager" Berlin-Marzahn. Zur Geschichte eines nationalsozialistischen Zwangslagers, in: pogrom, Zeitschrift der Gesellschaft für bedrohte Völker, 130. Sinti und Roma in Deutschland und Europa 1987, Göttingen 1987.
34 Wolfgang Ayaß: „Ein Gebot der nationalen Arbeitsdisziplin". Die Aktion „Arbeitsscheu Reich" 1938, in: Beiträge zur nationalsozialistischen Gesundheits- und Sozialpolitik 6. Feinderklärung und Prävention – Kriminalbiologie, Zigeunerforschung, Asozialenpolitik, Berlin 1988, S. 43–74.
35 Zit. nach Romani Rose: Bürgerrechte für Sinti und Roma, Heidelberg 1987, S. 13.
36 Dr. Günther: a. a. O., S. 196.
37 Rudolf von Sowa: a. a. O., S. 31.
38 Dr. Günther: a. a. O., S. 196.
39 Michael Zimmermann: Verfolgt, vertrieben, vernichtet – Die nationalsozialistische Zigeunerpolitik gegen Sinti und Roma, Essen 1989, S. 23/24.
40 Robert Ritter: Erbbiologische Untersuchungen innerhalb eines Züchtungskreises von Zigeunermischlingen und ‚asozialen Psychopathen', in: Bevölkerungsfragen. Bericht des Internationalen Kongresses für Bevölkerungswissenschaft in Berlin 26. 8.–1. 9. 1935, hrsg. v. Hans Harmsen, F. Lohse, München 1936, S. 713ff.

41 Robert Ritter: Die Bestandsaufnahme der Zigeuner und Zigeunermischlinge in Deutschland, in: Der öffentliche Gesundheitsdienst, 5. Februar, S. 482.
42 Robert Ritter: a. a. O., S. 480.
43 Dr. phil. Dr. med. habil. R. Ritter an die Deutsche Forschungsgemeinschaft am 23. März 1943.
44 Information Gilsenbach an die Gesellschaft für bedrohte Völker, o. D.
45 Siehe Michael Zimmermann: a. a. O., S. 37.
46 Siehe Donald Kenrick, Grattan Puxon: Sinti und Roma – Die Vernichtung eines Volkes im NS-Staat, Göttingen 1981, S. 64.
47 Ein chronologischer Überblick über die Etappen nationalsozialistischer Entrechtung und Verfolgung findet sich in: Wolfgang Wippermann: Das Leben in Frankfurt zur NS-Zeit – Bd II Die nationalsozialistische Zigeunerverfolgung, Frankfurt 1986.
48 STA Hamburg Verfahren 2200 Js 2/84, RSHA Rundschreiben an die Kripoleitstelle vom 22. Juli 1941, in: Sybil Milton: Nazi Politics toward Romani and Sinti 1933–1945. Paper for Presentation at the German Studies Association Annual Meeting, Los Angeles 27. Sept. 1991.
49 Die verbotene Tür. Über Kindheit, Verfolgung und das Stigma des Überlebens. Interview von Reinhard Jung mit Paul, Martha und Petra Dambrowski, Oktober 1988.
50 Interview von Reinhard Jung: a. a. O.
51 Robert Ritter: Die Zigeunerfrage und das Zigeunerbastardproblem, in: Fortschritte der Erbpathologie, Rassenhygiene und ihrer Grenzgebiete, Leipzig 1939, S. 2–20.
52 Sophie Ehrhardt: Zigeuner und Zigeunermischlinge in Ostpreußen, in: Volk und Rasse. Illustrierte Monatszeitschrift für deutsches Volkstum, Heft 3, München, März 1942, S. 52–57.
53 Interview von Reinhard Jung: a. a. O.
54 Amanda Dambrowski: Das Schicksal einer vertriebenen ostpreußischen Sinti-Familie im NS-Staat, in: pogrom, Zeitschrift der Gesellschaft für bedrohte Völker, 80/81, Göttingen 1981.
55 Amanda Dambrowski: a. a. O.
56 Danuta Czech: Kalendarium der Ereignisse im Konzentrationslager Auschwitz-Birkenau 1939–1945, Reinbek 1989, S. 448.
57 Die Sinti und Roma in KZ Auschwitz-Birkenau. Gedenkbuch 1 – Frauen – S. 416–422 ohne Eingangsdatum. Gedenkbuch 2 – Männer – S. 1286–1311, hrsg. vom Staatlichen Museum Auschwitz-Birkenau in Zusammenarbeit mit dem Kulturzentrum Deutscher Sinti und Roma, München 1993.
58 Interview von Katrin Reemtsma mit Amanda F. am 13. 2. 93.
59 Jercy Ficowski: Die Vernichtung, in: In Auschwitz vergast, bis heute verfolgt, hrsg. von Tilman Zülch für die Gesellschaft für bedrohte Völker, Reinbek 1979, S. 91 ff., und Erika Thurner: Nationalsozialismus und Zigeuner in Österreich, Wien 1983, S. 174–179.

60 siehe Wolfgang Wippermann: a. a. O., S. 109–111.
61 Ulrich König: Sinti und Roma unter dem Nationalsozialismus – Verfolgung und Widerstand, Bochum 1989, S. 125.
62 Eva Justin: Lebensschicksale artfremd erzogener Zigeunerkinder, 1943, S. 119.
63 Johannes Meister: Lebensschicksale der „Zigeunerkinder" aus der St. Josephspflege in Mulfingen. Sonderdruck. Hrsg. vom Historischen Verein für Württembergisch Franken, Jahrbuch 1984.
64 Danuta Czech: a. a. O., S. 774.
65 Ulrich König: a. a. O., S. 130.
66 Danuta Czech: a. a. O., S. 838.
67 Miklos Nyiszli: Auschwitz. A Doctors Eyewitness Account, Greenwich 1960, S. 99.
68 Danuta Czech: a. a. O., S. 838.
69 Romani Rose, Walter Weiss: Sinti und Roma im Dritten Reich: Das Programm der Vernichtung durch Arbeit, Heidelberg 1991.
70 Zwischen dem 11. und 29. 3. 1943 wurden fast alle Juden aus Mazedonien deportiert.
71 Zit. nach Karola Fings, Cordula Lissner, Frank Sparing: „... einziges Land, in dem Judenfrage und Zigeunerfrage gelöst." Die Verfolgung der Roma im faschistisch besetzten Jugoslawien 1941–45, hrsg. v. Rom e. V., Köln o. J., S. 18.
72 Siehe Fings u. a.: a. a. O., S. 18.
73 Vladimir Dedijer: Jasenovac – das jugoslawische Auschwitz und der Vatikan, Freiburg 1988, S. 171.
74 Simon Wiesenthal Center Annual, ed. Henry Friedländer, Sybil Milton, Vol. 4: The Extradition of Nazi Criminals: Ryan, Arturkovic, and Demjanjuk, Los Angeles 1987, S. 77.
75 Holm Sundhaussen: Jugoslawien, in: Dimension des Völkermords. Die Zahl der jüdischen Opfer des Nationalsozialismus, hrsg. v. Wolfgang Benz, München 1991, S. 322.
76 Vladimir Dedijer: a. a. O., und Slavoljub Markovic: Lete u nebo, Cive u getima, in: duga 23. 12. 88.
77 Donald Kenrick, Grattan Puxon: a. a. O., S. 88.
78 Law Reports of Trials of War Criminals, Bd. VII 1848 Fall 37, S. 10470, und Walter Manoschek: „Serbien ist judenfrei". Militärische Besatzungspolitik und Judenvernichtung in Serbien 1941/42, München 1993, S. 86–91.
79 Walter Manoschek: a. a. O., S. 100.
80 Holm Sundhaussen: a. a. O., S. 318, und Walter Manoschek: a. a. O., S. 96–102.
81 Karola Fings u. a.: a. a. O., S. 72.
82 Walter Manoschek: a. a. O., S. 163.
83 Karola Fings u. a.: a. a. O., S. 69/70.
84 Donald Kenrick, Grattan Puxon: a. a. O., S. 91.

85 NOKW Dokument 1486.
86 Ioanid Radu: Sword of the Archangel. Fascist Ideology in Romania, New York 1990, S. 194.
87 Zit. nach Ioanid Radu: a. a. O., S. 194.
88 Raul Hilberg: Die Vernichtung der europäischen Juden, Berlin 1982, S. 531.
89 Götz Aly, Susanne Heim: Vordenker der Vernichtung, Frankfurt a. M. 1993, S. 356.
90 Zit. nach Donald Kenrick, Grattan Puxon: a. a. O., S. 95.
91 Bericht in der Zeitung Scienteia, 14. Mai 1946, in: Ioanid Radu: a. a. O., S. 228.
92 Donald Kenrick, Grattan Puxon: a. a. O., S. 95.
93 Siehe Franz Remmel: Die Roma Rumäniens, Wien 1993, S. 62–83.
94 Ion Chelcea: Tigani din Romania, Bukarest 1944, zit. nach Ioanid Radu: a. a. O., S. 217.
95 Procesul marii tradare nationale, S. 66 und 108, zit. nach Ioanid Radu: a. a. O., S. 213.
96 Zit. nach Donald Kenrick, Grattan Puxon: a. a. O., S. 96.
97 Zit. nach Romani Rose: Bürgerrechte für Sinti und Roma, Heidelberg 1987, S. 79.
98 Rüdiger Vossen: a. a. O., S. 90/91.
99 Franz Wirbel: Die Rückkehr von Auschwitz, in: pogrom 80/81, Göttingen März/April 1981; S. 143.
100 Siehe Wolfgang Feuerhelm: Polizei und „Zigeuner“, Stuttgart 1987, S. 30/31.
101 Die saubere Endlösung in Frankfurt, in: pogrom 80/81, S. 106.
102 Romani Rose: a. a. O., S. 35.
103 Siehe Wolfgang Feuerhelm: a. a. O., S. 40.
104 Zit. nach Wolfgang Feuerhelm: a. a. O., S. 215.
105 Zit. nach Wolfgang Feuerhelm: a. a. O., S. 215.
106 Siehe Wolfgang Feuerhelm: a. a. O., S. 219–225.
107 Hermann Arnold: Pfälzer Zigeuner, in: Pfälzer Heimat (14), 1963, S. 85.
108 Zitate aus: Hermann Arnold: Ein Menschenalter danach. Anmerkungen zur Geschichtsschreibung der Zigeunerverfolgung, in: Mitteilungen zur Zigeunerkunde, Beiheft 4, Mainz 1977, S. 7.
109 Hermann Arnold: Wer ist Zigeuner, in: Zeitschrift für Ethnologie, Bd. 87, Braunschweig 1962.
110 Silvia Sobeck: Wer ist Zigeuner? Beitrag zum 16. Deutschen Evangelischen Kirchentag, in: pogrom 80/81, S. 168.
111 Achim Muth: Zur seelsorgerischen Betreuung der Zigeuner – Psychischer Entwicklungsstand, in: Caritas, Nr. 6, November 1973.
112 Beispielsweise Hans Buchheim: Die Zigeunerdeportationen vom Mai 1940, in: Gutachten des Instituts für Zeitgeschichte, Bd. 1, München 1958, und Lukrezia Jochimsen: Zigeuner heute. Untersuchung einer Außenseitergruppe in einer deutschen Mittelstadt, Stuttgart 1963.

113 Romani Rose: a. a. O., S. 49.

114 Hilfen für Zigeuner und Landfahrer. Schriftenreihe des Bundesministers für Jugend, Familie und Gesundheit, Bd. 86, 1980, und Soziale Situation der Sinti in der Bundesrepublik, Schriftenreihe: a. a. O., Bd. 129, 1982.

115 Reimar Gilsenbach: Oh Django, sing Deinen Zorn, Berlin 1993, S. 252–261.

116 Tilman Zülch (Hrsg.): In Auschwitz vergast – bis heute verfolgt, Reinbek 1979; Donald Kenrick, Grattan Puxon: a. a. O., und die Sonderausgabe der von der Gesellschaft für bedrohte Völker herausgegebenen Zeitschrift pogrom zum Thema Sinti und Roma, Göttingen 1981.

117 Bernhard Streck: „Lösung der Zigeunerfrage", in: Ethnologische Absichten, Nr. 7, 1981, S. 61, und ders.: Die nationalsozialistischen Methoden zur „Lösung des Zigeunerproblems", in: Tribüne, Zeitschrift zum Verständnis des Judentums, Heft 78, 1981, S. 53 ff.

118 Romani Rose: Die neue Generation und die alte Ideologie, in: Tribüne, Heft 81, 1982, S. 88 ff.

119 Schreiben Strecks an die Gesellschaft für bedrohte Völker vom 22. 1. 1980.

120 Romani Rose: Vorwort zu: Sinti und Roma im ehemaligen KZ Bergen-Belsen, Dokumentation der Gesellschaft für bedrohte Völker, 2. Auflage, Göttingen 1981.

121 Sinti und Roma – Eine Studie der Evangelischen Kirche in Deutschland, EKD Texte, 1991.

122 Zur Arbeit des Zentralrates deutscher Sinti und Roma bis 1987 siehe Romani Rose: Bürgerrechte a. a. O.

123 Interview Romani Rose in: die tageszeitung am 26. 3. 94.

124 Ursprüngliche Konzeption siehe: Erhard Meueler, Marion Papenbrok: Kulturzentren in der Kultur- und Sozialarbeit von Sinti und Roma. Ein interkultureller Vergleich, Weinheim 1987.

125 Die Zuwanderung von Roma aus den altrumänischen Fürstentümern, von anderen Autoren immer wieder als Massenab- bzw. Zuwanderung nach Aufhebung der Sklaverei 1855/56 dargestellt, scheint gering gewesen zu sein; aus den mir bekannten Quellen läßt sich die Herkunft keiner Familien auf diese Region zurückführen. Siehe auch Angus Fraser: The Rom Migrations, in: Journal of the Gypsy Lore Society 5, Vol. 2 No. 2, 1992.

126 Siehe hierzu auch: William G. Lockwood: East European Gypsies in Western Europe: The Social and Cultural Adaption of the Xoraxane, Aufsatz von 1985.

127 Fings u. a.: a. a. O., S. 72.

128 Nikola Ivancevic: Die Zigeuner in Jugoslawien, Diplomarbeit, Berlin 1986, S. 79.

129 Vjesnik, 1. 11. 81; Nin, 17. 3. 89, und Marinko Gruic: Roma – Neka

Actualna Pitanja Socialne Emancipacije i Nacionalne Afirmacije, Referat in Lipovljani, 28. 8. 82.

130 Nikola Ivancevic: a. a. O., S. 9, und Grattan Puxon: Romanes and Language Policy in Jugoslavia, in: International Journal of the Sociology of Language, 1979, S. 84.

131 Katrin Reemtsma: Gutachten zur Menschenrechtslage der Roma und zur Problematik von Abschiebungen nach Jugoslawien für das Verwaltungsgericht Köln, Berlin 1991.

132 Katrin Reemtsma: a. a. O., S. 78.

133 Illustrovana Politika: Inspektor tötete Jungen, 12. 2.1991.

134 Drucksache 12/394 vom 19. 4. 1991.

135 Information Duric.

136 Vesna Peric Zimonjic: Gypsies want a Louder Voice in Serbia, aus: Interpress Third World News Agency, 1994.

137 Thomas Acton: Romani Refugees from Bosnia and Serbia in the U. K., Referat Mai 1995 in Budapest.

138 Katrin Reemtsma: Roma in Mazedonien, in: Menschenrechtsbericht Nr. 14 der Gesellschaft für bedrohte Völker, Göttingen, 1995.

139 Bucharest University: Department of Sociology, Psychology, Pedagogy and Social Work u. a.: The Romany Population: Socio-Economic Situation and Coordinates of a Support Programme; Bucharest, 1993.

140 Siehe Katrin Reemtsma: Roma in Rumänien, in: Menschenrechtsbericht Nr. 9 der Gesellschaft für bedrohte Völker, Göttingen, Oktober 1993.

141 Urgent Action, Amnesty International, 11. 11. 1993.

142 Letter of Response to Information Circulars Numbers to 2 and 3 and to the Remarks of the Romanian Delegation on the Situation of Roma in Romania by the Romani International Union, Geneva, 18 July 1991, und Letter of Response by Nicolae Gheorghe, Romani International Union, 18 July 1991.

143 Gemeinsame Presseerklärung der Romaverbände in Rumänien vom 2. Mai 1995.

IV. Die Lage der Sinti und Roma nach den politischen Wenden von 1989/90

1 Irina Bohn, Franz Hamburger, Kerstin Rock: Die Konstruktion der Differenz. Diskurse über Roma und Sinti in der Lokalpresse. Endbericht über eine von der Deutschen Forschungsgemeinschaft geförderte Untersuchung, 1993.

2 Saarbrücker Zeitung, Pfälzischer Merkur, Ende August 1990.

3 Saarbrücker Zeitung, Pfälzischer Merkur, a. a. O.

4 Der Spiegel: „Alle hassen die Zigeuner“, 3. 9. 1990.

5 Frankfurter Allgemeine Zeitung: Europas Prügelknaben, 31. 8. 1992.

6 Der Stern: Zigeuner, 12. 11. 1992.
7 Siehe Frankfurter Rundschau: Die Zigeuner-Hysterie von Lebach und der Exodus der Roma, 4. 8. 1990.
8 Zit. nach: Frankfurter Allgemeine Zeitung, 6. 8. 1990.
9 Deutsches Allgemeines Sonntagsblatt: Mit Stacheldraht gegen Zaungäste, 10. 8. 1990.
10 Zit. nach Joachim Bruhn: Das Programm zum Pogrom, in: konkret, Oktober 1992.
11 Zit. nach Bruhn: a. a. O.
12 Frankfurter Rundschau: a. a. O.
13 Der Spiegel: „Da hört die Christlichkeit auf", 26. 10. 1992.
14 Dokumentation im Dritten Programm des NDR am 5. 11. 1994.
15 Daniel Cohn-Bendit, Thomas Schmid: Heimat Babylon, Hamburg 1992, S. 289.
16 Wolf Oschlies: „Romii" oder „Tigani". Versuch über Geschichte, Gegenwart und soziale Probleme der Zigeuner Rumäniens. Berichte des Bundesinstituts für ostwissenschaftliche und internationale Studien 33, 1992.
17 Oschlies: a. a. O.
18 Der Spiegel, 26. 10. 1992.
19 Tageszeitung: Eine Kleinstadt dreht durch, 22. 10. 1992.
20 Katrin Reemtsma: Between Freedom and Persecution. Roma in Romania, in: Racist Violence in Europe, London/New York 1993, S. 194–206.
21 Bisher gibt es keinen allgemein akzeptierten Terminus für die Vorurteilsstrukturen gegenüber Sinti und Roma. Dies verweist auf die fehlende Diskussion bzw. Tabuisierung dieses Sachverhalts in der Gesellschaft. Freudenberg und Heuß haben den Begriff des „Zigeuner"-Ressentiments eingeführt, in: Andreas Freudenberg, Günter Freudenberg, Herbert Heuß: Verdrängte Erinnerung – der Völkermord an Sinti und Roma, in: Holocaust. Die Grenzen des Verstehens, hrsg. v. Hanno Loewy, Hamburg 1992, S. 52ff.; andere Autoren arbeiten mit dem Begriff Antitsiganismus – analog zum Antisemitismus.
22 Current German Attitudes Toward Jews and Other Minorities: A Survey of Public Opinion. Conducted for the American Jewish Committee by the Emnid Institute, January 12–31, 1994.
23 Abschlußdokument der Konferenz für Sicherheit und Zusammenarbeit in Helsinki 1992.
24 The Conference on Security and Cooperation in Europe: Roma (Gypsies) in the CSCE Region. Report of the High Commissioner on National Minorities. Meeting of the Committee of Senior Officials, 21–23 September 1993.
25 Katrin Reemtsma: Mit gespaltener Zunge. Realitäten deutscher Menschenrechtspolitik, in: pogrom, 166, Juli/August 1992, und Frankfurter Rundschau 6. 3. 1992: Deutschland stimmt als einziges EG-Land gegen Roma-Resolution.

26 The Untouchables. A Survey of the Roma People of Central and Eastern Europe. A Report to the Office of the United Nations High Commissioner for Refugees by Mark Braham, 1993.

27 Parlamentarische Versammlung des Europarates: Report on Gypsies in Europe. Rapporteur Mrs. Verspaget, Netherlands, 11. January 1993 Doc 6733, und Recommendation 1203 (1993) on Gypsies in Europe.

28 Resolution 249 (1993): Gypsies in Europe: The Role and Responsibility of Local and Regional Authorities.

29 Referat Menschenrechte des Europäischen Parlaments: Das Volk der Zigeuner in den Osteuropäischen Staaten DOC-DE/CM/208729, Luxemburg, 12. Mai 1992, und Anhörung des Ausschusses zu Roma im November 1993 in Straßburg in Zusammenhang mit einer Aktion von Roma in Baden-Württemberg gegen Abschiebungen nach Mazedonien.

30 Europarat/European Committee on Migration (CDMG): The Situation of Gypsies (Roma and Sinti in Europe), Report adopted by the CDMG on 5 May, 1995.

31 Die Zunahme der Staatenlosigkeit unter Roma auf Grund des Endes Jugoslawiens und des neuen tschechischen Staatsangehörigkeitsgesetzes ist ein politisches Problem, aber kein juristisches Merkmal der Roma.

32 Dennoch sind die Sinti einen Schritt weitergekommen: Im Zusammenhang mit der Resolution 1201 (1993) der Parlamentarischen Versammlung des Europarates und dem Rahmenabkommen vom Novmber 1995 über den Schutz nationaler Minderheiten werden auf bundesdeutscher Seite zwar lediglich die Dänen und Sorben als solche anerkannt; doch das Abkommen gilt explizit auch für Friesen, Sinti und Roma mit deutscher Staatsangehörigkeit.

Ausgewählte neuere Literatur

Bücher

Boretzky, Norbert: Burgudzi. Deskriptiver und historischer Abriß eines Romani-Dialekts, Wiesbaden 1993

Bott-Bodenhausen, Karin (Hrsg.): Sinti in der Grafschaft Lippe. Studien zur Geschichte der Zigeuner im 18. Jahrhundert, München 1988

Crowe, David; Kolsti, John (Hrsg.): The Gypsies of Eastern Europe, Amonk 1991

Djuric, Rajko: Zigeunerische Elegien, Hamburg 1989

–: Bi-kheresqo, bi limoresqo. Sans maison, sans tombe, Paris 1990

–: Roma und Sinti im Spiegel der deutschen Literatur, Frankfurt 1995

Dzurko, Ruda: Ich bin wieder Mensch geworden. Bilder und Geschichten eines Rom-Künstlers, hrsg. von Milena Hübschmannova, Leipzig 1990

Eder, Beate: Geboren bin ich vor Jahrtausenden ... Bilderwelten in der Literatur der Roma, Klagenfurt 1993
Feuerhelm, Wolfgang: Polizei und „Zigeuner“. Strategien, Handlungsmuster und Alltagstheorien im polizeilichen Umgang mit Sinti und Roma, Stuttgart 1987
Ficowsky, Jerzy: The Gypsies in Poland. History and Customs, o.J.
Fienbork, Gundula, Mihok, Brigitte, Müller, Stephan (Hrsg.): Die Roma – Hoffen auf ein Leben ohne Angst. Roma aus Osteuropa berichten, Hamburg 1992
Fraser, Angus: The Gypsies, Oxford 1995
Fings, Karola; Lissner, Cordula; Sparing, Frank: „... einziges Land, in dem Judenfrage und Zigeunerfrage gelöst.“ Die Verfolgung der Roma im faschistisch besetzten Jugoslawien, hrsg. von Rom e.V., Köln o.J.
Gedenkbuch: Die Sinti und Roma im Konzentrationslager Auschwitz-Birkenau, zwei Bände, hrsg. vom Staatlichen Museum Auschwitz-Birkenau in Zusammenarbeit mit dem Dokumentations- und Kulturzentrum Deutscher Sinti und Roma, München 1993
Gilsenbach, Reimar: Weltchronik der Zigeuner. Teil 1: Von den Anfängen bis 1599, Frankfurt 1994
–: Oh Django, sing Deinen Zorn, Berlin 1993
Gronemeyer, Reimer: Zigeuner im Spiegel früher Chroniken. Quellen vom 15.–18. Jahrhundert, Gießen 1987
Günther, Wolfgang: Zur preußischen Zigeunerpolitik seit 1871. Eine Untersuchung am Beispiel des Landkreises Neustadt am Rübenberge und der Hauptstadt Hannover, Hannover 1985
Hancock, Ian: The Pariah Syndrome – An account of Gypsy Slavery and Persecution, Ann Arbor 1987
–: A Handbook of Vlax-Romani, Columbus 1995
Hehemann, Rainer: Die Bekämpfung des Zigeunerunwesens im Wilhelminischen Deutschland und in der Weimarer Republik, 1871–1933, Frankfurt 1987
Heuß, Herbert: Darmstadt. Auschwitz. Die Verfolgung der Sinti in Darmstadt, hrsg. von Adam Strauß für den Verband deutscher Sinti und Roma – Landesverband Hessen –, Darmstadt 1995
Hohmann, Joachim (Hrsg.): brawo sinto! Lebensspuren deutscher Zigeuner, Frankfurt 1984
–: brawo sinto. Auf den Spuren eines geächteten Buches, Fernwald 1986
–: Martin Block: Die materielle Kultur der rumänischen Zigeuner, Frankfurt 1991
–: Heinrich von Wlislocki: Zur Ethnographie der Zigeuner in Südosteuropa, Frankfurt 1994
Kenrick, Donald und Puxon, Grattan: Sinti und Roma – die Vernichtung eines Volkes im NS-Staat, Göttingen 1981
Kenrick, Donald: Gypsies: from India to the Mediterranean. Interface Collection of the Gypsy Research Center, Paris 1993

Lakatos, Menyhert: Bitterer Rauch, Stuttgart 1982
–: Casandras Karren, Berlin 1984
Martins-Heuss, Kirsten: Zur mythischen Figur des Zigeuners in der deutschen Zigeunerforschung, Frankfurt 1983
Matras, Yaron: Untersuchungen zu Grammatik und Diskurs des Romanes. Dialekt der Kelderaša/Lovara, Wiesbaden 1994
–: (Hrsg.): Romani in Contact. The History, Structure and Sociology of a Language, Amsterdam 1955
Maximoff, Mateo: Die Ursitory, Zürich 1954
–: Verdammt zu leben, Bern 1988
Reemtsma, Katrin: Roma in Rumänien. Menschenrechtsbericht der Gesellschaft für bedrohte Völker, Göttingen 1993
–: Roma in Mazedonien. Menschenrechtsbericht der Gesellschaft für bedrohte Völker, Göttingen 1995
Remmel, Franz: Die Roma Rumäniens, Wien 1993
Röttgers, Kurt: Kants Kollege und seine ungeschriebene Schrift über die Zigeuner, Heidelberg 1993
Ruch, Martin: Zur Wissenschaftsgeschichte der deutschsprachigen „Zigeunerforschung" von den Anfängen bis 1900, Freiburg 1986
Stojka, Ceija: Wir lebten im Verborgenen – Erinnerungen einer Rom-Zigeunerin, Wien 1988
Strauß, Daniel (Hrsg.): Die Sinti/Roma Erzählkunst. Schriftenreihe des Dokumentations- und Kulturzentrums Deutscher Sinti und Roma, Heidelberg 1992
Thurner, Erika: Nationalsozialismus und Zigeuner in Österreich, Wien 1983
Vossen, Rüdiger: Zigeuner. Katalog zur Ausstellung des Hamburgischen Museums für Völkerkunde, Frankfurt 1983
Winterstein, Adolf Boko: Zigeunerleben. Der Lebensbericht des Sinti-Musikers und Geigenbauers Adolf Boko Winterstein, hrsg. von Erich Renner: Frankfurt 1988
Wippermann, Wolfgang: Das Leben in Frankfurt zur NS-Zeit II. Die nationalsozialistische Zigeunerverfolgung, Frankfurt a.M. 1986
Zimmermann, Michael: Verfolgt, vertrieben, vernichtet. Die nationalsozialistische Vernichtungspolitik gegen Sinti und Roma, Essen 1989
Zülch, Tilman (Hrsg.): In Auschwitz vergast – bis heute verfolgt. Zur Situation der Roma und Sinti in Deutschland und Europa, Reinbek 1979

Zeitschriften und Bulletins

1. der Roma in Deutschland

Yekh Chib – Zeitschrift des Roma e.V. Köln
ROMNEWS – Nachrichtenbulletin des Roma National Congress, Hamburg
Informaciaqo Lil e Rromane Uniaqoro, Zglobice/Polen

2. der internationalen Organisationen

CPRSI Newsletter – Infomationsbulletin des Büros für Demokratische Entwicklung und Menschenrechte/Warschau der OSZE

Interface – Sinti, Roma und Reisende. Hrsg. vom Centre de Recherches Tsiganes, Paris, mit Unterstützung der Kommission der Europäischen Gemeinschaften

3. wissenschaftliche Organe

Journal of the Gypsy Lore Society, Cheverly, Md., U.S.A.

Études Tsiganes, Paris

Personenregister